PONS

Last Minute Polnisch

auf der Basis von
PONS Reisewörterbuch
Polnisch

Ernst Klett Sprachen

Barcelona · Belgrad · Budapest ·
Ljubljana · London · Posen · Prag
Sofia · Stuttgart · Zagreb

PONS Last Minute
auf der Basis von
PONS Reisewörterbuch Polnisch
1993, 2000 bearbeitet von Janusz Hoppe und Dr. Waldemar Klemm
2004 bearbeitet von Jolanta Pieniążek und Artur Pieniążek

1. Auflage 2006 (1,01)

Internet: www.pons.de
E-mail: info@pons.de

Außenredaktion: Barbara Pflüger

Einbandgestaltung: deutschewerbeagentur, Stuttgart
Logoentwurf: Erwin Poell, Heidelberg
Logoüberarbeitung: Sabine Redlin, Ludwigsburg
Layout und Satz: Fotosatz Kaufmann, Stuttgart
Druck: Lego Print S.p.A., Lavis (TN)
Printed in Italy
ISBN 10: 3-12-518308-1
ISBN 13: 978-3-12-518308-7

Aussprache

Buchstabe	Lautzeich.	Aussprache	Beispiel
	[˜]	bedeutet, dass der Laut nasal ist	
	[̦]	bedeutet, dass der vorhergehende Konsonant erweicht wird	
	[͡]	bedeutet sehr enge Verbindung beider gekennzeichneter Teile des Lautes	
a	[a]	wie das kurze a in Ball	brat (Bruder) [brat]
ą	[ɔ̃]	nasales o, wie on in Bonbon	wąsy (Schnurrbart) [vɔ̃sɨ]
b	[b]	wie b in Bus	bar (Bar) [bar]
c	[t͡s]	wie z in Zeit	co (was) [t͡sɔ]
ći,ci	[t͡ɕ]	weiches tsch	robić (machen) [rɔb̦it͡ɕ] ciasny (eng) [t͡ɕasnɨ]
cz	[t͡ʃ]	wie tsch in Tscheche	czas (Zeit) [t͡ʃas]
d	[d]	wie d in denn	dom (Haus) [dɔm]
dz	[d͡z]	wie eine enge Verbindung von d + stimmhaftem s	dzwonić (anrufen) [d͡zvɔɲit͡ɕ]
dź dzi	[d͡ʑ]	weiches dsch	dzién (Tag) [d͡ʑɛɲ] dźwięk (Laut) [d͡ʑv̦ɛ̃k]
dż	[d͡ʒ]	wie j im engl. John	dżem (Marmelade) [d͡ʒɛm]
e	[ɛ]	wie das kurze offene e in Ecke	krem (Creme) [krɛm]

ę	[ɛ̃]	nasales e wie in Cousin	często (oft) [t͡ʃɛ̃stɔ]
f	[f]	wie f in fest	fala (Welle) [fala]
g	[g]	wie g in beugen	góra (Berg) [gura]
gi	[ɟ]	weiches g	giełda (Börse) [ɟɛwda] drogi (teuer, lieb) [drɔɟi]
h, ch	[x]	wie ch in ach	hamulec (Bremse) [xamulɛt͡s], choroba (Krankheit) [xɔrɔba]
i	[i]	wie i in wir	wino (Wein) [vʲinɔ]
j	[j]	wie j in jawohl	ja (ich) [ja]
k	[k]	wie k in kochen	koło (Rad) [kɔwɔ]
ki	[c]	weiches k	kieszeń (Tasche) [cɛʃɛŋ] kino (Kino) [cinɔ]
l	[l]	wie l in leicht	lato (Sommer) [latɔ]
ł, u nach Vokal	[w]	wie u in Auto	ładny (schön) [wadnɨ] auto [awtɔ]
m	[m]	wie m in Mutter	matka (Mutter) [matka]
n	[n]	wie n in Nord	nos (Nase) [nɔs]
n	[ŋ]	wie n in Bank	bank (Bank) [baŋk]
ń ni	[ɲ]	wie gn in Cognac	koń (Pferd) [kɔɲ] nie (nein) [ɲɛ]
o	[ɔ]	wie o in Block	oko (Auge) [ɔkɔ]
p	[p]	wie p in Post	potem (danach) [pɔtɛm]
r	[r]	Zungenspitzen-r	rok (Jahr) [rɔk]

s	[s]	wie s in Kost	sen (Traum) [sɛn]
sz	[ʃ]	wie sch in Schule	szafa (Schrank) [ʃafa]
ś,si	[ɕ]	weiches sch	śpiew (Gesang) [ɕpjɛf] siostra (Schwester) [ɕɔstra]
t	[t]	wie t in Tag	to (das) [tɔ]
u, ó	[u]	wie u in plus	tu (hier) [tu] góra (Berg) [gura]
w	[v]	wie w in Westen	wagon (Wagen) [vagɔn]
y	[ɨ]	wie i in bin	typ (Typ) [tɨp]
z	[z]	wie s in Sommer	zamek (Schloss) [zamɛk]
ź, zi	[ʑ]	stimmhafte Entsprechung zu ś, si	źle (schlecht) [ʑlɛ] zioło (Kraut) [ʑɔwɔ]
ż, rz	[ʒ]	wie j in Journal	może (vielleicht) [mɔʒɛ] morze (Meer) [mɔʒɛ]

Besonderheiten der Aussprache

- Die Vokale werden in der Regel kurz und offen ausgesprochen.
- Doppelvokale und Doppelkonsonanten werden immer als zwei Laute ausgesprochen: netto [nɛttɔ], Anna [anna], idee [idɛɛ].
- Das Polnische besitzt drei Arten von Konsonanten: harte, weiche und erweichte. Die beiden letzten sind im Deutschen unbekannt. Die Besonderheit der weichen Konsonanten (ś/si, dź/dzi, ń/ni, ć/ci, ź/zi) besteht darin, dass bei der Artikulation die Zunge gegen den harten Gaumen (Palatum) drückt und eine Enge bildet. Die Palatalität wird in der Schrift vor Vokalen mit dem Buchstaben i, vor Konsonanten und am Wortende mit dem Akzent gekennzeichnet. Vor dem i wird die Palatalität nicht extra gekennzeichnet.
  Zu den weichen Konsonanten gehören auch ki, gi, chi/hi. Bei ihrer

Artikulation drückt die Zunge gegen den hinteren Teil des Gaumens (Postpalatum). Orthographisch wird die Palatalität mit dem Buchstaben i markiert.
Zu den erweichten Konsonanten zählen bi, fi, mi, pi, wi, die nur vor Vokalen vorkommen. In der Schrift wird die Erweichung durch die Verbindung des Konsonanten mit i erreicht. Vor i wird die Erweichung nicht extra gekennzeichnet.

- Vor stimmlosen Konsonanten sowie am Wortende werden stimmhafte Konsonanten stimmlos: babka (Großmutter) [bapka], grzyb (Pilz) [gʒɨp].
  Stimmlose Konsonanten werden vor stimmhaften – mit Ausnahme von w und rz – stimmhaft: prośba (Bitte) [prɔʑba].

Hinweise zur Betonung:

- Die Betonung im Polnischen ist feststehend und liegt auf der vorletzten Silbe. Zahlreiche Wörter griechischer und lateinischer Herkunft werden auf der drittletzten Silbe betont. Manche Verbformen (des Präteritums und des Konjunktivs) werden auf der drittletzten oder viertletzten Silbe betont.

Hinweise zum Wörterbuchteil und zu den Wortlisten:

- Die männlichen Substantive enden meistens auf einen Konsonanten, die weiblichen auf -a, die sächlichen auf -o oder -e. Bei Abweichungen von dieser Regel – z. B. jesień (Herbst), muzeum *n* (Museum) – wird das Geschlecht angegeben. (Beim natürlichen Geschlecht wird jedoch auf die Angaben verzichtet.)

Das polnische Alphabet

A	a	[a]	I	i	[i]	R	r	[ɛr]
	ą	[ɔ̃]	J	j	[jɔt]	S	s	[ɛs]
B	b	[bɛ]	K	k	[ka]	Ś	ś	[ɛɕ]
C	c	[t͡sɛ]	L	l	[ɛl]	T	t	[tɛ]
Ć	ć	[t͡ɕɛ]	Ł	ł	[ɛw]	U	u	[u]
D	d	[dɛ]	M	m	[ɛm]	W	w	[vu]
E	e	[ɛ]	N	n	[ɛn]	Y	y	[igrɛk, ɨ]
	ę	[ɛ̃]		ń	[ɛɲ]	Z	z	[zɛt]
F	f	[ɛf]	O	o	[ɔ]	Ź	ź	[ʑɛt]
G	g	[gɛ]	ó	ó	[u]	Ż	ż	[ʒɛt]
H	h	[xa]	P	p	[pɛ]			

Abkürzungen im Wörterbuch

acc	Akkusativ (biernik)
adj	Adjektiv
adv	Adverb
dat	Dativ (celownik)
f	Femininum, weiblich (rodzaj żeński)
fam	umgangssprachlich, familiär (potocznie)
gen	Genitiv (dopełniacz)
instr	Instrumentalis (narzędnik)
jdm	jemandem
jdn	jemanden
lok	Lokativ (miejscownik)
m	Maskulinum, männlich (rodzaj męski)
mp	männlichpersonal

n	Neutrum, sächlich (rodzaj nijaki)
nmp	nichtmännlichpersonal
nom	Nominativ (mianownik)
pl	Plural (liczba mnoga)
sg	Singular, Einzahl (liczba pojedyncza)
vok	Vokativ (wołacz)

Interkulturelle Tipps

Willkommen

Die Polen sind ausgesprochen gastfreundlich und helfen Touristen, wenn immer es ihnen möglich ist. Sprechen Sie auch noch Polnisch – und sei es auch nur in Ansätzen – so bekommen Sie noch schneller Kontakt. sprechen. Es gibt zwar Regionen, wo Dialekt gesprochen wird wie z.B. in Schlesien, Kaschuben oder im Tatra-Gebiet, jedoch versteht jeder die Standardsprache. Mit Englisch und Deutsch kann man sich normalerweise überall gut verständigen.
Die Ferienzeiten in Polen sind:
Die Sommerferien beginnen am letzten Freitag im Juni und enden am 31. August.
Die Winterferien sind zwei Wochen lang, aber regional zu verschiedenen Terminen.
Über Ostern schließen die Schulen für eine Woche.

Begrüßung

Zur offiziellen Begrüßung sagt man tagsüber **dzieńdobry** (Guten Morgen, Guten Tag) und abends **dobry wieczór** (Guten Abend). Freunde und gute Bekannte begrüßen sich mit **cześć!** (Hallo!) und zum Abschied mit **cześć!** (Tschüß!). Offiziell verabschiedet man sich mit **do widzenia** (Auf Wiedersehen) und **dobranoc** (Gute Nacht).
Eine gebräuchliche Begrüßung ist **co słychać?** (Wie geht's?)

Anredeformen

Kennt man sich nicht näher, benutzt man **proszę pana** (Herr), **proszę pani** (Frau), ohne den Nachnamen zu gebrauchen. Die

Anredeform mit dem Nachnamen **panie Jakubowski** (Herr Jakubowski), **pani Jakubowska** (Frau Jakubowski) ist sehr offiziell und kann unter Umständen als unangenehm empfunden werden.
Wenn man sich schon kennt, aber noch nicht duzt, kann man die offizielle Form mit dem Vornamen benutzen: **panie Tomku** (Herr), **pani Marto** (Frau) *(voc)*. Polnische Vornamen haben zahlreiche Verkleinerungsformen, z.B.: Julia-Jula-Julka-Julcia usw.
Die Anredeform panna (Fräulein) ist veraltet und kaum noch gebräuchlich.

Händeschütteln oder küssen?

Zur Begrüßung gibt man sich häufig die Hand. Frauen werden noch manchmal mit einem Handkuss begrüßt, was aber fast nur noch von der älteren Generation gepflegt wird.
In Familien und unter Bekannten sind Begrüßungsküsse üblich. Männer küssen sich nicht, es sei denn bei der Begrüßung innerhalb der Familie oder bei besonderen Festen, wie z.B. Geburtstag oder Hochzeit.

Höflichkeit

Es gehört zum guten Ton, dass man in öffentlichen Verkehrsmitteln einer schwangeren Frau, jemandem mit kleinenm Kind oder eine ältere Person den Sitzplatz anbietet. Ebenso gilt die Regel, dass der Herr die Tür aufmacht und der Frau den Vortritt lässt.

Telefonieren

In Polen gibt es Münztelefonautomaten (orangefarben) und Kartentelefonautomaten. Magnet- oder Chipkarten kauft man auf der Post, im Supermarkt oder am Kiosk. In Telefonzellen mit angegebener Te-

lefonnummer kann man angerufen werden. Sie werden vergeblich nach einem Telefonbuch suchen. Wenn Sie eine Telefonnummer brauchen, rufen Sie die Auskunft unter 913 an oder gehen auf ein Postamt.
Wer das Telefon privat abnimmt, meldet sich meistens mit **słucham** (ich höre) oder **tak?** (ja?), seltener mit dem eigenen Namen. Dies ist nur bei Firmenangestellten ein Muss.

Die wichtigsten Telefonnummern:
112 Notruf (zur Zeit nur vom Handy)
997 Polizei
998 Feuerwehr
999 Rettungsdienst
0 800 ....- kostenlose Verbindungen
0 801 ....- Verbindungen zum Ortstarif
0 700 ....- Serviceverbindungen (meistens sehr teuer)

Restaurant

Der Restaurantbesuch ist in Polen in der Regel preiswert. Die polnische Küche hat viele regionale Spezialitäten anzubieten. In den Großstädten finden Sie Restaurants mit internationaler Küche. Die Gastronomen haben keinen Ruhetag. Die Preise beinhalten schon die Bedienung, es ist aber dennoch üblich ein Trinkgeld zu geben. In manchen Restaurants müssen Sie für die Garderobe oder die Toilette bezahlen. Frühstücken kann man meist nur in Hotelrestaurants, da die meisten Lokale erst um die Mittagszeit öffnen.

Hotels

Es gibt eine große Vielfalt an Unterkunftsmöglichkeiten. Im letzten Jahrzehnt wurde eine Menge neuer Hotels gebaut, wobei viele davon zu Hotelketten gehören, die Sie auch von zuhause kennen. Im Preis ist normalerweise das Frühstück enthalten.

Öffnungszeiten

Die Ladenöffnungszeiten sind sehr kundenorientiert. Sehr viele Geschäfte arbeiten sogar an 7 Tagen in der Woche. Es gibt auch Geschäfte, die die ganze Nacht über Lebensmittel und Alkohol verkaufen. Die großen Einkaufszentren sind täglich bis 21 Uhr geöffnet, manche sogar länger. Die genauen Öffnungszeiten finden Sie in der lokalen Presse.

Öffentliche Verkehrsmittel

U-Bahn-, Straßenbahn- oder Buskarten kaufen Sie am Kiosk oder am Automaten. An Feiertagen und nachts können die Karten zusätzlich beim Fahrer gekauft werden. Die Fahrkarte muss gleich nach dem Einsteigen entwertet werden. In Polen erfreuen sich die Überlandbusse großer Beliebtheit, weil sie genauso wie die Bahn preiswert sind und ihr Streckennetz das Land fast völlig abdeckt.
Wer ein Taxi am Taxistand besteigt, sollte aufpassen. Unter den Taxifahrern gibt es schwarze Schafe, die von den Touristen das zwei- oder dreifache verlangen. Es ist preiswerter (um ca. 10%) und vor allem sicherer, ein Taxi per Telefon zu bestellen.

Dies und das

Rauchen und Alkoholgenuss

Rauchen ist in der Öffentlichkeit gestattet, Alkoholkonsum verboten. In manchen Restaurants gibt es Nichtraucherzonen. In Konditoreien darf man normalerweise nicht rauchen.

Autobahnen

Das Autobahnennetz ist noch sehr dürftig, soll aber ausgebaut werden. Die Benutzung der Autobahn ist auf einigen Strecken gebührenpflichtig. Das Entgelt wird an Einfahrt- und Ausfahrtkassen kassiert.

Parken

In den meisten Städten gibt es Parkzonen. Das Parken ist gebührenpflichtig. Parkscheine kann man am Kiosk, am Automaten oder beim Parkwächter kaufen und im Auto an gut sichtbarer Stelle platzieren. Es gibt auch bewachte Parkplätze (**parking strzeżony**). Autobesitzern wird der Abschluss einer Vollkaskoversicherung empfohlen.

Namenstag

Viele Polen feiern den Namens- und nicht den Geburtstag. Dem Namenstagskind (solenizant/ka) machen Sie eine große Freunde mit den Wünschen **Wszystkiego najlepszego** (alles Gute), einem Blumenstrauß für die Gastgeberin und einem guten Tropfen für den Gastgeber.

Hotelzimmer per E-Mail

Szanowni Państwo,
chciałbym/ chciałabym zarezerwować na dwie noce pokój jednoosobowy/ dwuosobowy/ z dwoma łóżkami w terminie od 24 do 26 czerwca. Proszę o informację, czy macie Państwo wolny pokój i ile kosztuje on ze śniadaniem.

Z pozdrowieniami

Sehr geehrte Damen und Herren,
vom 24. bis 26. Juni hätte ich gern für zwei Nächte ein Einzel-/ Doppel-/Zweibettzimmer.

Bitte teilen Sie mir mit, ob Sie ein Zimmer frei haben und was es pro Nacht, einschließlich Frühstück, kostet.

Mit freundlichen Grüßen

Dear Sir or Madam,

I would like to book a single/double/twin-bedded room for 2 nights on the 24th to 26th June.

Please let me know if you have any vacancies and the cost per night plus breakfast.

Yours faithfully,

Mietwagen per E-Mail

Szanowni Państwo,
w terminie od 20 do 25 lipca chciałbym/ chciałabym wypożyczyć z lotniska XXX mały samochód/ samochód klasy średniej/ luksusową limuzynę/ busa. Odlatuję z lotniska YYY, więc chciałbym/ chciałabym tam zwrócić samochód. Proszę o cennik i informację, jakie dokumenty są potrzebne.

Z pozdrowieniami

Sehr geehrte Damen und Herren,
für die Zeit vom 20. – 25. Juli möchte ich gern ab Flughafen XXX einen Kleinwagen / einen Mittelklassewagen / eine Luxuslimousine / einen Kleinbus mieten. Mein Rückflug geht ab YYY und deshalb möchte ich das Auto dort zurückgeben. Bitte teilen Sie mir Ihre Tarife mit und welche Unterlagen ich benötige.
Mit freundlichen Grüßen

Dear Sir / Madam,
I would like to hire a small / mid-range / luxury saloon car / minibus from July 20 - 25 from XXX Airport. I depart from YYY Airport so wish to leave the car there. Please inform me of your rates and what documents I shall require.
Yours faithfully,

Allgemeine Fragen

Ich habe vor, meinen Urlaub in … zu verbringen. Können Sie mir bitte Informationen über Unterkünfte in der Gegend geben?
Zamierzam spędzić urlop w … Proszę udzielić mi informacji o bazie noclegowej w okolicy. [zamiɛʒam spɛɲd͡ʑit͡ɕ urlɔp v...prɔʃɛ ˜ud͡ʑɛlit͡ɕ mi infɔrmat͡sji ɔ bąʑɛ nɔt͡slɛgɔvɛj f‿ɔkɔli,t͡sɨ]

An welche Art von Unterkunft haben Sie gedacht?
Jaki rodzaj noclegu interesuje pana/ panią?
[jaci rɔd͡zaj nɔt͡slɛgu intɛrɛsujɛ pana/paɲɔ̃]

ein Hotel
hotel [xɔtɛl]

eine Pension
pensjonat [pɛnsjɔnat]

ein Fremdenzimmer
kwatera prywatna [kfatɛra prɨvatna]

eine Ferienwohnung
Mieszkanie wakacyjne [miɛʃkaɲɛ]

Fragen zur Unterkunft

Hotel – Pension – Privatzimmer

Ich suche ein Hotel, jedoch nicht zu teuer – etwas in der mittleren Preislage.
Szukam hotelu, ale nie za drogiego – w średniej klasie cenowej. [ʃukam xɔtɛlu, alɛ ɲɛ za drɔɟɛgɔ - f‿ɕrɛdɲɛj klaɕɛ t͡sɛnɔvɛj]

Ich suche ein Hotel mit Hallenbad / Golfplatz / Tennisplätzen.
Szukam hotelu z krytym basenem/ polem golfowym/ kortami tenisowymi. [ʃukam xɔtɛlu s‿kritɨm basɛnɛm/pɔlɛm gɔlfɔvɨm/kɔrtami tɛɲisɔwɨmi]

Können Sie mir ein schönes Fremdenzimmer mit Frühstück empfehlen?
Czy może mi pan/ pani polecić jakąś ładną kwaterę prywatną ze śniadaniem? [t͡ʃɨ mɔʒɛ mi pan/paɲi pɔlɛt͡ɕit͡ɕ jakɔ̃ɕ wadnɔ̃ kfatɛrɛ̃ prɨvatnɔ̃ zɛ ɕɲadaɲɛm]

Für wie viele Leute soll es sein?
Dla ilu osób? [dla ilu ɔsup]

Sind dort Hunde erlaubt?
Czy wolno zabrać ze sobą psa? [t͡ʃɨ vɔlnɔ zabrat͡ɕ zɛ sɔbɔ̃ psa]

Ist es möglich, ein weiteres Bett in einem der Zimmer aufzustellen?
Czy jest możliwe wstawienie do pokoju dodatkowego łóżka? [t͡ʃi jɛst mɔʒl̦iwɛ fstaviɛɲɛ dɔdatkɔvɛgɔ wuʃka]

Wie viel kostet das pro Woche?
Ile kosztuje to na tydzień? [ilɛ tɔ kɔʃtujɛ na tɨd͡ʑɛɲ]

Ferienhäuser / Ferienwohnungen

Ich suche eine Ferienwohnung oder einen Bungalow.
Szukam mieszkania wakacyjnego lub bungalowu.
[ʃukam miɛʃkaɲa vakat͡sɨjnɛgɔ lup buŋalɔvu]

Können Sie mir einen kinderfreundlichen Ferienbauernhof empfehlen?
Czy może mi pan/ pani polecić przyjazne dla dzieci gospodarstwo agroturystyczne? [t͡ʃi mɔʒɛ mi pan/paɲi pɔlɛt͡ɕit͡ɕ pʃɨjaznɛ dla d͡ʑiɛt͡ɕi gɔspɔdarstfɔ agrɔturɨstɨt͡ʃɛ]

Gibt es ...?
Czy jest, są ...? [t͡ʃɨ jɛst, sɔ̃]

ein Kinderbett
łóżeczko dziecięce [wuʒɛt͡ʃkɔ d͡ʑɛt͡ɕɛnt͡sɛ]

einen Hochstuhl
wysokie krzesełko [vɨsocɛ kʃɛsɛwkɔ]

einen Fernseher
telewizor [tɛlɛvi,zɔr]

ein Telefon
telefon [tɛlɛfon]

eine Waschmaschine
pralka [pralka]

eine Spülmaschine
zmywarka [zmɨvarka]

eine Mikrowelle
kuchenka mikrofalowa [kuxɛnka]

Sind die Stromkosten im Preis eingeschlossen?
Czy cena zawiera koszty zużycia prądu?
[t͡ʃi t͡sɛna zaviɛra kɔʃtɨ zuʒɨt͡ɕa prɔndu]

Werden Bettwäsche und Handtücher gestellt?
Czy zapewniona jest pościel i ręczniki?
[t͡ʃi zapɛvɲɔna jɛst poɕt͡ʃɛl i rɛnt͡ʃɲici]

Wie viel muss ich anzahlen und wann ist die Anzahlung fällig?
Do kiedy muszę wpłacić zaliczkę i w jakiej kwocie?
[dɔ cɛdɨ muʃɛ̃ fpwat͡ɕit͡ɕ zali,t͡ʃkɛ̃ i v‿jacɛj kfɔt͡ɕɛ]

Wo und wann kann ich die Schlüssel abholen?
Gdzie i kiedy mogę odebrać klucze?
[gd͡ʑɛ i cɛdi mɔgɛ̃ ɔdɛbrat͡ɕ klut͡ʃɛ]]

ALLGEMEINES

Das Wichtigste in Kürze

Ja.
Tak. [tak]

Nein.
Nie. [ɲɛ]

Bitte.
Proszę. [prɔʃɛ̃]

Danke.
Dziękuję. [d͡ʑɛŋkujɛ̃]

Wie bitte?
Słucham? [swuxam]

Selbstverständlich!
Oczywiście! [ɔt͡ʃɨvʲiɕt͡ɕɛ]

Einverstanden!
Zgoda! [zgɔda]

Okay!
Okay! [ɔkɛj]

In Ordnung!
W porządku! [f‿pɔʒɔntku]

Verzeihung!
Przepraszam! [pʃɛpraʃam]

Einen Augenblick, bitte.
Chwileczkę, proszę. [xvʲilɛt͡ʃkɛ̃ prɔʃɛ̃]

Genug!
Dosyć! [dɔsɨt͡ɕ]

Hilfe!
Ratunku! [ratunku]

Achtung!
Uwaga! [uvaga]

Vorsicht!
Ostrożnie! [ɔstrɔʒɲɛ]

Wer?
Kto? [ktɔ]

Was?
Co? [t͡sɔ]

Welcher/Welche/Welches?
Który/Która/Które? [kturɨ/ktura/kturɛ]

Wem?
Komu? [kɔmu]

Wen?
Kogo? [kɔgɔ]

Wo?
Gdzie? [gd͡ʑɛ]

Wo ist/Wo sind …?
Gdzie jest/Gdzie są …? [gdʑɛ jɛst/gdʑɛ sɔ̃]

Woher?
Skąd? [skɔnt]

Wohin?
Dokąd? [dɔkɔnt]

Warum?
Dlaczego? [dlat͡ʃɛgɔ]

Weshalb?
Dlaczego? [dlat͡ʃɛgɔ]

Wozu?
Po co? [pɔ t͡sɔ]

Wie?
Jak? [jak]

Wie viel?
Ile? [ilɛ]

Wie viele?
Ile? [ilɛ]

Wie lange?
Jak długo? [jag dwugɔ]

Wann?
Kiedy? [cɛdɨ]

Ich möchte …
Chciałbym/Chciałabym … [x͡tɕawbɨm/x͡tɕawabɨm]

Gibt es …?
Czy jest, są …? [t͡ʃɨ jɛst, sɔ̃]

Zahlen – Maße – Gewichte

0	**zero** [zɛrɔ]
1	**jeden** [jɛdɛn]
2	**dwa** [dva]
3	**trzy** [tʃɨ]
4	**cztery** [t͡ʃtɛrɨ]
5	**pięć** [pʲɛɲt͡ɕ]
6	**sześć** [ʃɛɕt͡ɕ]
7	**siedem** [ɕɛdɛm]
8	**osiem** [ɔɕɛm]
9	**dziewięć** [dʑɛvʲɛɲt͡ɕ]
10	**dziesięć** [dʑɛɕɛɲt͡ɕ]
11	**jedenaście** [jɛdɛnaɕt͡ɕɛ]
12	**dwanaście** [dvanaɕt͡ɕɛ]

13	**trzynaście** [t͡ʃɨnaɕt͡ɕɛ]
14	**czternaście** [t͡ʃtɛrnaɕtɕɛ]
15	**piętnaście** [pʲɛtnaɕt͡ɕɛ]
16	**szesnaście** [ʃɛsnaɕt͡ɕɛ]
17	**siedemnaście** [ɕɛdɛmnaɕt͡ɕɛ]
18	**osiemnaście** [ɔɕɛmnaɕt͡ɕɛ]
19	**dziewiętnaście** [d͡ʑɛvʲɛtnaɕt͡ɕɛ]
20	**dwadzieścia** [dvad͡ʑɛɕt͡ɕa]
21	**dwadzieścia jeden** [dvad͡ʑɛɕt͡ɕa jɛdɛn]
22	**dwadzieścia dwa** [dvad͡ʑɛɕt͡ɕa dva]
23	**dwadzieścia trzy** [dvad͡ʑɛɕt͡ɕa tʃɨ]
24	**dwadzieścia cztery** [dvad͡ʑɛɕt͡ɕa t͡ʃtɛrɨ]
25	**dwadzieścia pięć** [dvad͡ʑɛɕt͡ɕa pʲɛɲt͡ɕ]
26	**dwadzieścia sześć** [dvad͡ʑɛɕt͡ɕa ʃɛɕt͡ɕ]
27	**dwadzieścia siedem** [dvad͡ʑɛɕt͡ɕa ɕɛdɛm]
28	**dwadzieścia osiem** [dvad͡ʑɛɕt͡ɕa ɔɕɛm]
29	**dwadzieścia dziewięć** [dvad͡ʑɛɕt͡ɕa dʑɛvʲɛɲt͡ɕ]
30	**trzydzieści** [t͡ʃɨdʑɛɕt͡ɕi]
31	**trzydzieści jeden** [t͡ʃɨdʑɛɕt͡ɕi jɛdɛn]
32	**trzydzieści dwa** [t͡ʃɨdʑɛɕt͡ɕi dva]
40	**czterdzieści** [t͡ʃtɛrd͡ʑɛɕtɕi]
50	**pięćdziesiąt** [pʲɛɲd͡ʑɛɕɔnt]
60	**sześćdziesiąt** [ʃɛɕd͡ʑɛɕɔnt]
70	**siedemdziesiąt** [ɕɛdɛmd͡ʑɛɕɔnt]
80	**osiemdziesiąt** [ɔɕɛmd͡ʑɛɕɔnt]
90	**dziewięćdziesiąt***f* [d͡ʑɛvʲɛɲd͡ʑɛɕɔnt]
100	**sto** [stɔ]
101	**sto jeden** [stɔ jɛdɛn]
200	**dwieście** [dvʲɛɕt͡ɕɛ]
300	**trzysta** [tʃɨsta]
1 000	**tysiąc** [tɨɕon͡ts]
2 000	**dwa tysiące** [dva tɨɕɔn͡tsɛ]

3 000	**trzy tysiące** [tʃɨ tiɕɔnt͡sɛ]
10 000	**dziesięć tysięcy** [d͡ʑɛɕɛɲt͡ɕ tiɕɛnt͡sɨ]
100 000	**sto tysięcy** [stɔ tiɕɛnt͡sɨ]
1 000 000	**milion** [miljɔn]
1.	**pierwszy** [pʲɛrfʃɨ]
2.	**drugi** [druɟi]
3.	**trzeci** [tʃɛt͡ɕi]
4.	**czwarty** [t͡ʃvartɨ]
5.	**piąty** [pʲɔntɨ]
6.	**szósty** [ʃustɨ]
7.	**siódmy** [ɕudmɨ]
8.	**ósmy** [usmɨ]
9.	**dziewiąty** [dʑɛvʲɔntɨ]
10.	**dziesiąty** [dʑɛɕɔntɨ]
1/2	**jedna druga** [jɛdna druga]
1/3	**jedna trzecia** [jɛdna tʃɛt͡ɕa]
1/4	**jedna czwarta** [jɛdna t͡ʃvarta]
3/4	**trzy czwarte** [tʃɨ t͡ʃvartɛ]
3,5 %	**trzy i pół procenta** [tʃɨ i puw prɔt͡sɛnta]
27 °C	**dwadzieścia siedem stopni Celsjusza** [dvad͡ʑɛɕt͡ɕa ɕɛdɛm stɔpɲi t͡sɛlsjuʃa]
–5 °C	**minus pięć stopni Celsjusza** [minus pʲɛɲt͡ɕ stɔpɲi t͡sɛlsjuʃa]
1999	**tysiąc dziewięćset dziewięćdziesiąt dziewięć** [tiɕɔnt͡s d͡ʑɛvjɛɲt͡ɕsɛt d͡ʑɛvjɛɲdʑɛɕʲɔnt d͡ʑɛvjɛɲt͡ɕ]
2000	**dwutysięczny** [dvutɨt͡ɕɛtʃnɨ]
2006	**dwa tysące sześć** [dva tiɕɔnt͡sɛ ʃɛɕt͡ɕ]
Millimeter	**milimetr** [milimɛtr]
Zentimeter	**centymetr** [t͡sɛntɨmɛtr]
Meter	**metr** [mɛtr]
Kilometer	**kilometr** [cilɔmɛtr]
Quadratmeter	**metr kwadratowy** [mɛtr kvadratɔvɨ]

Liter	**litr** [litr]
Gramm	**gram** [gram]
100 Gramm	**sto gram** [stɔ gram]
Pfund	**funt** [funt]
Kilogramm	**kilogram** [cilɔgram]

Zeitangaben

Uhrzeit

Wie viel Uhr ist es?
Która godzina? [ktura gɔdʑina]

Es ist (genau/ungefähr) ...
Jest (dokładnie/około) ... [jɛst dɔkwadɲɛ/ɔkɔwɔ]

3 Uhr.
trzecia. [tʃɛtɕa]

5 nach 3.
pięć po trzeciej. [pʲɛɲtɕ pɔ tʃɛtɕɛj]

3 Uhr 10.
trzecia dziesięć. [tʃɛtɕa d͡ʑɛɕɛɲt͡ɕ]

Viertel nach 3.
kwadrans po trzeciej. [kvadrans pɔ tʃɛtɕɛj]

halb 4.
wpół do czwartej. [fpuw dɔ t͡ʃvartɛj]

Viertel vor 4.
za kwadrans czwarta. [za kvadrans t͡ʃvarta]

5 vor 4.
za pięć czwarta. [za pʲɛɲtɕ t͡ʃvarta]

1 Uhr.
pierwsza. [pʲɛrfʃa]

12 Uhr mittags.
dwunasta w południe. [dvunasta f pɔwudɲɛ]
Mitternacht.
północ. [puwnɔt͡s]

Es ist spät/zu früh.
Jest późno/za wcześnie. [jɛst puʑnɔ/za ft͡ʃɛɕɲɛ]

Um wie viel Uhr?/Wann?
O której godzinie? [ɔ kturɛj gɔdʑiɲɛ] / **Kiedy?** [cɛdɨ]

Um 1 Uhr.
O pierwszej. [ɔ pʲɛrfʃɛj]

Um 2 Uhr.
O drugiej. [ɔ druɟɛj]

Gegen 4 Uhr.
Koło czwartej. [kɔwɔ t͡ʃvartɛj]

In einer Stunde.
Za godzinę. [za gɔdʑinɛ̃]

In zwei Stunden.
Za dwie godziny. [za dvʲɛ gɔdʑinɨ]

Nicht vor 9 Uhr morgens.
Nie przed dziewiątą rano. [ɲɛ pʃɛt dʑɛvʲɔntɔ̃ ranɔ]

Nach 8 Uhr abends.
Po ósmej wieczorem. [pɔ usmɛj vʲɛt͡ʃɔrɛm]

Zwischen 3 und 4.
Między trzecią a czwartą. [mʲɛnd͡zɨ tʃɛtɕɔ̃ a t͡ʃvartɔ̃]

Wie lange?
Jak długo? [jak dwugɔ]

Zwei Stunden (lang).
Dwie godziny. [dv̧ɛ gɔdʑinɨ]

Von 10 bis 11.
Od dziesiątej do jedenastej. [ɔd dʑɛɕɔntɛj dɔ jɛdɛnastɛj]

Bis 5 Uhr.
Do piątej. [dɔ p̧ɔntɛj]

Seit wann?
Od kiedy? [ɔt cɛdɨ]

Seit 8 Uhr morgens.
Od ósmej rano. [ɔd usmɛj ranɔ]

Seit einer halben Stunde.
Od pół godziny. [ɔt puw gɔdʑinɨ]

Seit acht Tagen.
Od tygodnia. [ɔt tɨgɔdɲa]

abends	**wieczorem** [v̧ɛt͡ʃɔrɛm]
am Sonntag	**w niedzielę** [v ɲɛdʑɛlɛ̃]
am Wochenende	**pod koniec tygodnia** [pɔt kɔɲɛt͡s tɨgɔdɲa]
bald	**wkrótce** [fkrut͡sɛ]
diese Woche	**w tym tygodniu** [f tɨm tɨgɔdɲu]
gestern	**wczoraj** [ft͡ʃɔraj]
heute	**dzisiaj** [dʑiɕaj]
heute Morgen/Abend	**dzisiaj rano/wieczorem** [dʑiɕaj ranɔ/v̧ɛt͡ʃɔrɛm]
in 14 Tagen	**za dwa tygodnie** [za dva tɨgɔdɲɛ]
innerhalb einer Woche	**w ciągu tygodnia** [f t͡ɕɔŋgu tɨgɔdɲa]

jeden Tag	**każdego dnia** [kaʒdɛgɔ dɲa]
jetzt	**teraz** [tɛras]
kürzlich	**niedawno** [ɲɛdavnɔ]
letzten Montag	**zeszłego poniedziałku** [zɛʃwɛgɔ pɔɲɛd͡ʑawku]
manchmal	**czasem** [t͡ʃasɛm]
mittags	**w południe** [f pɔwudɲɛ]
morgen	**jutro** [jutrɔ]
morgen früh/Abend	**jutro rano/wieczorem** [jutrɔ ranɔ/vʲɛt͡ʃɔrɛm]
morgens	**rankiem** [rancɛm]
nachmittags	**po południu** [pɔ pɔwudɲu]
nächstes Jahr	**w przyszłym roku** [f pʃɨʃwɨm rɔku]
nachts	**nocą** [nɔt͡sɔ̃]
stündlich	**co godzinę** [t͡sɔ gɔdʑinɛ̃]
täglich	**codziennie** [t͡sɔdʑɛɲɲɛ]
tagsüber	**w ciągu dnia** [f t͡ɕɔŋgu dɲa]
übermorgen	**pojutrze** [pɔjutʃɛ]
um diese Zeit	**o tej porze** [ɔ tɛj pɔʒɛ]
vor zehn Minuten	**przed dziesięcioma minutami** [pʃɛt dʑɛɕɛɲt͡ɕɔma minutami]
vorgestern	**przedwczoraj** [pʃɛtft͡ʃɔraj]
vormittags	**przed południem** [pʃɛt pɔwudɲɛm]

Wochentage

Montag	**poniedziałek** [pɔɲɛdʑawɛk]
Dienstag	**wtorek** [ftɔrɛk]
Mittwoch	**środa** [ɕrɔda]
Donnerstag	**czwartek** [t͡ʃvartɛk]
Freitag	**piątek** [pʲɔntɛk]

Samstag	**sobota** [sɔbɔta]
Sonntag	**niedziela** [ɲɛdʑɛla]

Monate

Januar	**styczeń** [stɨt͡ʃɛɲ]
Februar	**luty** [lutɨ]
März	**marzec** [maʒɛt͡s]
April	**kwiecień** [kv̦ɛt͡ɕɛɲ]
Mai	**maj** [maj]
Juni	**czerwiec** [t͡ʃɛrv̦ɛt͡s]
Juli	**lipiec** [l̦ip̦ɛt͡s]
August	**sierpień** [ɕɛrp̦ɛɲ]
September	**wrzesień** [vʒɛɕɛɲ]
Oktober	**październik** [paʑdʑɛrɲik]
November	**listopad** [listɔpat]
Dezember	**grudzień** [grudʑɛɲ]

Jahreszeiten

Frühling	**wiosna** [v̦ɔsna]
Sommer	**lato** [latɔ]
Herbst	**jesień** [jɛɕɛɲ]
Winter	**zima** [ʑima]

Feiertage

Neujahr	**Nowy Rok** [nɔvɨ rɔk]
Ostern	**Wielkanoc** [v̦ɛlkanɔt͡s]
Ostermontag	**poniedziałek wielkanocny** [pɔɲɛd͡ʑawɛk v̦ɛlkanɔt͡snɨ]

1. Mai	**Pierwszy Maja** [pʲɛrfʃɨ maja]
3. Mai (Nationalfeiertag)	**Trzeci Maja, Święto Konstytucji 3 Maja (1791)** [tʃɛt͡ɕi maja, ɕfʲɛntɔ kɔnstɨtut͡sji tʃɛt͡ɕɛgɔ maja]
Christi Himmelfahrt	**Wniebowstąpienie Pańskie** [vɲɛbɔfstɔmpʲɛɲɛ paɲscɛ]
Pfingsten	**Zielone Świątki** [ʑɛlɔnɛ ɕfʲɔntci]
Pfingstmontag	**poniedziałek zielonoświątkowy** [pɔɲɛd͡ʑawɛk ʑɛlɔnɔɕfʲɔntkɔvɨ]
Fronleichnam	**Boże Ciało** [bɔʒɛ t͡ɕawɔ]
Mariä Himmelfahrt	**Wniebowzięcie Najświętszej Marii Panny** [vɲɛbɔvʑɛɲt͡ɕɛ najɕfʲjɛntʃɛj marji pannɨ]
Allerheiligen	**Wszystkich Świętych** [fʃɨstkix ɕfʲɛntɨx]
11 Listopada (Nationalfeiertag)	**Jedenasty Listopada, Święto Niepodległości (11.11.1918)** [jɛdɛnastɨ listɔpada, ɕfʲɛntɔ ɲɛpɔdlɛgwɔɕt͡ɕi]
Heiliger Abend	**Wigilia** [vʲiɟilja]
Weihnachten	**Boże Narodzenie** [bɔʒɛ narɔd͡zɛɲɛ]
1. Weihnachtsfeiertag	**pierwszy dzień świąt Bożego Narodzenia** [pʲɛrfʃɨ d͡ʑɛɲ ɕfʲɔnt bɔʒɛgɔ narɔd͡zɛɲa]
2. Weihnachtsfeiertag	**drugi dzień świąt Bożego Narodzenia** [drugi d͡ʑɛɲ ɕfʲɔnt bɔʒɛgɔ narɔd͡zɛɲa]
Silvester	**Wieczór sylwestrowy** [vʲɛtʃur sɨlvɛstrɔvɨ]

Datum

Den Wievielten haben wir heute?
Którego mamy dzisiaj? [kturɛgɔ mamɨ dʑiɕaj]

Heute ist der 1. Mai.
Dzisiaj jest pierwszy maja. [dʑiɕaj jɛst pʲɛrfʃɨ maja]

Wetter

Wie wird das Wetter heute?
Jaka będzie dzisiaj pogoda? [jaka bɛɲd͡ʑɛ d͡ʑiɕaj pɔgɔda]

Es bleibt schön/schlecht.
utrzyma się ładna/zła pogoda. [utʃɨma ɕɛ̃ wadna/zwa pɔgɔda]

Es wird wärmer/kälter.
będzie cieplej/zimniej. [bɛɲd͡ʑɛ t͡ɕɛplɛj/ʑimɲɛj]

Es soll regnen/schneien.
Ma padać deszcz/śnieg. [ma padat͡ɕ dɛʃt͡ʃ/ɕɲɛg]

Es ist kalt/heiß/schwül.
Jest zimno/gorąco/parno. [jɛst ʑimnɔ/gɔrɔnt͡sɔ/parnɔ]

Es zieht ein Gewitter auf.
Nadciąga burza. [nadt͡ɕɔŋga buʒa]

Es ist neblig/windig.
Jest mglíście/wietrzno. [jɛst mglʲiɕt͡ɕɛ/vʲɛtʃnɔ]

Die Sonne scheint.
Świeci słońce. [ɕvʲɛt͡ɕi swɔɲt͡sɛ]

Wie viel Grad haben wir heute?
Ile stopni mamy dzisiaj? [ilɛ stɔpɲi mamɨ d͡ʑiɕaj]

Es ist 20 Grad Celsius.
Jest 20 stopni Celsjusza. [jɛst dvad͡ʑɛɕt͡ɕa stɔpɲi t͡sɛlsjuʃa]

bewölkt	**pochmurnie** [pɔxmurɲɛ]
Blitz	**błyskawica** [bwɨskavit͡sa]
Bö	**porywisty wicher** [pɔrɨvjistɨ vjixɛr]
diesig	**mgliście** [mgljiɕt͡ɕɛ]
Donner	**grzmot** [gʒmɔt]
Ebbe	**odpływ (morza)** [ɔdpwɨf (mɔʒa)]
Eis	**lód** [lut]
feucht-kühl	**wilgotnie i chłodno** [vjilgɔtɲɛ i xwɔdnɔ]
feucht-warm	**wilgotnie i ciepło** [vjilgɔtɲɛ i t͡ɕɛpwɔ]
Flaute	**bezwietrznie** [bɛzvjɛtʃɲɛ]
Flut	**przypływ (morza)** [pʃɨpwɨf (mɔʒa)]
Frost	**mróz** [mrus]
Glatteis	**gołoledź** [gɔwɔlɛtɕ]
Graupel	**drobny grad** [drɔbnɨ grat]
Hagel	**grad** [grat]
heiß	**gorąco** [gɔrɔnt͡sɔ]
heiter	**pogodnie** [pɔgɔdɲɛ]
Hitze	**upał** [upaw]
kalt	**zimno** [ʑimnɔ]
Klima	**klimat** [kljimat]
Luft	**powietrze** [pɔvjɛtʃɛ]
nass	**mokro** [mɔkrɔ]
Nebel	**mgła** [mgwa]
neblig	**mgliście** [mgliɕtɕɛ]
Nieselregen	**mżawka** [mʒafka]
Regen	**deszcz** [dɛʃt͡ʃ]
Regenschauer	**przelotny deszcz** [pʃɛlɔtnɨ dɛʃt͡ʃ]
regnerisch	**deszczowy** [dɛʃt͡ʃɔvɨ]
Schnee	**śnieg** [ɕɲɛg]

Schneesturm	**zamieć śnieżna** [zam̦ɛt͡ɕ ɕɲɛʒna]
schwül	**parno** [parnɔ]
Sonne	**słońce** [swɔɲt͡sɛ]
sonnig	**słonecznie** [swɔnɛt͡ʃɲɛ]
Tauwetter	**odwilż** [ɔdv̦ilʃ]
Temperatur	**temperatura** [tɛmpɛratura]
trocken	**sucho** [suxɔ]
Überschwemmung	**powódź** [pɔvut͡ɕ]
warm	**ciepło** [t͡ɕɛpwɔ]
wechselhaft	**zmiennie** [zm̦ɛɲɲɛ]
Wetterbericht	**prognoza pogody** [prɔgnɔza pɔgɔdɨ]
Wind	**wiatr** [v̦atr]
Windstärke	**siła wiatru** [ɕiwa v̦atru]
Wolke	**chmura** [xmura]
Wolkenbruch	**oberwanie chmury** [ɔbɛrvaɲɛ xmurɨ]

Farben

beige	**beżowy** [bɛʒɔvɨ]
blau	**niebieski** [ɲɛb̦ɛski]
braun	**brązowy** [brɔ̃zovɨ]
gelb	**żółty** [ʒuwtɨ]
golden	**złoty** [zwɔtɨ]
grau	**szary** [ʃarɨ]
grün	**zielony** [ʑɛlɔnɨ]
lila	**lila** [l̦ila]
orange	**pomarańczowy** [pɔmaraɲt͡ʃɔvɨ]
rosa	**różowy** [ruʒɔvɨ]
rot	**czerwony** [t͡ʃɛrvɔnɨ]
schwarz	**czarny** [t͡ʃarnɨ]

silbern	**srebrny** [srɛbrnɨ]
türkisfarben	**turkusowy** [turkusɔvɨ]
violett	**fioletowy** [f,ɔlɛtɔvɨ]
weiß	**biały** [b,jawɨ]
hell ...	**jasno ...** [jasnɔ]
dunkel ...	**ciemno ...** [tɕɛmnɔ]
farbig	**kolorowy** [kɔlɔrɔvɨ]
einfarbig	**jednokolorowy** [jɛdnɔkɔlɔrɔvɨ]

Begrüßung und Verabschiedung

Begrüßung

Guten Morgen!
Dzień dobry! [dʑɛɲ dɔbrɨ]

Guten Tag!
Dzień dobry! [dʑɛɲ dɔbrɨ]

Guten Abend!
Dobry wieczór! [dobrɨ vʲɛt͡ʃur]

Hallo!/Grüß dich!
Halo!/Witam! [xalɔ/vʲitam]

Wie geht's?
Co słychać? [t͡sɔ swɨxat͡ɕ]

Wie geht es Ihnen/dir?
Jak się panu/pani powodzi? Jak ci się powodzi?
[jak ɕɛ̃ panu/paɲi pɔvɔdʑi/jak tɕi ɕɛ̃ pɔvɔdʑi]

Danke. Und Ihnen/dir?
Dziękuję. A panu/pani/tobie? [dʑɛ̃kujɛ̃. a panu/paɲi/tɔbʲɛ]

Wie ist Ihr Name, bitte?
Przepraszam, jak się pan/pani nazywa?
[pʃɛpraʃam, jak ɕɛ̃ pan/paɲi nazɨva]

Wie heißt du?
Jak się nazywasz? [jak ɕɛ̃ nazɨvaʃ]

Ich heiße ...
Nazywam się ... [nazɨvam ɕɛ̃]

Vorstellung

Darf ich bekannt machen?
Wolno mi przedstawić? [vɔlnɔ mʲi pʃɛtstavʲit͡ɕ]

Das ist ...
To jest ... [tɔ jɛst]

Frau ...
pani ... [paɲi]

Herr ...
pan ... [pan]

mein Mann.
mój mąż. [muj mɔ̃ʃ]

meine Frau.
moja żona. [mɔja ʒɔna]

mein Sohn.
mój syn. [muj sɨn]

meine Tochter.
moja córka. [mɔja t͡surka]

mein Freund/meine Freundin.
mój chłopiec/moja dziewczyna. [muj xwɔpʲɛt͡s/mɔja d͡ʑɛft͡ʃɨna]

mein Kollege/meine Kollegin.
mój kolega/moja koleżanka. [muj kɔlɛga/mɔja kɔlɛʒanka]

Freut mich, Sie kennen zu lernen.
Cieszę się, że mogę pana/panią poznać.
[t͡ɕɛʃɛ̃ ɕɛ̃, ʒɛ mɔgɛ̃ pana/paɲɔ̃ pɔznat͡ɕ]

Abschied

Auf Wiedersehen!
Do widzenia! [dɔ vʲid͡zɛɲa]

Bis bald!
Do rychłego zobaczenia! [dɔ rɨxwɛgɔ zɔbat͡ʃɛɲa]

Bis später!
Do zobaczenia wkrótce! [dɔ zɔbat͡ʃɛɲa fkrutt͡sɛ]

Bis morgen!
Do jutra! [dɔ jutra]

Gute Nacht!
Dobranoc! [dɔbranɔt͡s]

Tschüss!
Serwus! [sɛrvus]

Alles Gute!
Wszystkiego dobrego! [fʃɨstcɛgɔ dɔbrɛgɔ]

Gute Reise!
Szczęśliwej podróży! [ʃt͡ʃɛ̃ɕlʲivɛj pɔdruʒɨ]

Höflichkeit

Bitte und Dank

Bitte.
Proszę. [prɔʃɛ̃]

Ja, bitte.
Tak, proszę. [tak, prɔʃɛ̃]

Nein, danke.
Nie, dziękuję. [ɲɛ, d͡ʑɛ̃kujɛ̃]

Gestatten Sie?
Pozwoli pan/pani? [pɔzvɔlʲi pan/paɲi]

Können Sie mir bitte helfen?
Czy może mi pan/pani pomóc? [t͡ʃɨ mɔʒɛ m,i pan/paɲi pɔmut͡s]

Danke.
Dziękuję. [d͡ʑɛ̃kujɛ̃]

Vielen Dank.
Dziękuję bardzo. [d͡ʑɛ̃kujɛ̃ bard͡zɔ]

Das ist nett, danke.
To jest miłe, dziękuję. [tɔ jɛst m,iwɛ, d͡ʑɛ̃kujɛ̃]

Bitte sehr.
Proszę bardzo. [prɔʃɛ̃ bard͡zɔ̃]

Entschuldigung

Entschuldigung!
Przepraszam! [pʃɛpraʃam]

Es war nicht so gemeint.
Tego nie miałem/miałam na myśli.
[tɛgɔ ɲɛ m,jawɛm/m,jawam na mɨɕl,i]

Es ist leider nicht möglich.
To nie jest niestety możliwe. [tɔ ɲɛ jɛst ɲɛstɛtɨ mɔʒl,ivɛ]

Glückwunsch

Herzlichen Glückwunsch!
Serdeczne gratulacje! [sɛrdɛt͡ʃnɛ gratulat͡sjɛ]

Alles Gute!
Wszystkiego dobrego! [fʃɨstcɛgɔ dɔbrɛgɔ]

Alles Gute zum Geburtstag!
Wszystkiego dobrego z okazji urodzin!
[fʃɨstcɛgɔ dɔbrɛgɔ z ɔkazji urɔd͡ʑin]

Viel Erfolg!
Powodzenia! [pɔvɔd͡zɛɲa]

Viel Glück!
Dużo szczęścia! [duʒɔ ʃt͡ʃɛ̃ɕt͡ɕa]

Meinung und Gefühle

Das gefällt mir (nicht).
To mi się (nie) podoba. [tɔ mʲi ɕɛ̃ (ɲɛ) pɔdɔba]

Ich möchte lieber ...
Wolałbym/wolałabym bardziej ... [vɔlawbɨm/vɔlawabɨm bardʑɛj]

Am liebsten wäre mir ...
Najlepiej byłoby ... [najlɛpʲɛj bɨwɔbɨ]

Mit Vergnügen!
Z przyjemnością! [s pʃɨjɛmnɔɕt͡ɕɔ̃]

Prima!
Wspaniale! [fspaɲalɛ]

Ich habe keine Lust dazu.
Na to nie mam ochoty. [na tɔ ɲɛ mam ɔxɔtɨ]

Ich will nicht.
Nie chcę. [ɲɛ xt͡sɛ̃]

Auf gar keinen Fall!
W żadnym wypadku! [v ʒadnɨm vɨpatku]

Ich weiß noch nicht.
Jeszcze nie wiem. [jɛʃt͡ʃɛ ɲɛ vʲjɛm]

Vielleicht.
Może. [mɔʒɛ]

Wahrscheinlich.
Prawdopodobnie. [pravdɔpɔdɔbɲɛ]

Smalltalk

Angaben zur Person

Wie alt sind Sie/bist du?
Ile pan/pani ma lat/masz lat? [ilɛ pan/paɲi ma lat/maʃ lat]

Ich bin 39.
Mam trzydzieści dziewięć lat. [mam tʃɨd͡ʑɛɕt͡ɕi d͡ʑɛvjɛɲt͡ɕ lat]

Was machen Sie/machst du beruflich?
Jaki zawód pan/pani wykonuje/ wykonujesz?
[jaci zavut pan/paɲi vɨkɔnujɛ/vɨkɔnujɛʃ]

Ich bin ...
Jestem ... [jɛstɛm]

Ich arbeite bei ...
Pracuję w (na) ... [prat͡sujɛ̃ v(na)]

Ich bin Rentner/in.
Jestem rencist-ą/ką. [jɛstɛm rɛnt͡ɕist-ɔ̃/kɔ̃]

Ich gehe noch zur Schule.
Chodzę jeszcze do szkoły. [xɔd͡zɛ̃ jɛʃt͡ʃɛ dɔ ʃkɔwɨ]

Ich bin Student/in.
Jestem student-em/ką. [jɛstɛm studɛnt-ɛm/kɔ̃]

Herkunft und Aufenthalt

Woher kommen Sie/kommst du?
Skąd pan/pani jest?/skąd jesteś? [skɔnt pan/paɲi jɛst/skɔnt jɛstɛɕ]

Ich bin aus ...
Jestem z ... [jɛstɛm z]

Sind Sie/Bist du schon lange hier?
Jest pan/pani/Jesteś już długo tutaj?
[jɛst pan/paɲi/jɛstɛɕ juʃ dwugɔ tutaj]

Ich bin seit ... hier.
Jestem tutaj od ... [jɛstɛm tutaj ɔt]

Wie lange bleiben Sie/ bleibst du?
Jak długo zostanie pan/pani/zostaniesz?
[jak dwugɔ zɔstaɲɛ pan/paɲi/zostaɲɛʃ]

Verabredung

Haben Sie/Hast du für morgen schon etwas vor?
Zaplanował(a) pan/pani/ Zaplanowałeś (-łaś) już coś na jutro?
[zaplanɔvaw(a) pan/paɲi/zaplanɔvawɛɕ (-waɕ) juʃ t͡sɔɕ na jutrɔ]

Wollen wir zusammen hingehen?
Pójdziemy razem? [pujdʑɛmɨ razɛm]

Darf ich Sie/dich zum Essen einladen?
Czy mogę pana/panią/cię zaprosić na objad (kolację)?
[t͡ʃɨ mɔgɛ̃ pana/ paɲɔ̃/t͡ɕɛ̃ zaprɔɕit͡ɕ na ɔbjat/kɔlat͡sjɛ̃]

Wann treffen wir uns?
Kiedy się spotkamy? [cɛdɨ ɕɛ̃ spɔtkamɨ]

Darf ich Sie/dich abholen?
Czy mogę przyjść po pana/panią/ ciebie?
[t͡ʃɨ mɔgɛ̃ pʃɨjɕt͡ɕ pɔ pana/paɲɔ̃/ t͡ɕɛbʲɛ]

Treffen wir uns um 9 Uhr.
Spotkamy się o dziewiątej. [spɔtkamɨ ɕɛ̃ ɔ dʑɛvʲɔntɛj]

Sind Sie verheiratet?
Jest pan żonaty/pani mężatką? [jɛst pan ʒɔnatɨ/paɲi mɛ̃ʒatkɔ̃]

Hast du einen Freund/eine Freundin?
Masz chłopaka/dziewczynę? [maʃ xwɔpaka dʑɛft͡ʃɨnɛ̃]

Kann ich Sie/dich wieder sehen?
Czy mogę pana/panią/cię znowu zobaczyć?
[t͡ʃɨ mɔgɛ̃ pana/paɲɔ̃/t͡ɕɛ̃ znɔvu zɔbat͡ʃɨt͡ɕ]

Vielen Dank für den netten Abend.
Bardzo dziękuję za miły wieczór. [bard͡zɔ dʑɛ̃kujɛ̃ za miwɨ vʲɛt͡ʃur]

Lassen Sie mich bitte in Ruhe!
Proszę mnie zostawić w spokoju. [prɔʃɛ̃ mɲɛ zɔstavitɕ f spɔkɔju]

Hau ab!
Zjeżdżaj! [zjɛʒd͡ʒaj]

Jetzt reicht's!
Teraz mam dosyć! [tɛras mam dɔsɨt͡ɕ] Starczy! [start͡ʃɨ]

Verständigungsschwierigkeiten

Wie bitte?
Proszę? [prɔʃɛ̃]

Ich verstehe Sie/dich nicht. Bitte, wiederholen Sie/wiederhole es.
Nie rozumiem pana/panią/ciebie. Proszę powtórzyć/powtórz.
[ɲɛ rɔzumʲɛm pana/paɲɔ̃/t͡ɕɛbʲɛ. prɔʃɛ̃ pɔftuʒɨt͡ɕ/pɔftuʃ]

Bitte sprechen Sie/sprich etwas langsamer.
Proszę mówić/mów trochę wolniej. [prɔʃɛ̃ muvʲit͡ɕ/muf trɔxɛ̃ vɔlɲɛj]

Ich verstehe/habe verstanden.
Rozumiem/zrozumiałem/zrozumiałam.
[rɔzumʲɛm/zrɔzumʲawɛm/zrɔzumʲawam]

Sprechen Sie/Sprichst du ...
Mówi pan/pani/mówisz ... [muv̦i pan/paɲi/muv̦iʃ]

Polnisch?
po polsku? [pɔ pɔlsku]

Deutsch?
po niemiecku? [pɔ ɲɛm̦jɛt͡sku]

Englisch?
po angielsku? [pɔ anɟɛlsku]

Ich spreche nur wenig ...
Mówię tylko trochę ... [muv̦jɛ̃ tɨlkɔ trɔxɛ̃]

Schreiben Sie/Schreibe es mir bitte auf!
Proszę napisać mi/napisz mi! [prɔʃɛ̃ nap̦isat͡ɕ m̦i/nap̦iʃ m̦i]

Fragen nach dem Weg

Ortsangaben

links	**na lewo** [na lɛvɔ]
rechts	**na prawo** [na pravɔ]
geradeaus	**prosto** [prɔstɔ]
vor	**przed** [pʃɛt]
hinter	**za** [za]
neben	**obok** [ɔbɔk]
gegenüber	**naprzeciw** [napʃɛtɕif]
hier	**tutaj** [tutaj]
dort	**tam** [tam]
nah	**blisko** [blˌiskɔ]
weit	**daleko** [dalɛkɔ]
nach	*(in Richtung)* **do** [dɔ], **na** [na]; *(Reihenfolge)* **za** [za]
Ampel	**światła** [ɕvˌjatwa]
Baustelle	**budowa** [budɔva]
Kreuzung	**skrzyżowanie** [skʃɨʒɔvaɲɛ]
Kurve	**zakręt** [zakrɛnt]
Landstraße	**droga** [drɔga], szosa [ʃɔsa]
Schnellstraße	**trasa szybkiego ruchu** [trasa ʃɨpcɛgɔ ruxu]
Straße	**ulica** [ulˌi͡tsa], **droga** [drɔga]

Wegbeschreibung

Entschuldigung, wie komme ich nach ...?
Przepraszam, jak dostanę się do ...? [pʃɛpraʃam, jak dɔstanɛ̃ ɕɛ̃ dɔ]

Immer geradeaus bis ...
Cały czas prosto, aż do ... [t͡sawɨ t͡ʃas prɔstɔ, aʃ dɔ]

Dann ...
Potem ... [pɔtɛm]

an der Ampel
na światłach [na ɕvjatwax]

an der nächsten Ecke
za następnym rogiem [za nastɛmpnɨm rɔɟɛm]

links/rechts abbiegen.
skręcić na lewo/na prawo. [skrɛɲt͡ɕit͡ɕ na lɛvɔ/na pravɔ]

Folgen Sie den Schildern.
Niech pan/pani kieruje się drogowskazami.
[ɲɛx pan/paɲi cɛrujɛ ɕɛ̃ drɔgɔfskazamʲi]

Wie weit ist das?
Jak to jest daleko? [jak tɔ jɛst dalɛkɔ]

Mit dem Auto/Fahrrad benötigt man ...
Samochodem/rowerem potrzeba ... [samɔxɔdɛm/rɔvɛrɛm potʃɛba]

Bitte, ist das die Straße nach ...?
Przepraszam, czy to droga do ...? [pʃɛpraʃam, t͡ʃɨ tɔ drɔga dɔ]

Sie sind hier falsch. Sie müssen zurückfahren bis ...
Pan/pani pomylił/a kierunek. Pan/pani musi jechać z powrotem do ... [pan/paɲi pɔmɨliw/a cɛrunɛk pan/paɲi muɕi jɛxat͡ɕ s pɔvrɔtɛm dɔ]

An der Grenze

Passkontrolle

Ihren Pass, bitte!
Proszę pana/pani paszport! [prɔʃɛ̃ pana/paɲi paʃpɔrt]

Ihr Pass ist abgelaufen.
Termin ważności pana/pani paszportu upłynął.
[tɛrmin vaʒnɔɕt͡ɕi pana/paɲi paʃpɔrtu upwɨnɔw]

Ich gehöre zu der Reisegesellschaft aus ...
Należę do wycieczki z ... [nalɛʒɛ̃ dɔ vɨt͡ɕɛt͡ʃci z]

Zollkontrolle

Haben Sie etwas zu verzollen?
Czy ma pan/pani coś do oclenia? [t͡ʃɨ ma pan/paɲi t͡sɔɕ dɔ ɔt͡slɛɲa]

Nein, ich habe nur ein paar Geschenke.
Nie, mam tylko kilka prezentów. [ɲɛ, mam tɨlkɔ cilka prɛzɛntuf]

Fahren Sie bitte rechts/links heran.
Proszę zjechać na prawo/na lewo. [prɔʃɛ̃ zjɛxat͡ɕ na pravɔ/na lɛvɔ]

Öffnen Sie bitte den Kofferraum/diesen Koffer.
Proszę otworzyć bagażnik/tę walizkę.
[prɔʃɛ̃ ɔtfɔʒɨt͡ɕ bagaʒɲik/tɛ̃ valˌiskɛ̃]

Muss ich das verzollen?
Czy muszę to oclić? [t͡ʃɨ muʃɛ̃ tɔ ɔt͡slˌit͡ɕ]

Personalien

Familienname	**nazwisko** [nazv̦iskɔ]
Familienstand	**stan cywilny** [stan t͡sɨv̦ilnɨ]
ledig	**stan wolny** [stan vɔlnɨ]
verheiratet	**żonaty/zamężna** [ʒɔnatɨ/zamɛ̃ʒna]
verwitwet	**wdowiec/wdowa** [vdɔv̦ɛt͡s/vdɔva]
Geburtsdatum	**data urodzenia** [data urɔd͡zɛɲa]
Geburtsname	**nazwisko panieńskie** [nazv̦iskɔ paɲɛɲscɛ]
Geburtsort	**miejsce urodzenia** [m̦ɛjst͡sɛ urɔd͡zɛɲa]
Staatsangehörigkeit	**obywatelstwo** [ɔbɨvatɛlstvɔ]
Vorname	**imię** [im̦jɛ̃]
Wohnort	**miejsce zamieszkania** [m̦ɛjst͡sɛ zam̦ɛʃkaɲa]

Grenze

Ausreise	**wyjazd** [vɨjast]
Bestimmungen	**przepisy** [pʃɛp̦isɨ]
Einreise	**wjazd** [vjast]
Führerschein	**prawo jazdy** [pravɔ jazdɨ]
Gesundheitszeugnis, amtstierärztliches	**urzędowe świadectwo zdrowia od weterynarza** [uʒɛndɔvɛ ɕv̦jadɛt͡stvɔ zdrɔv̦ja ɔd vɛtɛrɨnaʒa]
grüne Versicherungskarte	**polisa ubezpieczeniowa** [pɔl̦isa ubɛsp̦ɛt͡ʃɛɲɔva]
gültig	**ważny** [vaʒnɨ]
internationaler Impfpass	**międzynarodowa książeczka zdrowia** [m̦jɛ̃d͡zɨnarɔdɔva kɕɔ̃ʒɛt͡ʃka zdrɔv̦ja]

Kinderausweis	**dowód osobisty dziecka** [dɔvut ɔsɔbˌistɨ dʑɛt͡ska]
Nationalitätskennzeichen	**znak rozpoznawczy państwa** [znak rɔspɔznaft͡ʃɨ paɲstva]
Passkontrolle	**kontrola paszportowa** [kɔntrɔla paʃpɔrtɔva]
Personalausweis	**dowód osobisty** [dɔvut ɔsɔbˌistɨ]
Reisepass	**paszport** [paʃpɔrt]
Tollwut	**wścieklizna** [vɕt͡ɕɛklˌizna]
Tollwutimpfbescheinigung	**zaświadczenie o szczepieniu przeciw wściekliźnie** [zaɕvˌjattʃɛɲɛ ɔ ʃt͡ʃɛpˌɛɲu pʃɛt͡ɕif fɕt͡ɕɛklˌiʑɲɛ]
Zoll	**cło** [t͡swɔ]
Zollbeamter/-beamtin	**celni-k/czka** [t͡sɛlɲi-k/t͡ʃka]
Zollgebühren	**opłata celna** [ɔpwata t͡sɛlna]
Zollkontrolle	**kontrola celna** [kɔntrɔla t͡sɛlna]
zollpflichtig	**podlegający ocleniu** [pɔdlɛgajɔ̃t͡sɨ ɔt͡slɛɲu]

Auto und Motorrad

An der Tankstelle ➢auch Werkstatt

Wo ist bitte die nächste Tankstelle?
Przepraszam, gdzie jest najbliższa stacja benzynowa?
[pʃɛpraʃam, gdʑɛ jɛst najblˌiʃʃa stat͡sja bɛnzɨnɔva]

Ich möchte … Liter
Chciałbym/chciałabym … litrów [xt͡ɕawbɨm/xt͡ɕawabɨm … lˌitruf]

Normalbenzin.
benzyny niskooktanowej. [bɛnzɨnɨ ɲiskɔɔktanɔvɛj]

Super.
wysokooktanowej. [vɨsɔkɔɔktanɔvɛj]

Diesel.
ropy. [rɔpɨ]

Gemisch.
mieszanki. [m,ɛʃanki]

bleifrei/verbleit/mit ... Oktan.
bezołowiowej/ołowiowej/ ... oktanowej.
[bɛzɔwɔv,jɔvɛj/ɔwɔv,jɔvɛj/ ... ɔktanɔvɛj]

Super bitte, für 100 000 Zloty.
Proszę wysokooktanową za 100 000 zł.
[prɔʃɛ̃ vɨsɔkɔɔktanɔvɔ̃ za stɔ tɨɕɛnt͡ɕɨ zwɔtɨx]

Voll tanken, bitte.
Proszę do pełna. [prɔʃɛ̃ dɔ pɛwna]

Prüfen Sie bitte den Ölstand/den Reifendruck.
Proszę sprawdzić poziom oleju/ciśnienie w oponach.
[prɔʃɛ̃ spravdʑit͡ɕ pɔʑɔm olɛju/t͡ɕiɕɲɛɲɛ v ɔpɔnax]

Ich möchte eine Straßenkarte dieser Gegend, bitte.
Poproszę mapę samochodową tej okolicy.
[pɔprɔʃɛ̃ mapɛ̃ samɔxɔdɔvɔ̃ tɛj ɔkɔl,it͡sɨ]

Wo sind bitte die Toiletten?
Przepraszam, gdzie są toalety? [pʃɛpraʃam, gdʑɛ sɔ̃ tɔalɛtɨ]

Parken

Gibt es hier in der Nähe eine Parkmöglichkeit?
Czy jest tu w pobliżu możliwość zaparkowania?
[t͡ʃɨ jɛst tu f pɔbl,iʒu mɔʒl,ivɔɕt͡ɕ zaparkɔvaɲa]

Kann ich den Wagen hier abstellen?
Czy mogę tutaj zaparkować samochód?
[t͡ʃɨ mɔgɛ̃ tutaj zaparkɔvat͡ɕ samɔxut]

Ist der Parkplatz bewacht?
Czy ten parking jest strzeżony? [t͡ʃɨ tɛn parciŋg jɛst stʃɛʒɔnɨ]

Der Besitzer eines neuen Wagens ist gut beraten, sein Auto auf bewachten Parkplätzen *(parking strzeżony)* stehen zu lassen. Der Abschluss einer Kaskoversicherung ist ratsam.

Wie hoch ist die Parkgebühr pro ...
Ile kosztuje parkowanie za ... [ilɛ kɔʃtujɛ parkɔvaɲɛ za]

Stunde?
godzinę? [gɔdʑinɛ̃]

Tag?
dzień? [dʑɛɲ]

Nacht?
noc? [nɔt͡s]

Eine Panne

Ich habe eine Panne/einen Platten.
Mam awarię/przebitą oponę. [mam avarjɛ̃/pʃɛbitɔ̃ ɔpɔnɛ̃]

Würden Sie bitte den Pannendienst anrufen?
Czy mógłby pan/mogłaby pani zadzwonić po pomoc drogową?
[t͡ʃɨ mugwbɨ pan/mɔgwabɨ paɲi zad͡zvɔɲit͡ɕ pɔ pɔmɔt͡s drɔgɔvɔ̃]

Könnten Sie mir mit Benzin aushelfen?
Czy mógłby mnie pan/mogłaby mnie pani poratować benzyną?
[t͡ʃɨ mugwbɨ mɲɛ pan/mɔgwabɨ mɲɛ paɲi pɔratɔvat͡ɕ bɛnzɨnɔ̃]

Könnten Sie mir beim Reifenwechsel helfen?
Czy mógłby mi pan/mogłaby mi pani pomóc przy zmianie koła?
[t͡ʃɨ mugwbɨ mʲi pan/mɔgwabɨ mʲi paɲi pɔmut͡s pʃɨ zmʲaɲɛ kɔwa]

Würden Sie mich bis zur nächsten Tankstelle mitnehmen?
Wziąłby/wzięłaby mnie pan/pani do najbliższej stacji benzynowej? [vʑɔwbɨ/vʑɛwabɨ mɲɛ pan/paɲi dɔ najblʲiʃʃɛj stat͡sji bɛnzɨnɔvɛj]

In der Werkstatt

Wo ist hier in der Nähe eine Werkstatt?
Gdzie jest tu w pobliżu warsztat naprawczy?
[gd͡ʑɛ jɛst tu f pɔblʲiʒu varʃtat napraft͡ʃɨ]

Mein Wagen springt nicht an.
Mój samochód nie chce zapalić. [muj samɔxut ɲɛ xt͡sɛ zapalʲit͡ɕ]

Können Sie mit mir kommen/mich abschleppen?
Czy mógłby pan/mogłaby pani pójść ze mną/odholować mnie?
[t͡ʃɨ mugwbɨ pan/wɔgwabɨ paɲi pujɕt͡ɕ zɛ mnɔ̃/otxɔlovat͡ɕ mɲɛ]

Mit dem Motor stimmt was nicht.
Z silnikiem jest coś nie w porządku. [s ɕilɲicɛm jɛst t͡sɔɕ ɲɛ f pɔʒɔ̃tku]

... ist/sind defekt.
... jest/są zepsute. [jɛst/sɔ̃ zɛpsutɛ]

Der Wagen verliert Öl.
Samochód traci olej. [samɔxut trat͡ɕi ɔlɛj]

Können Sie mal nachsehen?
Czy może pan/pani sprawdzić? [t͡ʃɨ mɔʒɛ pan/paɲi spravd͡ʑit͡ɕ]

Machen Sie bitte nur die nötigsten Reparaturen.
Proszę wykonać tylko najpotrzebniejsze naprawy.
[prɔʃɛ̃ vɨkɔnat͡ɕ tɨlkɔ najpɔtʃɛbɲɛjʃɛ napravɨ]

Wann ist der Wagen/das Motorrad fertig?
Kiedy wóz/motocykl będzie gotowy?
[cɛdɨ vus/mɔtɔt͡sɨkl bɛɲdʑɛ gɔtɔvɨ]

Was wird es kosten?
Ile to będzie kosztować? [ilɛ tɔ bɛɲdʑɛ kɔʃtɔvat͡ɕ]

Verkehrsunfall

Es ist ein Unfall passiert.
Zdarzył się wypadek. [zdaʒɨw ɕɛ̃ vɨpadɛk]

Rufen Sie bitte schnell ...
Proszę wezwać szybko ... [prɔʃɛ̃ vɛzvat͡ɕ ʃɨpkɔ]

einen Krankenwagen.
karetkę pogotowia. [kavɛtkɛ̃ pɔgɔtɔvʲa]

die Polizei.
policję. [pɔlʲit͡sjɛ̃]

die Feuerwehr.
straż pożarną. [straʃ pɔʒarnɔ̃]

Haben Sie Verbandszeug?
Czy ma pan/pani bandaże? [tʃɨ ma pan/paɲi bandaʒɛ]

Es war Ihre Schuld.
To była pana/pani wina. [tɔ bɨwa pana/paɲi vina]

Sie haben ...
Pan/pani ... [pan/paɲi]

die Vorfahrt nicht beachtet.
nie przestrzegał/a pierwszeństwa przejazdu.
[ɲɛ pʃɛstʃɛgaw/a pʲɛrfʃɛɲstfa pʃɛjazdu]

die Fahrspur gewechselt, ohne zu blinken.
zmienił/a pas, nie włączając kierunkowskazu.
[zmʲɛɲiw/a pas, ɲɛ vwɔ̃t͡ʃajɔ̃t͡s cɛrunkɔfskazu]

Sie sind ...
Pan/pani ... [pan/paɲi]

zu schnell gefahren.
jechał/a za szybko. [jɛxaw/a za ʃɨpkɔ]

zu dicht aufgefahren.
podjechał/a za blisko. [pɔdjɛxaw/a za bl̦iskɔ]

bei Rot über die Kreuzung.
przejechał/a skrzyżowanie na czerwonych światłach.
[pʃɛjɛxaw/a skʃɨʒɔvaɲɛ na t͡ʃɛrvɔnɨx ɕvjatwax]

Sollen wir die Polizei holen, oder können wir uns so einigen?
Wezwać policję, czy się ugodzimy?
[vɛzvat͡ɕ pɔl̦it͡sjɛ̃, t͡ʃɨ ɕɛ̃ ugɔdʑimɨ]

Ich möchte den Schaden durch meine Versicherung regeln lassen.
Chciałbym/chciałabym tę szkodę uregulować przez moją ubezpieczalnię. [xt͡ɕawbɨm/xt͡ɕawabɨm tɛ̃ ʃkɔdɛ̃ urɛgulɔvat͡ɕ pʃɛs mɔjɔ̃ ubɛsp̦ɛt͡ʃalɲɛ̃]

Geben Sie mir bitte Ihren Namen und Ihre Anschrift.
Proszę mi podać pana/pani nazwisko i adres.
[prɔʃɛ̃ m̦i pɔdat͡ɕ pana/paɲi nazv̦iskɔ i adrɛs]

Vielen Dank für Ihre Hilfe.
Bardzo dziękuję za pana/pani pomoc.
[bard͡zɔ dʑɛ̃kujɛ̃ za pana/paɲi pɔmɔt͡s]

Auto-, Motorrad- und Fahrradvermietung

Ich möchte für zwei Tage/ eine Woche ... mieten.
Chciałbym/chciałabym wypożyczyć na dwa dni/tydzień ...
[xt͡ɕawbɨm/xt͡ɕawabɨm vɨpɔʒɨt͡ʃɨt͡ɕ na dva dɲi/tɨdʑɛɲ]

einen (Gelände-)Wagen
samochód (terenowy). [samɔxut tɛrɛnɔvɨ]

ein Motorrad
motocykl. [mɔtɔt͡sɨkl]

ein Fahrrad
rower. [rɔvɛr]

Wie hoch ist die Tages-/ Wochenpauschale?
Jaki wysoki jest ryczałt na dzień/tydzień?
[jaci vɨsɔci jɛst rɨt͡ʃawt na d͡ʑɛɲ/tɨd͡ʑɛɲ]

Wie viel verlangen Sie pro gefahrenen Kilometer?
Ile chce pan/pani za przejechany km?
[ilɛ xt͡sɛ pan/paɲi za pʃɛjɛxanɨ cilɔmɛtr]

Wie viel muss ich als Kaution hinterlegen?
Jaką wysoką kaucję muszę dać w zastaw?
[jakɔ̃ vɨsɔkɔ̃ kawt͡sjɛ̃ muʃɛ̃ dat͡ɕ v zastaf]

Ich nehme den … / das …
Wezmę go. [vɛzmɛ̃ gɔ]

Ist das Fahrzeug vollkaskoversichert?
Czy pojazd ma autokasko? [t͡ʃɨ pɔjast ma awtɔkaskɔ]

Kann ich den Wagen gleich mitnehmen?
Czy mogę ten samochód zaraz zabrać ?
[t͡ʃɨ mɔgɛ̃ tɛn samɔxut zaras zabrat͡ɕ]

Ist es möglich, das Fahrzeug in … abzugeben?
Czy można oddać pojazd w …? [t͡ʃɨ mɔʒna ɔddat͡ɕ pɔjast v]

Darf ich Ihren Führerschein sehen?
Czy mogę zobaczyć pana/pani prawo jazdy?
[t͡ʃɨ mɔgɛ̃ zɔbat͡ʃɨt͡ɕ pana/paɲi pravɔ jazdɨ]

abbiegen	**skręcić** [skrɛɲt͡ɕit͡ɕ]
Abblendlicht	**światła mijania** [ɕvjatwa mijaɲa]
Abschleppdienst	**pomoc drogowa** [pɔmɔt͡s drɔgɔva]
abschleppen	**odholować** [ɔtxɔlɔvat͡ɕ]

Abschleppseil	**linka holownicza** [l̦inka xɔlɔvɲit͡ʃa]
Abschleppwagen	**samochód holujący** [samɔxut xɔlujɔ̃t͡sɨ]
Achse	**oś** [ɔɕ]
Alarmanlage	**system alarmowy** [sɨstɛm alarmɔvɨ]
Allradantrieb	**napęd na wszystkie koła** [napɛnt na fʃɨstk'ɛ kɔwa]
Anhänger	**przyczepa** [pʃɨt͡ʃɛpa]
Anlasser	**rozrusznik** [rɔzruʃɲik]
anspringen	**zapalić** [zapal̦it͡ɕ]
Auspuff	**rura wydechowa** [rura vɨdɛxɔva]
	tłumik [twum̦ik]
Autobahn	**autostrada** [awtɔstrada]
Autobahngebühren	**opłaty za autostradę** [ɔpwatɨ za awtɔstradɛ̃]
Automatik(getriebe)	**automatyczna skrzynia biegów** [awtɔmatɨt͡ʃna skʃɨɲa b̦jɛguf]
Automobilclub	**klub automobilowy** [klup awtɔmɔb̦ilɔvɨ]
Autoreifen	**opona samochodowa** [ɔpɔna samɔxɔdɔva]
Benzin	**benzyna** [bɛnzɨna]
Benzinkanister	**kanister na benzynę** [kaɲistɛr na bɛnzɨnɛ̃]
Benzinpumpe	**pompa benzynowa** [pɔmpa bɛnzɨnɔva]
Blinker	**kierunkowskaz** [cɛrunkɔfskas]
Bremsbelag	**okładzina hamulca** [ɔkwadʑina xamult͡sa]
Bremse	**hamulec** [xamulɛt͡s]
bremsen	**hamować** [xamɔvat͡ɕ]
Bremsflüssigkeit	**płyn hamulcowy** [pwɨn xamult͡sɔvɨ]
Bremshebel	**rączka hamulca** [rɔ̃t͡ʃka xamult͡sa]
Bremslichter	**światła hamulcowe** [ɕf̦jatwa xamult͡sɔvɛ]

Bußgeld	**mandat** [mandat]
Defekt	**defekt** [dɛfɛkt]
Dichtung	**uszczelka** [uʃt͡ʃɛlka]
Düse	**dysza** [dɨʃa]
Einspritzpumpe	**pompa wtryskowa** [pɔompa ftrɨskɔva]
Ersatzrad	**koło zapasowe** [kɔwɔ zapasovɛ]
Ersatzteile	**części zamienne** [t͡ʃɛ̃ɕt͡ɕi zamʲɛnnɛ]
Fahrrad	**rower** [rɔvɛr]
Fahrradweg	**droga dla rowerów** [drɔga dla rɔvɛruf]
Federung	**sprężynowanie** [sprɛ̃ʒɨnɔvaɲɛ]
Fehlzündung	**niewłaściwy zapłon** [ɲɛvwaɕt͡ɕivɨ zapwɔn]
Felge	**obręcz koła** [ɔbrɛ̃t͡ʃ kɔwa]
Fernlicht	**światła drogowe** [ɕvʲjatwa drɔgɔvɛ]
Flickzeug	**łatki do opon** [watci dɔ ɔpɔn]
Frostschutzmittel	**odmrażacz** [ɔdmraʒat͡ʃ]
Führerschein	**prawo jazdy** [pravɔ jazdɨ]
Gang	**bieg** [bʲjɛg]
erster Gang	**pierwszy bieg** [pʲɛrfʃɨ bʲjɛg]
Rückwärtsgang	**wsteczny bieg** [fstɛt͡ʃnɨ bʲjɛg]
Gangschaltung	**zmiana biegów** [zmʲjana bʲjɛguf]
Gas geben	**dodać gazu** [dɔdat͡ɕ gazu]
Gaspedal	**pedał gazu** [pɛdaw gazu]
Gebläse	**nawiew powietrza** [navʲjɛv pɔvʲjɛtʃa]
Getriebe	**skrzynia biegów** [skʃɨɲa bʲjɛguf]
Handbremse	**hamulec ręczny** [xamulɛt͡s rɛ̃t͡ʃnɨ]
Hebel	**rączka** [rɔ̃tʃka]
Heizung	**ogrzewanie** [ɔgʒɛvaɲɛ]
Hupe	**klakson** [klaksɔn]
Lichthupe	**sygnał świetlny** [sɨgnaw ɕvʲjɛtlnɨ]
Kabel	**kabel** [kabɛl]
Karosserie	**karoseria** [karɔsɛrʲja]

Keilriemen	**pasek klinowy** [pasɛk kl̦inɔvɨ]
Kette	**łańcuch** [waɲt͡sux]
Kofferraum	**bagażnik samochodu** [bagaʒɲik samɔxɔdu]
Kolben	**tłok** [twɔk]
Kotflügel	**błotnik** [bwɔtɲik]
Kugellager	**łożysko** [wɔʒɨskɔ]
Kühler	**chłodnica** [xwɔdɲit͡sa]
Kühlwasser	**płyn chłodniczy** [pwɨn xwɔdɲit͡ʃɨ]
Kupplung	**sprzęgło** [spʃɛ̃gwɔ]
Kupplungshebel	**pedał sprzęgła** [pɛdaw spʃɛ̃gwa]
Kurzschluss	**zwarcie** [zvart͡ɕɛ]
Lastwagen	**samochód ciężarowy** [samɔxut t͡ɕɛ̃ʒarɔvɨ]
Lenker, Lenkrad	**kierownica** [cɛrɔvɲit͡sa]
Lichtmaschine	**alternator** [altɛrnatɔr]
Luftfilter	**filtr powietrza** [filtr pɔv̦jɛtʃa]
Mantel *(Reifen)*	**płaszcz opony samochodowej** [pwaʃtʃ ɔpɔnɨ samɔxɔdɔvɛj]
Mofa	**motorower** [mɔtɔrɔvɛr]
Moped	**moped** [mɔpɛt]
Motor	**silnik** [ɕilɲik]
Motorrad	**motocykl** [mɔtɔt͡sɨkl]
Motorroller	**skuter** [skutɛr]
Notrufsäule	**telefon pierwszej pomocy na autostradzie** [tɛlɛfɔn p̦ɛrfʃɛj pɔmɔt͡sɨ na awtɔstradʑɛ]
Nummernschild	**numer rejestracyjny na szyldzie** [numɛr rɛjɛstrat͡sɨjnɨ na ʃɨld͡ʑɛ]
Oktanzahl	**liczba oktanowa** [l̦it͡ʃba ɔktanɔva]
Öl	**olej** [ɔlɛj]
Ölwechsel	**wymiana oleju** [vɨm̦jana ɔlɛju]

Panne	**awaria** [avarˌja]
Pannendienst	**pomoc drogowa** [pɔmɔt͡s drɔgɔva]
Papiere	**dokumenty** [dɔkumɛntɨ]
Parkhaus	**parking** [parciŋg]
Parkplatz	**parking** [parciŋg]
Parkscheibe	**tarcza zegarowa do parkowania na czas** [tart͡ʃa zɛgarɔva dɔ parkɔvaɲa na t͡ʃas]
Parkuhr	**zegar parkingowy** [zɛgar parciŋgɔvɨ]
Pedal	**pedał** [pɛdaw]
Plattfuß	**przebita opona** [pʃɛbˌita ɔpɔna]
Promille	**promile** [prɔmˌilɛ]

Die Promillegrenze liegt in Polen bei 0,2. Auch geringfügige Überschreitungen werden streng bestraft.

PS	**KM** [kaɛm]
Rad	**koło** [kɔwɔ]
Radarkontrolle	**kontrola radarowa** [kɔntrɔla radarɔva]
Radkreuz	**klucz krzyżowy do koła** [klut͡ʃ kʃɨʒɔvɨ dɔ kɔwa]
Raststätte	**zajazd** [zajazt]
Reifen	**opona** [ɔpɔna]
Reserverad	**koło zapasowe** [kowɔ zapasɔvɛ]
Rücklicht	**światło wsteczne** [ɕvˌjatwɔ fstɛt͡ʃnɛ]
Rückspiegel	**lusterko wsteczne** [lustɛrkɔ fstɛt͡ʃnɛ]
Schalthebel	**rączka do przełączania** [vɔ̃t͡ʃka dɔ pʃɛwɔ̃t͡ʃaɲa]
Scheibenwischer	**wycieraczka na szybę** [vɨtɕɛrat͡ʃka na ʃɨbɛ̃]
Scheinwerfer	**reflektor** [rɛflɛktɔr]

Schiebedach	**dach odsuwany** [dax ɔtsuvanɨ]
Schlauch *(Reifen)*	**dętka** [dɛntka]
Schraube	**śruba** [ɕruba]
Schraubenmutter	**naśrubek** [naɕrubɛk]
Schraubenschlüssel	**klucz maszynowy** [klu͡tʃ maʃɨnɔvɨ]
Schraubenzieher	**śrubokręt** [ɕrubɔkrɛ̃t]
Sicherheitsgurt	**pas bezpieczeństwa** [pas bɛspʲɛ͡tʃɛɲstva]
Sicherung	**bezpiecznik** [bɛspʲɛ͡tʃɲik]
Speiche	**szprycha** [ʃprɨxa]
Standlicht	**światło postojowe** [ɕvʲjatwɔ pɔstɔjɔvɛ]
Starthilfekabel	**kabel pomocniczy do rozruchu** [kabɛl pɔmɔ͡tsɲi͡tʃɨ dɔ rɔzruxu]
Stau	**korek** [kɔrɛk]
Steckschlüssel	**klucz nasadowy** [klu͡tʃ nasadɔvɨ]
Stoßdämpfer	**amortyzator** [amɔrtɨzatɔr]
Stoßstange	**zderzak** [zdɛʒak]
Straßenbenutzungsgebühr	**podatek drogowy** [pɔdatɛk drɔgɔvɨ]

Von Personenbeförderungsfahrzeugen, d. h. auch Minibussen mit mehr als 5 Insassen, wird in Polen eine nach Fahrzeuggröße gestaffelte Straßenbenutzungsgebühr verlangt. Die Gebührenkarten erhalten Sie bei den polnischen Zollämtern und an bestimmten Tankstellen.

Straßenkarte	**mapa drogowa** [mapa drɔgɔva]
Sturzhelm	**hełm ochronny** [xɛwm ɔxrɔnnɨ]
Tachometer	**szybkościomierz** [ʃɨpkɔɕ͡tɕɔmʲjɛʃ]
Tank	**bak** [bak]
Tankstelle	**stacja benzynowa** [sta͡tsja bɛnzɨnɔva]
trampen	**podróżować autostopem** [pɔdruʒɔva͡tɕ awtɔstɔpɛm]

Tramper	**autostopowicz** [awtɔstɔpɔvʲit͡ʃ]
Tretlager	**łożysko osi pedałów** [wɔʒɨskɔ ɔɕi pɛdawuf]
überholen	**wymijać** [vɨmʲijat͡ɕ]
Umleitung	**objazd** [ɔbjast]
Ventil	**zawór** [zavur]
Vergaser	**gaźnik** [gaʑɲik]
Versicherungskarte, grüne	**polisa ubezpieczeniowa, zielona** [pɔlʲisa ubɛspʲɛt͡ʃɛɲɔva, ʑɛlɔna]
Verteiler	**rozdzielacz** [rɔʑd͡ʑɛlat͡ʃ]
vierspurig	**czteropasmowy** [t͡ʃtɛrɔpasmɔvɨ]
Vollkasko	**autokasko** [awtɔkaskɔ]
Vorderlicht	**światła przednie** [ɕvʲjatwa pʃɛdɲɛ]
Wagenheber	**lewarek do samochodu** [lɛvarɛk dɔ samɔxɔdu]
Warnblinker	**światła awaryjne** [ɕvʲjatwa avarɨjnɛ]
Warndreieck	**trójkąt ostrzegawczy** [trujkɔnt ostʃɛgaft͡ʃɨ]
Wegweiser	**przewodnik** [pʃɛvɔdɲik]
Werkstatt	**warsztat naprawczy** [varʃtat napraft͡ʃɨ]
Werkzeug	**narzędzia** [naʒɛɲd͡ʑa]
Windschutzscheibe	**przednia szyba w aucie** [pʃɛdɲa ʃɨba v awt͡ɕɛ]
Winterreifen	**opona na śnieg** [ɔpɔna na ɕɲɛg]
Zündkerze	**świeca zapłonowa** [ɕvʲjɛt͡sa zapwɔnɔva]
Zündschloss	**stacyjka zapłonowa** [stat͡sɨjka zapwɔnɔva]
Zündschlüssel	**kluczyk zapłonowy** [klut͡ʃɨk zapwɔnɔvɨ]
Zündung	**zapłon** [zapwɔn]
Zylinder	**cylinder** [t͡sɨlʲindɛr]
Zylinderkopf	**głowica cylindra** [gwɔvit͡sa t͡sɨlʲindra]

Flugzeug

Einen Flug buchen

Wann fliegt die nächste Maschine nach ...?
Kiedy leci następny samolot do ...? [cɛdɨ lɛtɕi nastɛmpnɨ samɔlɔt dɔ]

Ich möchte einen einfachen Flug/Hin- und Rückflug nach ... buchen.
Chciałbym/chciałabym zarezerwować lot/lot powrotny do ...
[xt͡ɕawbɨm/xt͡ɕawabɨm zarɛzɛrvɔvatɕ lɔt/lɔt pɔvrɔtnɨ dɔ]

Sind noch Plätze frei?
Czy są jeszcze wolne miejsca? [t͡ʃɨ sɔ̃ jɛʃt͡ʃɛ vɔlnɛ mʲɛjst͡sa]

Was kostet der Flug Touristenklasse/1. Klasse?
Ile kosztuje lot klasą turystyczną/ pierwszą klasą?
[ilɛ kɔʃtujɛ lɔt klasɔ̃ turɨstɨt͡ʃnɔ̃/pʲɛrfʃɔ̃ klasɔ̃]

Wie viel Gepäck ist frei?
Ile bagażu zwolnione jest od dodatkowej opłaty?
[ilɛ bagaʒu zvɔlɲɔnɛ jɛst ɔd dɔdatkɔvɛj ɔpwatɨ]

Wann muss ich am Flughafen sein?
Kiedy muszę być na lotnisku? [cɛdɨ muʃɛ̃ bɨt͡ɕ na lɔtɲisku]

Ich möchte diesen Flug stornieren/umbuchen.
Chciałbym/chciałabym anulować ten lot/zmienić rezerwację.
[xt͡ɕawbɨm/xt͡ɕawabɨm anulɔvat͡ɕ tɛn lɔt/ zmʲɛɲit͡ɕ rɛzɛrvat͡sjɛ̃]

Am Flughafen

Wo ist ...
Gdzie jest ... [gdʑɛ jɛst]

der Schalter der ...-Fluggesellschaft?
okienko towarzystwa lotniczego ...? [ɔcɛnkɔ tɔvaʒɨstva lɔtɲit͡ʃɛgɔ]

der Informationsschalter?
informacja? [infɔrmat͡sja]

der Warteraum?
poczekalnia? [pɔt͡ʃɛkalɲa]

Hat die Maschine nach … Verspätung?
Czy samolot do … ma spóźnienie? [t͡ʃɨ samɔlɔt dɔ … ma spuʑɲɛɲɛ]

Ist die Maschine aus … schon gelandet?
Czy samolot z … już wylądował? [t͡ʃɨ samɔlɔt z … juʃ vɨlɔ̃dɔvaw]

Ankunft ➢ auch Fundbüro (Kap. Wichtiges von A bis Z)

Ich finde mein Gepäck/meinen Koffer nicht.
Nie mogę znaleźć mego bagażu/ mojej walizki.
[ɲɛ mɔgɛ̃ znalɛɕt͡ɕ mɛgɔ bagaʒu/mɔjɛj valʲisci]

Mein Koffer ist beschädigt worden.
Moja walizka została uszkodzona. [mɔja valʲiska zɔstawa uʃkɔd͡zɔna]

An wen kann ich mich wenden?
Do kogo mogę się zwrócić? [dɔ kɔgɔ mɔgɛ̃ ɕɛ̃ zvrut͡ɕit͡ɕ]

Abflug	**odlot** [ɔdlɔt]
planmäßiger Abflug	**planowy odlot** [planɔvɨ ɔdlɔt]
Ankunft	**przyjazd** [pʃɨjast], **przylot** [pʃɨlɔt]
Ankunftszeit	**czas przyjazdu/przylotu** [t͡ʃas pʃɨjazdu/pʃɨlɔtu]
Anschluss	**połączenie** [pɔwɔnt͡ʃɛɲɛ]
Auslandsflug	**lot zagraniczny** [lɔt zagraɲit͡ʃnɨ]
Besatzung	**załoga** [zawɔga]
Bordkarte	**karta pokładowa** [karta pɔkwadɔva]
buchen	**rezerwować** [rɛzɛrvɔvat͡ɕ]
Business class	**business class** [biznɛs klas]
Charterflug	**lot czarterowy** [lɔt t͡ʃartɛrɔvɨ]

Direktflug	**lot bezpośredni** [lɔt bɛspɔɕrɛdɲi]
Economy class	**economy class** [ɛkɔnɔmi klas]
einchecken	**odprawiać przed odlotem** [ɔtpravjat͡ɕ pʃɛd ɔdlɔtɛm]
Fensterplatz	**miejsce przy oknie** [m̦jɛjst͡sɛ pʃɨ ɔkɲɛ]
Flug	**lot** [lɔt]
Fluggesellschaft	**towarzystwo lotnicze** [tɔvaʒɨstvɔ lɔtɲit͡ʃɛ]
Flughafen	**lotnisko** [lɔtɲiskɔ]
Flughafenbus	**autobus lotniskowy** [awtɔbus lɔtɲiskɔvɨ]
Flughafengebühr	**opłata lotniskowa** [ɔpwata lɔtɲiskɔva]
Flugplan	**rozkład lotów** [rɔskwat lɔtuf]
Flugschein	**bilet lotniczy** [b̦ilɛt lɔtɲit͡ʃɨ]
Flugsteig	**wyjście do samolotu** [vɨjɕt͡ɕɛ dɔ samɔlɔtu]
Flugzeug	**samolot** [samɔlɔt]
Gang *(im Flugzeug)*	**przejście** [pʃɛjɕt͡ɕɛ]
Gepäck	**bagaż** [bagaʃ]
Gepäckabfertigung	**odprawa bagażu** [ɔtprava bagaʒu]
Gepäckausgabe	**wydawanie bagażu** [vɨdavaɲɛ bagaʒu]
Gepäckwagen	**tragarz** [tragaʃ]
Handgepäck	**bagaż ręczny** [bagaʃ rɛ̃t͡ʃnɨ]
Inlandsflug	**lot krajowy** [lɔt krajɔvɨ]
landen	**lądować** [lɔ̃dɔvat͡ɕ]
Last-Minute-Flug	**last-minute-lot** [last-minit-lɔt]
Linienflug	**lot liniowy** [lɔt liɲɔvɨ]
Luftsicherheitsgebühr	**opłata za bezpieczeństwo lotu** [ɔpwata za bɛsp̦ɛt͡ʃɛɲstfɔ lɔtu]
Nichtraucher	**dla niepalących** [dla ɲɛpalɔ̃t͡sɨx]
Notausgang	**wyjście zapasowe** [vɨjɕt͡ɕɛ zapasɔvɛ]
Notlandung	**lądowanie awaryjne** [lɔ̃dɔvaɲɛ avarɨjnɛ]
Notrutsche	**trap awaryjny** [trap avarɨjnɨ]

Passagier	**pasażer** [pasaʒɛr]
Raucher	**dla palących** [dla palɔ̃t͡sɨx]
Reiseziel	**cel podróży** [t͡sɛl pɔdruʒɨ]
Schalter	**okienko** [ɔcɛnkɔ]
Schwimmweste	**kamizelka ratunkowa** [kamʲizɛlka ratunkɔva]
Sicherheitsgurt	**pas bezpieczeństwa** [pas bɛspʲɛt͡ʃɛɲstva]
Sicherheitskontrolle	**kontrola bezpieczeństwa** [kɔntrɔla bɛspʲɛt͡ʃɛɲstfa]
Steward/ess	**steward/esa** [stjuart/stjuardɛsa]
stornieren	**anulować** [anulɔvat͡ɕ]
umbuchen	**zmienić rezerwację** [zmʲɛɲit͡ɕ rɛzɛrvat͡sjɛ̃]
Verspätung	**spóźnienie** [spuʑɲɛɲɛ]
zollfreier Laden	**sklep wolnocłowy** [sklɛp vɔlnɔt͡swɔvɨ]
Zwischenlandung	**międzylądowanie** [mʲɛ̃d͡zɨlɔ̃dɔvaɲɛ]

Eisenbahn

Fahrkarten kaufen

Eine einfache Fahrt 2. Klasse/1. Klasse nach ..., bitte.
Proszę bilet drugiej klasy/pierwszej klasy do ...
[prɔʃɛ̃ bʲilɛt druɟɛj klasɨ/pʲɛrfʃɛj klasɨ dɔ]

Zweimal ... hin und zurück, bitte.
Proszę dwa razy powrotny do ... [prɔʃɛ̃ dva razɨ pɔvrɔtnɨ dɔ]

Gibt es eine Ermäßigung für Kinder/kinderreiche Familien/Studenten?
Czy jest też zniżka dla dzieci/rodzin wielodzietnych/studentów?
[t͡ʃɨ jɛst tɛʃ zɲiʃka dla d͡ʑɛt͡ɕi/rɔd͡ʑin vʲɛlɔd͡ʑɛtnɨx/studɛntuf]

Bitte eine Platzkarte für den Zug um ... Uhr nach ...
Proszę o miejscówkę na pociąg o godzinie ... do ...
[prɔʃɛ̃ ɔ mʲɛjs͡tsufkɛ̃ na pɔt͡ɕɔ̃ŋk ɔ gɔdʑiɲɛ ... dɔ]

Einen Fensterplatz?
Miejsce przy oknie? [mʲɛjs͡tsɛ pʃɨ ɔkɲɛ]

Ich möchte einen Liegewagenplatz/Schlafwagenplatz für den Zug um 20 Uhr nach ...
Chciałbym/chciałabym kuszetkę/ wagon sypialny na pociąg o godzinie dwudziestej do ... [xt͡ɕawbɨm/ xt͡ɕawabɨm kuʃɛtkɛ̃/vagɔn sɨpʲalnɨ na pɔt͡ɕɔ̃ŋk ɔ gɔdʑiɲɛ dvudʑɛstɛj dɔ]

Im Bahnhof

Ich möchte diesen Koffer als Reisegepäck aufgeben.
Chciałbym/chciałabym nadać tę walizkę na bagaż.
[xt͡ɕawbɨm/xt͡ɕawabɨm nadat͡ɕ tɛ̃ valʲiskɛ̃ na bagaʃ]

Hat der Zug aus ... Verspätung?
Czy pociąg z ... ma spóźnienie? [t͡ʃɨ pɔt͡ɕɔ̃ŋk z ... ma spuʑɲɛɲɛ]

Habe ich in ... Anschluss nach .../an die Fähre?
Czy mam w ... połączenie do ... /na prom?
[t͡ʃɨ mam v ... pɔwɔ̃t͡ʃɛɲɛ dɔ .../na prɔm]

(Wo) Muss ich umsteigen?
(Gdzie) Muszę przesiadać? [(gdʑɛ) muʃɛ̃ pʃɛɕadat͡ɕ]

Von welchem Gleis fährt der Zug nach ... ab?
Z którego toru odjeżdża pociąg do ...?
[s kturɛgɔ tɔru ɔdjɛʒd͡ʒa pɔt͡ɕɔ̃ŋk dɔ]

Hinweise und Informationen

Centrum	Zentrum
Dla palących	Raucher
Dla niepalących	Nichtraucher
Dworzec	Bahnhof
Hamulec bezpieczeństwa	Notbremse
Informacja	Auskunft
Objazd	Umleitung
Odjazd	Abfahrt
Palenie wzbronione	Rauchen nicht gestattet
Przyjazd	Ankunft
Poczekalnia	Wartesaal
Postój taksówek	Taxistand
Rozkład jazdy	Fahrplan
Wagon sypialny	Schlafwagen
Wagon z miejscami do leżenia	Liegewagen
Wejście	Eingang
Wyjście	Ausgang
Woln-e /-y/-a	frei
Woda niezdatna do picia	kein Trinkwasser
Zajęte	besetzt
Zawiadowca stacji	Stationsvorsteher

Im Zug

Verzeihung, ist dieser Platz noch frei?
Przepraszam, czy to miejsce jest jeszcze wolne?
[pʃɛpraʃam, t͡ʃɨ tɔ mʲɛjst͡sɛ jɛst jɛʃt͡ʃɛ vɔlnɛ]

Können Sie mir bitte helfen?
Czy może mi pan/pani pomóc? [t͡ʃɨ mɔʒɛ mʲi pan/paɲi pɔmut͡s]

Darf ich das Fenster öffnen/schließen?
Czy mogę otworzyć/zamknąć okno?
[t͡ʃɨ mɔgɛ̃ ɔtfɔʒɨt͡ɕ/zamknɔ̃t͡ɕ ɔknɔ]

Entschuldigen Sie, bitte. Dies ist ein Nichtraucherabteil.
Przepraszam, to jest przedział dla niepalących.
[pʃɛpraʃam, tɔ jɛst pʃɛdʑaw dla ɲɛpalɔ̃t͡sɨx]

Entschuldigen Sie, das ist mein Platz. Ich habe eine Platzkarte.
Przepraszam, to jest moje miejsce. Mam miejscówkę.
[pʃɛpraʃam, tɔ jɛst mɔjɛ mʲɛjst͡sɛ mam mʲɛjst͡sufkɛ̃]

Die Fahrkarten, bitte.
Bilety poproszę. [bʲilɛtɨ pɔprɔʃɛ̃]

Ist noch jemand zugestiegen?
Czy ktoś dosiadł? [t͡ʃɨ ktɔɕ dɔɕadw]

Wie lange haben wir hier Aufenthalt?
Jak długo zatrzymamy się tutaj? [jak dwugɔ zatʃɨmamɨ ɕɛ̃ tutaj]

➢ **auch Wortliste Flugzeug**

Abfahrt	**odjazd** [ɔdjast]
Abfahrtszeit	**czas odjazdu** [t͡ʃas ɔdjazdu]
Abteil	**przedział** [pʃɛd͡ʑaw]
ankommen	**przyjechać** [pʃɨjɛxat͡ɕ], **przybyć** [pʃɨbɨt͡ɕ]
Aufenthalt	**pobyt** [pɔbɨt]
aussteigen	**wysiadać** [vɨɕadat͡ɕ]
Autoreisezug	**pociąg z wagonami na samochody** [pɔt͡ɕɔ̃ŋk z vagɔnamʲi na samɔxɔdɨ]
Bahnhof	**dworzec** [dvɔʒɛt͡s]
Bahnhofsrestaurant	**restauracja dworcowa** [rɛstawrat͡sja dvɔrt͡sɔva]

besetzt	**zajęte** [zajɛntɛ]
D-Zug	**pociąg dalekobieżny** [pɔt͡ɕɔ̃ŋk dalɛkɔbʲɛʒnɨ]
EC (Eurocity)	**EC (Eurocity)** [ɛsɛ (ɛwrɔsitɨ)]
Eilzug	**pociąg przyśpieszony** [pɔt͡ɕɔ̃ŋk pʃɨɕpʲɛʃɔnɨ]
einsteigen	**wsiadać** [fɕadat͡ɕ]
Eisenbahn	**kolej (żelazna)** [kɔlɛj (ʒɛlazna)]
Ermäßigung	**zniżka** [zɲiʃka]
Fahrkarte	**bilet** [bʲilɛt]
Fahrkartenkontrolle	**kontrola biletów** [kɔntrɔla bʲilɛtuf]
Fahrkartenschalter	**okienko z biletami** [ɔcɛnkɔ z bʲilɛtamʲi]
Fahrplan	**rozkład jazdy** [rɔskwat jazdɨ]
Fahrpreis	**cena biletu** [t͡sɛna bʲilɛtu]
Fensterplatz	**miejsce przy oknie** [mʲɛjst͡sɛ pʃɨ ɔkɲɛ]
frei	**wolne** [vɔlnɛ]
Gang	**korytarz** [kɔrɨtaʃ]
Gepäck	**bagaż** [bagaʃ]
Gepäckaufbewahrung	**przechowalnia bagażu** [pʃɛxɔvalɲa bagaʒu]
Gepäckschalter	**okienko odprawy bagażowej** [ɔcɛnkɔ ɔtpravɨ bagaʒɔvɛj]
Gepäckschein	**kwit bagażowy** [kvʲit bagaʒɔvɨ]
Gepäckträger	**bagażowy** [bagaʒɔvɨ]
Gepäckwagen	**wózek na bagaż** [vuzɛk na bagaʃ]
Gleis	**tor** [tɔr]
Großraumwagen	**wagon bez przedziałów** [vagɔn bɛs pʃɛdʑawuf]
Hauptbahnhof	**dworzec główny** [dvɔʒɛt͡s gwuvnɨ]
IC (Intercity)	**IC (Intercity)** [intɛrsitɨ]
Interrail	**Interrail** [interrajl]
Kinderfahrkarte	**bilet dla dziecka** [bʲilɛt dla dʑɛt͡ska]

Kurswagen	**wagon bezpośredni** [vagɔn bɛspɔɕrɛdɲi]
Liegewagenkarte	**bilet na kuszetkę** [bʲilɛt na kuʃɛtkɛ̃]
nachlösen	**dokupić** [dɔkupit͡ɕ]
Nichtraucherabteil	**przedział dla niepalących** [pʃɛdʑaw dla ɲɛpalɔ̃t͡sɨx]
Notbremse	**hamulec bezpieczeństwa** [xamulɛt͡s bʲɛspʲɛt͡ʃɛɲstva]
Platzkarte	**miejscówka** [mʲɛjst͡sufka]
Raucherabteil	**przedział dla palących** [pʃɛdʑaw dla palɔ̃t͡sɨx]
Reservierung	**rezerwacja** [rɛzɛrvat͡sja]
Rückfahrkarte	**bilet powrotny** [bʲilɛt pɔvrɔtnɨ]
Sammelfahrschein	**bilet zbiorowy** [bʲilɛt zbʲɔrɔvɨ]
Schlafwagenkarte	**bilet na wagon sypialny** [bʲilɛt na vagɔn sɨpʲalnɨ]
Schließfach	**skrytka na bagaż** [skrɨtka na bagaʃ]
Schnellzug	**pociąg pośpieszny** [pɔt͡ɕɔ̃ŋk pɔɕpʲɛʃnɨ]
Speisewagen	**wagon restauracyjny** [vagɔn rɛstawrat͡sɨjnɨ]
Toilette	**toaleta** [tɔalɛta]
Wagennummer	**numer wagonu** [numɛr vagɔnu]
Wartesaal	**poczekalnia** [pɔt͡ʃɛkalɲa]
Waschraum	**umywalnia** [umɨvalɲa]
Zug	**pociąg** [pɔt͡ɕɔ̃ŋk]
Zuschlag	**dopłata** [dɔpwata]
zuschlagpflichtig	**obowiązkowa dopłata** [ɔbɔvʲjɔ̃skɔva dɔpwata]

Schiff

Auskunft

Welche ist die beste Schiffsverbindung nach ...?
Jakie jest najlepsze połączenie statkiem do ...?
[jacɛ jɛst najlɛpʃɛ pɔwɔ̃t͡ʃɛɲɛ statcɛm dɔ]

Wann fährt das nächste Schiff/die nächste Fähre nach ... ab?
Kiedy odchodzi następny statek/ prom do ...?
[cɛdɨ ɔtxɔdʑi nastɛ̃pnɨ statɛk/prɔm dɔ]

Wann legen wir in ... an?
Kiedy przybijemy do ...? [cɛdɨ pʃɨbʲijɛmɨ dɔ]

Wie lange haben wir Aufenthalt in ...?
Jak długo zatrzymamy się w ...? [jak dwugɔ zatʃɨmamɨ ɕɛ̃ v]

Ich möchte eine Schiffskarte nach ...
Poproszę bilet na statek do ... [pɔprɔʃɛ̃ bʲilɛt na statɛk dɔ]

Ich möchte eine Karte für die Rundfahrt um ... Uhr.
Poproszę bilet na wycieczkę o ... godzinie.
[pɔprɔʃɛ̃ bʲilɛt na vɨt͡ɕɛt͡ʃkɛ̃ ɔ ... gɔdʑiɲɛ]

An Bord

Wo ist der Speisesaal/der Aufenthaltsraum?
Gdzie jest restauracja/świetlica? [gdʑɛ jɛst rɛstawrat͡sja/ɕvʲjɛtlʲit͡sa]

Steward, bringen Sie mir bitte ...
Steward, proszę przynieść mi ... [stjuart, prɔʃɛ̃ pʃɨɲɛɕt͡ɕ mʲi]

Ich fühle mich nicht wohl.
Nie czuję sie dobrze. [ɲɛ t͡ʃujɛ̃ ɕɛ̃ dɔbʒɛ]

Rufen Sie bitte den Schiffsarzt!
Proszę zawołać lekarza okrętowego!
[prɔʃɛ̃ zavɔwat͡ɕ lɛkaʒa ɔkrɛntɔvɛgɔ]

Geben Sie mir bitte ein Mittel gegen Seekrankheit.
Proszę mi dać środek przeciw chorobie morskiej.
[prɔʃɛ̃ mʲi dat͡ɕ ɕrɔdɛk pʃɛt͡ɕif xɔrɔbʲɛ mɔrscɛj]

➢ **auch Wortliste Flugzeug und Wortliste Eisenbahn**

anlaufen	**zawinąć** [zavʲinɔ̃t͡ɕ]
anlegen in	**przybić** [pʃibʲit͡ɕ]
auslaufen	**wypłynąć** [vɨpwɨnɔ̃t͡ɕ]
ausschiffen	**opuścić statek** [ɔpuɕt͡ɕit͡ɕ statɛk]
Buchung	**rezerwacja** [rɛzɛrvat͡sja]
Dampfer	**parowiec** [parɔvʲɛt͡s]
Deck	**pokład** [pɔkwat]
einschiffen	**zaokrętować** [zaɔkrɛ̃tɔvat͡ɕ]
Fähre	**prom** [prɔm]
Autofähre	**prom samochodowy** [prɔm samɔxɔdɔvɨ]
Eisenbahnfähre	**prom kolejowy** [prɔm kɔlɛjɔvɨ]
Fahrkarte	**bilet** [bʲilɛt]
Hafen	**port** [pɔrt]
Hafengebühr	**opłata portowa** [ɔpwata pɔrtɔva]
Jacht	**jacht** [jaxt]
Kabine	**kabina** [kabʲina]
Kai	**nabrzeże** [nabʒɛʒɛ]
Kajüte	**kajuta** [kajuta]
Kreuzfahrt	**wycieczka statkiem po morzu** [vɨt͡ɕɛt͡ʃka statcɛm pɔ mɔʒu]
Kurs	**rejs** [rɛjs]
Küste	**wybrzeże** [vɨbʒɛʒɛ], **brzeg** [bʒɛk]
Landausflug	**wycieczka na ląd** [vɨt͡ɕɛt͡ʃka na lɔ̃t]

Landesteg	**miejsce zacumowania statku** [mʲɛjst͡sɛ zat͡sumɔvaɲa statku]
Leuchtturm	**latarnia morska** [latarɲa mɔrska]
Luftkissenboot	**poduszkowiec** [pɔduʃkɔvʲɛt͡s]
Motorboot	**motorówka** [mɔtɔrufka]
Passagier	**pasażer** [pasaʒɛr]
Promenadendeck	**pokład spacerowy** [pɔkwat spat͡sɛrɔvɨ]
Rettungsboot	**łódka ratownicza** [wutka ratɔvɲit͡ʃa]
Rettungsring	**koło ratunkowe** [kɔwɔ ratunkɔvɛ]
Ruderboot	**łódź z wiosłami** [wut͡ɕ z vʲɔswamʲi]
Rundfahrt	**wycieczka po morzu** [vɨt͡ɕɛt͡ʃka pɔ mɔʒu]
Schwimmweste	**kamizelka ratunkowa** [kamʲizɛlka ratunkɔva]
Seegang	**fala** [fala]
seekrank	**cierpiący na chorobę morską** [t͡ɕɛrpʲɔ̃t͡sɨ na xɔvɔbɛ̃ mɔrskɔ̃]
Segelboot	**żaglówka** [ʒaglufka]
Sonnendeck	**pokład dla opalających się** [pɔkwat dla ɔpalajɔ̃t͡sɨx ɕɛ̃]
Steward	**steward** [stjuart]
Tragflächenboot	**wodolot** [vɔdɔlɔt]
Überfahrt	**przejażdżka** [pʃɛjaʃt͡ʃka]
Ufer	**brzeg** [bʒɛk]
Verbindung	**połączenie** [pɔwɔ̃t͡ʃɛɲɛ]
Welle	**fala** [fala]
Zwischendeck	**międzypokład** [mʲɛ̃d͡zɨpɔkwat]

Nahverkehrsmittel

Bitte, wo ist die nächste ...-Haltestelle?
Przepraszam, gdzie jest tu następny przystanek ...?
[pʃɛpraʃam, gdʑɛ jɛst tu nastɛmpnɨ pʃɨstanɛk]

Bus
autobusowy [awtɔbusɔvɨ]

E-Bus
autobusu pośpiesznego [awtɔbusu pɔɕp̹ɛʃnɛgɔ]

Obus
trolejbusowy [trɔlɛjbusɔvɨ]

Straßenbahn
tramwajowy [tramvajɔvɨ]

S-Bahn
kolejki miejskiej [kɔlɛjci m̹ɛjscɛj]

U-Bahn
metra [mɛtra]

Welcher Bus/Welche Straßenbahn fährt nach ...?
Który autobus/który tramwaj jedzie do ...?
[kturɨ awtɔbus/kturɨ tramvaj jɛdʑɛ dɔ]

Wann/Wo fährt der Bus ab?
Kiedy/Gdzie odjeżdża autobus? [cɛdɨ/gdʑɛ ɔdjɛʒdʒa awtɔbus]

In welche Richtung muss ich fahren?
W którym kierunku muszę jechać? [f kturɨm cɛrunku muʃɛ̃ jɛxat͡ɕ]

Wie viele Haltestellen sind es?
Ile mamy przystanków? [ilɛ mamɨ pʃɨstankuf]

Wo muss ich aussteigen/ umsteigen?
Gdzie muszę wysiąść/przesiąść się? [gdʑɛ muʃɛ̃ vɨɕɔ̃ɕt͡ɕ/pʃɛɕɔ̃ɕt͡ɕ ɕɛ̃]

Geben Sie mir bitte Bescheid, wenn ich aussteigen muss.
Proszę mi powiedzieć, kiedy muszę wysiąść?
[prɔʃɛ̃ mʲi pɔvʲɛdʑɛt͡ɕ, cɛdɨ muʃɛ̃ vɨɕɔ̃ɕt͡ɕ]

Ist dies der richtige Bus nach …?
Czy ten autobus jest do …? [t͡ʃɨ tɛn awtɔbus jɛst dɔ]

Wann fährt die erste/letzte U-Bahn nach …?
Kiedy jedzie pierwsze/ostatnie metro do …?
[cɛdɨ jɛdʑɛ pʲɛrfʃɛ/ɔstatɲɛ mɛtrɔ dɔ]

Wo kann ich den Fahrschein kaufen?
Gdzie mogę kupić bilet? [gdʑɛ mɔgɛ̃ kupʲit͡ɕ bʲilɛt]

Bitte, einen Fahrschein nach …
Poproszę bilet do … [pɔprɔʃɛ̃ bʲilɛt dɔ]

Abfahrt	**odjazd** [ɔdjast]
aussteigen	**wysiadać** [vɨɕadat͡ɕ]
Bus	**autobus** [awtɔbus]
Busbahnhof	**dworzec autobusowy** [dvɔʒɛt͡s awtɔbusɔvɨ]
einsteigen	**wsiadać** [fɕadat͡ɕ]
Endstation	**stacja końcowa** [stat͡sja kɔɲt͡sɔva]
entwerten	**skasować** [skasɔvat͡ɕ]
Fahrer/in	**pasażer/ka** [pasaʒɛr/ka]
Fahrkartenautomat	**automat do biletów** [awtɔmat dɔ bʲilɛtuf]
Fahrplan	**rozkład jazdy** [rɔskwat jazdɨ]
Fahrpreis	**cena biletu** [t͡sɛna bʲilɛtu]
Fahrschein	**bilet** [bʲilɛt]
Fahrscheinentwerter	**automat do kasowania biletów** [awtɔmat dɔ kasɔvaɲa bʲilɛtuf]
halten	**zatrzymywać** [zatʃɨmɨvat͡ɕ]
Haltestelle	**przystanek** [pʃɨstanɛk]

Kontrolleur	**kontroler** [kɔntrɔlɛr]
lösen *(Fahrschein)*	**kupić bilet** [kup̦it͡ɕ b̦ilɛt]
Mehrfahrtenkarte	**karnet** [karnɛt]
Nahverkehrszug	**pociąg podmiejski** [pɔt͡ɕɔ̃ŋk pɔdm̦ɛjsci]
Netzkarte	**mapa z siecią połączeń** [mapa s ɕɛt͡ɕɔ̃ pɔwɔ̃t͡ʃɛɲ]
Obus	**trolejbus** [trɔlɛjbus]
Richtung	**kierunek** [cɛrunɛk]
S-Bahn	**kolej miejska** [kɔlɛj m̦jɛjska]
Schaffner	**konduktor** [kɔnduktɔr]
Straßenbahn	**tramwaj** [tramvaj]
Tageskarte	**bilet całodzienny** [b̦ilɛt t͡sawɔdʑɛnnɨ]
U-Bahn	**metro** [mɛtrɔ]
Wochenkarte	**bilet tygodniowy** [b̦ilɛt tɨgɔdɲɔvɨ]
Zahnradbahn	**kolejka zębata** [kɔlɛjka zɛmbata]
Zeitkarte	**bilet z ograniczeniem czasowym** [b̦ilɛt z ɔgraɲit͡ʃɛɲɛm t͡ʃasɔvɨm]

Taxi

Wo ist der nächste Taxistand?
Gdzie jest następny postój taksówek?
[gdʑɛ jɛst nastɛmpnɨ pɔstuj taksuvɛk]

Zum Bahnhof.
Na dworzec. [na dvɔʒɛt͡s]

Zum ...-Hotel.
Do hotelu ... [dɔ xɔtɛlu]

In die ...-Straße.
Na ulicę ... [na ul̦it͡sɛ̃]

Nach ..., bitte.
Poproszę do ... [pɔprɔʃɛ̃ dɔ]

Wie viel kostet es nach ...?
Ile kosztuje do ...? [ilɛ kɔʃtujɛ dɔ]

Halten Sie bitte hier.
Proszę się tutaj zatrzymać. [prɔʃɛ̃ ɕɛ̃ tutaj zatʃɨmat͡ɕ]

Das ist für Sie.
To dla pana/pani. [tɔ dla pana/paɲi]

halten	**zatrzymywać** [zatʃɨmɨvat͡ɕ]
Hausnummer	**numer domu** [numɛr dɔmu]
Kilometerpreis	**cena za kilometr** [t͡sɛna za cilɔmɛtr]
Pauschalpreis	**cena umowna** [t͡sɛna umɔvna]
Quittung	**pokwitowanie** [pɔkv̦itɔvaɲɛ]
Stadtrundfahrt	**wycieczka po mieście** [vɨt͡ɕɛt͡ʃka pɔ m̦jɛɕt͡ɕɛ]
Taxifahrer/in	**taksówkarz** [taksufkaʃ]
Taxistand	**postój taksówek** [pɔstuj taksuvɛk]
Trinkgeld	**napiwek** [nap̦ivɛk]

Zu Fuß

Bitte, wo ist ...?
Przepraszam, gdzie jest ...? [pʃɛpraʃam, gdʑɛ jɛst]

Tut mir Leid, das weiß ich nicht.
Przykro mi, nie wiem. [pʃɨkrɔ m̦i, ɲɛ v̦ɛm]

Welches ist der kürzeste Weg nach/zu ...?
Jaka droga jest najkrótsza do ...? [jaka drɔga jɛst najkrutʃa dɔ]

Wie weit ist es zum/zur ...?
Jak daleko jest do ...? [jak dalɛkɔ jɛst dɔ]

Es ist (nicht) weit.
Jest (nie)daleko. [jɛst (ɲɛ) dalɛkɔ]

Gehen Sie geradeaus/nach links/nach rechts.
Niech pan/pani idzie prosto/na lewo/na prawo.
[ɲɛx pan/paɲi idʑɛ prɔstɔ/na lɛvɔ/na pravɔ]

Erste/Zweite Straße links/ rechts.
pierwsza/druga ulica na lewo/na prawo
[pʲɛrfʃa/druga ulʲi͡tsa na lɛvɔ/na pravɔ]

Überqueren Sie ...
Niech pan/pani przejdzie ... [ɲɛx pan/paɲi pʃɛjdʑɛ]

die Brücke.
przez most. [pʃɛs mɔst]

den Platz.
przez plac. [pʃɛs pla͡ts]

die Straße.
na drugą stronę ulicy. [na drugɔ̃ strɔnɛ̃ ulʲi͡tsɨ]

Dann fragen Sie noch einmal.
Potem niech pan/pani jeszcze raz zapyta.
[pɔtɛm ɲɛx pan/paɲi jɛʃ͡tʃɛ ras zapɨta]

Sie können es nicht verfehlen.
Zabłądzić pan/pani nie może. [zabwɔ̃d͡ʑi͡tɕ pan/paɲi ɲɛ mɔʒɛ]

Sie können den Bus Nr. ... nehmen.
Pan/pani może pojechać autobusem numer ...
[pan/paɲi mɔʒɛ pɔjɛxa͡tɕ awtɔbusɛm numɛr]

Fußgängerzone	**strefa dla pieszych** [strɛfa dla pʲɛʃɨx]
Gasse	**uliczka** [ulʲi͡tʃka]
Gebäude	**budynek** [budɨnɛk]

Gehsteig	**chodnik** [xɔdɲik]
Hauptstraße	**główna ulica** [gwuvna ulʲi͡tsa]
Haus	**dom** [dɔm]
Innenstadt	**śródmieście** [ɕrudmʲɛɕt͡ɕɛ]
Kirche	**kościół** [kɔɕt͡ɕuw]
Park	**park** [park]
Stadtteil	**dzielnica miasta** [d͡ʑɛlɲi͡tsa mʲjasta]
Stadtzentrum	**centrum miasta** [t͡sɛntrum mʲjasta]
Straße	**ulica** [ulʲi͡tsa]
Vorort	**przedmieście** [pʃɛdmʲjɛ ɕt͡ɕɛ]

Polen ist traditionell ein kinderfreundliches Land. Für die meisten Polen gehören zu einer Ehe auch Kinder. Dennoch ist die Geburtenrate in den letzten Jahren zurückgegangen. Zahlreiche Krabbelstuben und Kindergärten erleichtern Müttern den raschen beruflichen Wiedereinstieg, der häufig aus finanzieller Not unumgänglich ist.
Auch als Tourist können Sie von der Kinderliebe der Polen profitieren. In Restaurants sind Kinderportionen durchweg üblich. Beim Eintritt in Museen, Kinos oder zu Sportveranstaltungen erhalten Kinder fast immer eine Ermäßigung. Es ist gang und gäbe, dass Kinder unter vier Jahren nichts bezahlen. Scheuen Sie sich also nicht nachzufragen, wenn einmal der volle Preis verlangt wird. Übrigens: Auch in Polen gilt die Anschnallpflicht für Kinder; für Kleinkinder sind Kindersitze obligatorisch.

Nützliches für hier und dort

Gibt es hier einen Kinderspielplatz?
Czy jest tu plac zabaw? [t͡ʃɨ jɛst tu plat͡s zabaf]

Gibt es hier Kinderbetreuung?
Czy jest tu opieka nad dziećmi? t͡ʃɨ jɛst tu opjɛka nat dʑɛt͡ɕmʲi]

Ab welchem Alter?
Od ilu lat? [ot ilu lat]

Gibt es Veranstaltungen für Kinder?
Czy są imprezy dla dzieci? [t͡ʃɨ sɔ̃ imprɛzɨ dla d͡ʑɛt͡ɕi]

Bekommen Kinder eine Ermäßigung?
Czy dzieci otrzymają zniżkę? [t͡ʃɨ d͡ʑɛt͡ɕi ot͡ʃɨmajɔ̃ zɲiʃtkɛ]

Wo bekomme ich Windeln?
Gdzie dostanę pieluchy? [gd͡ʑɛ dostanɛ̃ pʲjɛlux]

Unterwegs

Wir reisen mit Kind. Können wir einen Platz ganz vorn bekommen?
Jedziemy z dzieckiem. Czy możemy dostać miejsce na samym przodzie? [jɛdʑɛmɨ z dʑɛt͡sʲcɛm. t͡ʃɨ moʒɛmɨ dostat͡ɕ mʲjɛjst͡sɛ na samɨm pʃodʑɛ]

Haben Sie einen Kindersicherheitsgurt?
Czy ma pan/pani dziecięcy pas bezpieczeństwa? [t͡ʃɨ ma pan/paɲi d͡ʑɛt͡ɕɛnt͡sɨ pas bɛs pʲjɛt͡ʃɛɲstfa]

Verleihen Sie Kinderautositze?
Czy wypożycza pan/pani dziecięce siedzenia samochodowe? [t͡ʃɨ vɨpoʒɨt͡ʃa pan/paɲi ɛt͡ɕɛnd͡ʑt͡sɛ ɕɛdʑɛɲia samoxodovɛ]

Im Restaurant

Bringen Sie uns bitte einen Kinderstuhl.
Proszę przynieść jeszcze jedno krzesło dziecięce. [proʃɛ̃ pʃɨɲɛɕt͡ɕ jɛʃt͡ʃɛ jɛdno kʃɛswo ɛt͡ɕɛnd͡ʑt͡sɛ]

Gibt es auch Kinderportionen?
Czy są też porcje dla dzieci? [t͡ʃɨ sɔ̃ tɛʃ port͡sjɛ dla d͡ʑɛt͡ɕi]

Könnten Sie mir bitte das Fläschchen warm machen?
Czy mógłby mi pan/pani podgrzać butelkę? [t͡ʃɨ mugwbɨ mi pan/paɲi podgʒat͡ɕ butɛlkɛ̃]

Gibt es hier einen Wickelraum?
Czy jest tu pomieszczenie do przewijania? [t͡ʃɨ jɛst tu pɔmjɛʃt͡ʃɛɲɛ do pʃɛvijaɲa]

Wo kann ich stillen?
Gdzie mogę karmić? [gd͡ʑɛ mogɛ̃ karmʲit͡ɕ]

Babyschale *(fürs Auto)*	**koszyk dla dziecka** [koʃɨk dla d͡ʑɛt͡ɕka]
Babysitter	**opiekun do dzieci** [ɔpjɛkun dɔ d͡ʑɛt͡ɕi]
Fläschchenwärmer	**podgrzewacz do butelek** [podgʒɛvat͡ʃ do buteleɛk]
Junge	**chłopiec** [xwɔpjɛt͡s]
Kinderbecken	**basen dla dzieci** [basɛn dla d͡ʑɛt͡ɕi]
Kinderbetreuung	**opieka nad dziećmi** [ɔpʲjɛka nat d͡ʑɛt͡ɕmʲi]
Kinderbett	**łóżko dziecięce** [wuʃkɔ d͡ʑɛt͡ɕɛ̃t͡sɛ]
Kinderermäßigung	**zniżka dla dzieci** [zɲiʃka dla d͡ʑɛt͡ɕi]
Kinderkleidung	**odzież dla dzieci** [ɔd͡ʑɛʃ dla d͡ʑɛt͡ɕi]
Kindernahrung	**jedzenie dla dzieci** [jɛd͡zɛɲɛ dla d͡ʑɛt͡ɕi]
Kindersitz *(fürs Auto)*	**siedzenie dziecięce (do auta)** [ɕɛd͡ʑɛɲia d͡ʑɛt͡ɕɛ̃t͡sɛ]
Kindersitz *(fürs Fahrrad)*	**siedzenie dziecięce (do roweru)** [ɕɛd͡ʑɛɲia d͡ʑɛt͡ɕɛ̃t͡sɛ]
Kindersitzkissen *(fürs Auto)*	**poduszka dziecięca (do auta)** [poduʃka d͡ʑɛt͡ɕɛ̃t͡sa]
Kinderspielplatz	**plac zabaw** [plat͡s zabaf]
Mädchen	**dziewczynka** [d͡ʑɛft͡ʃɨnka]
Malbuch	**kolorowanka** [kɔlɔrɔvanka]
Planschbecken	**brodzik** [brɔd͡ʑʲik]
Sandkasten	**piaskownica** [pjaskɔvɲʲit͡sa]
Sauger	**smoczek** [smɔt͡ʃɛk]
Saugflasche	**butelka ze smoczkiem** [butɛlka zɛ smɔt͡ʃcɛm]
Schnuller	**smoczek** [smɔt͡ʃɛk]
Schwimmflügel	**motylki** [motɨlci]
Schwimmkurs	**kurs pływania** [kurs pwɨvaɲʲa]

Schwimmring	**koło ratunkowe** [kɔwɔ ratunkɔvɛ]
Sonnenschutz	**osłona przeciwsłoneczna** [ɔswɔna pʃɛt͡ɕifswɔnɛt͡ʃna]
Spielkamerad	**towarzysz zabaw** [tɔvaʒɨʃ zabaf]
Spielsachen	**zabawki** [zabafci]
Spielwarengeschäft	**sklep z zabawkami** [sklɛp z zabafkamʲi]
Trinkflasche	**butelka do picia** [butɛlka dɔ pʲit͡ɕa]
Vergnügungspark	**park rozrywek** [park rɔzrɨvɛk]
Wickeltisch	**stół do przewijania** [stuw do pʃɛvʲijaɲa]
Windeln	**pieluchy** [pʲɛluxɨ]

Gesundheit > auch Kap. Gesundheit

Gibt es hier einen Kinderarzt?
Czy jest tu pediatra? [t͡ʃɨ jɛst tu pɛdjatra]

Mein Kind hat ...
Moje dziecko ma ... [mɔjɛ dʑɛt͡skɔ ma ...]

Mein Kind ist allergisch gegen ...
Moje dziecko jest alergiczne na ... [mɔjɛ dʑɛt͡skɔ jɛst alɛrɟit͡ʃnɛ]

Mein Kind ist gestochen worden.
Moje dziecko zostało użądlone. [mɔjɛ dʑɛt͡skɔ zɔstawɔ uʒɔndlɔnɛ]

Allergie	**alergia** [alɛrɟja]
Ausschlag	**wysypka** [vɨsɨpka]
Elektrolytlösung	**rozpuszczalnik elektrolitu** [rɔspu ʃt͡ʃalɲik]
Fieber	**gorączka** [gɔrɔnt͡ʃka]
Heilnahrung	**odżywka** [ɔdʒɨvka]
Impfpass	**książeczka szczepień** [kɕɔ̃ʒɛt͡ʃka ʃt͡ʃɛpʲɛɲ]
Kinderkrankenhaus	**szpital dziecięcy** [ʃpʲital dʑɛt͡ɕɛ̃t͡sɨ]

Kinderkrankheit	**choroba dziecięca** [xɔroba dʑɛt͡ɕɛ͡tsa]
Masern	**odra** [ɔdra]
Mumps	**zapalenie przyusznicy** [zapalɛɲɛ pʃɨuʃɲi͡tsɨ], *fam* **świnka** [ɕf͏ʲinka]
Pilz	**grzyb** [gʒɨp]
Röteln	**różyczka** [ruʒɨ͡tʃka]
Scharlach	**szkarlatyna** [ʃkarlatɨna], **płonica** [pwɔɲi͡tsa]
Windpocken	**ospa wietrzna** [ɔspa vʲɛt͡ʃʃna]

In Polen sichern zwar gesetzliche Regelungen die Chancengleichheit von Behinderten, doch das Alltagsleben pflegt oft weit von diesem Ideal entfernt zu sein.
Die architektonische und urbane Infrastruktur (Treppen, Schwellen, Bordsteinkanten, Fußgängerunterführungen) ist noch nicht überall an die Bedürfnisse und Möglichkeiten Behinderter angepasst. Am besten vorbereitet sind der Flugverkehr und die Fernzüge, vor allem der Euro- und der Intercity. Schlechter sieht es bei den Nah- und Regionalverbindungen aus. In großen Städten verkehren bereits Busse und Straßenbahn mit Niederflurtechnik, allerdings nicht jederzeit und nicht auf jeder Linie.
Die Behinderten und ihre Freunde bilden in Polen mittlerweile eine immer bedeutendere Lobby. Ihre Organisationen und Selbsthilfegruppen arbeiten – mit immer größerem Erfolg – daran, das alltägliche Leben von Barrieren zu befreien. Dank dieser Arbeit verstehen und akzeptieren bereits viele Polen die Tatsache, dass die Teilnahme an und der Zutritt zu allen Formen des öffentlichen Lebens ein gutes Recht jedes Einzelnen ist. So ist es nicht schwer, an öffentlichen Plätzen Menschen zu treffen, die freundlich und hilfsbereit sind.

Ich bin ...
Jestem ... [jɛstem]

körperbehindert.
niepełnosprawny/niepełnosprawna.
[ɲɛpɛwnospravnɨ/ɲɛpɛwnospravna]

sehbehindert.
niewidomy/niewidoma. [ɲɛvʲidɔmɨ/ɲɛvʲidɔma]

Ich habe ...
Mam ... [mam]

eine Gehbehinderung.
niepełnosprawne nogi. [ɲɛpɛwnɔspravnɛ nɔɟi]
Multiple Sklerose.
stwardnienie rozsiane. [stfardɲɛɲɛ rɔsɕanɛ]

Unterwegs

Gibt es einen besonderen Betreuungsdienst für behinderte Fluggäste?
Czy są specjalni opiekunowie dla niepełnosprawnych pasażerów samolotu? [t͡ʃɨ sɔ̃ spɛt͡sjalɲi ɔpjɛkunɔvjɛ dla ɲɛpɛwnɔspravnɨx pasaʒɛruf samɔlɔtu]

Kann ich einen eigenen faltbaren Rollstuhl im Flugzeug mitnehmen?
Czy mogę zabrać do samolotu mój składany wózek inwalidzki? [t͡ʃɨ mɔgɛ zabrat͡ɕ dɔ samɔlɔtu muj skwadanɨ vuzɛk invalit͡sci]

Wird ein Rollstuhl am Abflug-/Zielflughafen bereitgestellt?
Czy w porcie odlotu, / w porcie przylotu będzie do dyspozycji wózek inwalidzki? [t͡ʃɨ v pɔrt͡ɕɛ ɔdlɔtu/v pɔrt͡ɕɛ pʃɨlɔtu bɛɲd͡ʑɛ dɔ dɨspɔzɨt͡sji vuzɛk invalit͡sci]

Ich möchte einen Sitz am Gang.
Chciałbym / Chciałabym miejsce przy przejściu? [xt͡ɕawbɨm/xt͡ɕawabɨm mjɛjst͡sɛ pʃɨ pʃɛjɕt͡ɕu]

Gibt es eine Behindertentoilette?
Czy jest toaleta dla niepełnosprawnych? [t͡ʃɨ jɛst tɔalɛta dla ɲɛpɛwnɔspravnɨx]

Gibt es einen Behindertenwaschraum?
Czy jest łazienka dla niepełnosprawnych? [t͡ʃɨ jɛst waʑɛŋka dla ɲɛpɛwnɔspravnɨx]

Könnte mir jemand beim Umsteigen behilflich sein?
Czy ktoś mógłby mi pomóc przy przesiadce?
[t͡ʃɨ ktɔɕ mugwbɨ mʲi pɔmut͡s pʃɨ pʃɛɕatt͡sɛ]

Ist der Einstieg in die Wagen ebenerdig?
Czy pojazd ma wejście bezprogowe?
[t͡ʃɨ pɔjast ma vɛjɕt͡ɕɛ bɛsprɔgɔvɛ]

Gibt es Niederflurbusse?
Czy są autobusy niskopokładowe?
[t͡ʃɨ sɔ̃ awtɔbusɨ ɲiskɔpɔkwadovɛ]

Sind die Bahnsteige über Rampen für Rollstuhlfahrer zugänglich?
Czy można się dostać na perony przez rampę dla niepełnosprawnych na wózkach? [t͡ʃɨ mɔʒna ɕɛ dɔstat͡ɕ na pɛrɔnɨ pʃɛs rampɛ dla ɲɛpɛwnɔspravnɨx na vuskax]

Wird eine Begleitperson unentgeltlich befördert?
Czy osoba towarzysząca/opiekun jedzie bezpłatnie?
[t͡ʃɨ ɔsɔba tɔvaʒɨʃɔnt͡sa/ɔpʲjɛkun jɛd͡ʑɛ bespwatɲɛ]

Gibt es für Körperbehinderte Leihwagen mit Handgas?
Czy są do wypożyczenia samochody dla niepełnosprawnych z ręcznym pedałem gazu? [t͡ʃɨ sɔ̃ dɔ vɨpɔʒɨt͡ʃɛɲa samɔxɔdɨ dla ɲɛpɛwnɔspravnɨxzɛnt͡ʃnɨx zrɛnt͡ʃnɨm pɛdawɛm gazu]

Vermieten Sie rollstuhlgerechte Wohnmobile?
Czy wypożyczają państwo samochody campingowe przystosowane dla niepełnosprawnych na wózkach? [t͡ʃɨ vɨpɔʒɨt͡ʃajɔ̃ paɲstfɔ samɔxɔdɨ kɛmpiŋgɔvɛ pʃɨstɔsɔvanɛ dla ɲɛpɛwnɔspravnɨx na vuskax]

Unterkunft

Gibt es dort Hotels mit speziell für Rollstuhlfahrer eingerichteten Zimmern?
Czy są tam hotele z pokojami specjalnie wyposażonymi dla niepełnosprawnych na wózkach? [t͡ʃɨ sɔ̃ tam xɔtɛlɛ spɔkɔjamʲi spɛt͡sjalɲɛ vɨpɔsaʒɔnɨmʲi dla ɲɛpɛwnɔspravnɨx na vuskax]

Welche Hotels und Campingplätze haben behindertengerechte Einrichtungen?
Które hotele i campingi mają wyposażenie odpowiednie dla niepełnosprawnych? [kturɛ xɔtɛlɛ i kɛmpiŋɟi majɔ̃ vɨpɔsaʒɛɲɛ dla ɲɛpɛwnɔspravnɨx]

Wie breit sind die Türen?
Jak szerokie są drzwi? [jak ʃɛrɔcɛ sɔ̃ dʒvʲi]

Wie hoch ist das Bett?
Jak wysokie jest łóżko? [jak vɨsɔcɛ jɛst wuʃkɔ]

Was für einen Bodenbelag hat das Zimmer?
Jaką wykładzinę ma pokój? [jakɔ̃ vɨkwad͡ʑinɛ ma pɔkuj]

Sind die Badezimmer behindertengerecht ausgestattet?
Czy łazienki są przystosowane dla niepełnosprawnych? [t͡ʃɨ waʑɛŋci sɔ̃ pʃɨstɔsɔvanɛ dla ɲɛpɛwnɔspravnɨx]

Meine Rollstuhlmaße sind folgende: Wendekreis ..., Gesamtlänge ..., Gesamtbreite ..., Gewicht ...
Rozmiary mojego wózka inwalidzkiego są następujące: średnica obrotu ..., długość ..., szerokość ..., waga ... [rɔzmʲjarɨ mɔjɛgɔ vuzka invalit͡sɟɛgɔ sɔ nastɛmpujsɔnt͡sɛ ɕrɛdɲit͡sa ɔbrɔtu ..., dwugɔɕt͡ɕ ... , ʃɛrɔkɔɕt͡ɕ ... , vaga ...]

Museen, Sehenswürdigkeiten, Theater ...

Ist die Ausstellung für Gehbehinderte über Aufzüge / stufenlose Zugänge erreichbar?
Czy niepełnosprawni ruchowo mogą się dostać na tę wystawę przy pomocy windy lub rampy? [t͡ʃɨ ɲɛpɛwnɔspravɲi ruxɔvɔ mɔgɔ̃ ɕɛ dɔstat͡ɕ na tɛ vɨstavɛ pʃɨ pɔmɔt͡sɨ vʲindɨ lup rampɨ]

Ist das Museum behindertengerecht ausgestattet?
Czy to muzeum jest przystosowane dla niepełnosprawnych? [t͡ʃɨ tɔ muzɛum jɛst pʃɨstɔsɔvanɛ dla ɲɛpɛwnɔspravnɨx]

Gibt es spezielle Vergünstigungen für Behinderte?
Czy są specjalne zniżki dla niepełnosprawnych? [t͡ʃɨ sɔ̃ spɛt͡sjalnɛ zɲiʃci pʃɨstɔsɔvanɛ dla ɲɛpɛwnɔspravnɨx]

Gibt es behindertengerecht konzipierte Führungen/ Stadtführungen für Gehörlose?
Czy są specjalne wycieczki z przewodnikiem / wycieczki po mieście z przewodnikiem dla głuchych? [t͡ʃɨ sɔ̃ spɛt͡sjalnɛ vɨt͡ɕɛt͡ʃci spʃɛvɔdɲicɛm / vɨt͡ɕɛt͡ʃci pɔ mʲjɛɕt͡ɕɛ spʃɛvɔdɲicɛm dla gwuxɨx]

Steht für Hörbehinderte eine mobile Mikroport-Anlage zur Verfügung?
Czy niepełnosprawni z wadami słuchu mają do dyspozycji przenośne urządzenie mikroportowe? [t͡ʃɨ ɲɛpɛwnɔspravɲi zvadamʲi swuxu majɔ̃ dɔ dɨspɔzɨt͡sji pʃɛnɔɕnɛ uʒɔnd͡zɛɲɛ mʲikrɔpɔrtɔvɛ]

Können Induktionsschleifen für Hörbehinderte eingeschaltet werden?
Czy można włączyć kable indykacyjne dla niepełnosprawnych z wadami słuchu? [t͡ʃɨ mɔʒna vwɔnt͡ʃɨt͡ɕ kablɛ indɨkat͡sɨjnɛ dla ɲɛpɛwnɔspravnɨx zvadamʲi swuxu]

Gibt es Museumsführungen/ Theateraufführungen für Taubstumme/Blinde?
Czy są wycieczki z przewodnikiem po muzeum / przedstawienia teatralne dla głuchoniemych i niewidomych? [t͡ʃɨ sɔ̃ vɨt͡ɕɛt͡ʃci spʃɛvɔdɲicɛm pɔ muzɛum / pʃɛtstav̦jɛɲa tɛatralnɛ dla gwuxɔɲɛmɨx / ɲɛv̦idɔmɨx]

Sind Sitzbereiche und Stellmöglichkeiten für Rollstuhlfahrer vorgesehen?
Czy są przewidziane rzędy krzeseł i miejsca stojące dla niepełnosprawnych na wózkach inwalidzkich? [t͡ʃɨ sɔ̃ pʃɛv̦id͡ʑanɛ ʒɛndɨ kʃɛsɛw i m̦jɛjst͡sa stɔjɔnt͡sɛ dla ɲɛpɛwnɔspravnɨx na vuskax invalit͡scix]

amputiert	**amputowany/amputowana/ amputowane** [amputɔvanɨ / amputɔvana /amptɔvanɛ]
Auffahrtrampe	**rampa wjazdowa** [rampa v̦jazdɔva]
barrierefrei	**bez barier** [bɛzbarjɛr], **bez przeszkód** [bespʃɛʃkut]
befahrbar	**przejezdny** [pʃɛjɛzdnɨ]
Begleitperson	**osoba towarzysząca** [ɔsɔba tɔvaʒɨʃɔnt͡sa],
Begleitung	**opieka** [ɔp̦jɛka]
Behindertenausweis	**legitymacja inwalidzka** [lɛɟitɨmat͡sja invalit͡ska]
behindertengerecht	**przystosowany dla niepełnosprawnych** [pʃɨstɔsɔvanɨ dla ɲɛpɛwnɔspravnɨx]
Behindertenparkplatz	**miejsce parkingowe dla niepełnosprawnych** [m̦jɛjst͡sɛ parciŋgɔvɛ dla ɲɛpɛwnɔspravnɨx]
Behindertentoilette	**toaleta dla niepełnosprawnych** [tɔalɛta dla ɲɛpɛwnɔspravnɨx]

Behindertenverband	**związek niepełnosprawnych** [zvj̃ɔzɛk ɲɛpɛwnɔspravnɨx]
Betreuungsdienst	**opiekunowie dla niepełnosprawych** [ɔpjɛkunɔvjɛ dla ɲɛpɛwnɔspravnɨx]
blind	**niewidomy** [ɲɛvjidɔmɨ]
Blinde/r	**niewidoma/niewidomy** [ɲɛvjidɔma/ɲɛvjidɔmɨ]
Blindenhund	**pies dla niewidomych** [pjɛs dla ɲɛvjidɔmɨx]
Braille	**Braille** [brajl]
Breite	**szerokość** [ʃɛrɔkɔɕt͡ɕ]
Duschsitz	**krzesło do prysznica** [kʃɛswɔ dɔ prɨʃɲit͡sa]
ebenerdig	**bezprogowy** [bɛsprɔgɔvɨ]
Einhebelmischer	**bateria z termostatem** [baterja stɛrmɔstatɛm]
Einstiegshilfe	**pomoc przy wsiadaniu** [pɔmɔt͡s pʃɨ fɕadaɲu]
Epilepsie	**epilepsja , padaczka** [ɛpjilɛpsja, padat͡ʃka]
Fahrdienst	**służba kolejowa** [swuʒba kɔlɛjɔva]
Flurbreite	**szerokość korytarza** [ʃɛrɔkɔɕt͡ɕ kɔrɨtaʒa]
gehbehindert	**niepełnosprawny ruchowo** [ɲɛpɛwnɔspravnɨ ruxɔvɔ]
Gehbehinderte/r	**niepełnosprawny/niepełnosprawna ruchowo** [ɲɛpɛwnɔspravnɨ/ɲɛpɛwnɔspravna ruxɔvɔ]
Gehhilfe	**pomoc w chodzeniu** [pɔmɔt͡s fxɔd͡zɛɲu]
gehörlos	**głuchy** [gwuxɨ]
Gehörlose/r	**głucha/głuchy** [gwuxa/gwuxɨ]

geistig behindert	**umysłowo upośledzony** [umɨswɔ upɔɕlɛd͡zɔnɨ]
Haltegriff	**uchwyt** [uxfɨt]
Haltegurt	**pas** [pas]
Handbike	**rower (dwu-, trójkołowy) z napędem ręcznym** [rɔvɛr dvu, trujkɔwɔvɨ znapɛndɛm rɛnt͡ʃnɨm]
Handgas *(Auto)*	**ręczny pedał gazu** [rɛnt͡ʂnɨ pɛdaw gazu]
Handlauf	**poręcz** [pɔrɛnt͡ʂ]
Hebebühne	**podnośnik** [pɔdnɔɕɲik]
Höhe	**wysokość** [vɨsɔkɔɕt͡ɕ]
Hörbehinderte/r	**niepełnosprawna/-y z wadami słuchu** [ɲɛpɛwnɔspravna/ɲɛpɛwnɔspravnɨ zvadamʲi swuxu]
hörgeschädigt	**z uszkodzeniem słuchu** [zuʃkɔd͡zɛɲɛm swuxu]
Hörgeschädigte/r	**osoba z uszkodzeniem słuchu** [ɔsɔba zuʃkɔd͡zɛɲɛm swuxu]
Hublift	**podnośnik** [pɔdnɔɕɲik]
Kopfhörer	**słuchawka** [swuxafka]
Körperbehinderung	**niepełnosprawność fizyczna** [ɲɛpɛwnɔspravnɔɕt͡ɕ fʲizɨt͡ʃna]
Krücke	**kula** [kula], **szwedka** [ʃfɛtka]
Lenkrad-Drehknopf *(Auto)*	**kierownica-gałka** [cɛrɔvɲit͡sa gawka]
Mikroport-Anlage, mobile	**przenośne urządzenie mikroportowe** [pʃɛnɔɕnɛ uʒɔnd͡zɛɲɛ mʲikrɔpɔrtɔvɛ]
Mobilitätsbehinderte/r	**niepełnosprawna/-y w poruszaniu się** [ɲɛpɛwnɔspravna/ɲɛpɛwnɔspravnɨ fpɔruʃaɲu ɕɛ]
Notrufsystem	**system alarmowy** [sɨstɛm alarmɔvɨ]

pflegebedürftig	**obłożnie chory** [ɔbwɔʒɲɛ xɔrɨ], **wymagający pielęgnowania** [wɨmagajɔnt͡sɨ pjɛlɛŋgnɔvaɲa]
Pflegestation, ambulante	**ambulatoryjny oddział dla obłożnie chorych** [ambulatɔrɨjnɨ ɔdd͡ʑaw dla ɔbwɔʒɲɛ xɔrix]
querschnittsgelähmt	**porażony poprzecznie** [pɔraʒɔnɨ pɔpʃɛt͡ʃɲɛ]
Rampe	**rampa** [rampa]
Rollstuhl	**wózek inwalidzki** [vuzɛk invalit͡sci]
batteriebetriebener Rollstuhl	**wózek inwalidzki na baterię** [vuzɛk invalit͡sci na batɛrjɛ]
Bordrollstuhl	**pokładowy wózek inwalidzki** [pɔkwadɔvɨ vuzɛk invalit͡sci]
Elektrorollstuhl	**elektryczy wózek inwalidzki** [ɛlɛktrɨt͡ʃnɨ vuzɛk invalit͡sci]
Faltrollstuhl	**składany wózek inwalidzki** [skwadanɨ vuzɛk invalit͡sci]
Rollstuhl mit Hebelantrieb	**wózek inwalidzki z napędem ręcznym** [vuzɛk invalit͡sci znapɛndɛm rɛnt͡ʃnɨm]
Rollstuhlfahrer/in	**niepełnosprawny na wózku inwalidzkim** [ɲɛpɛwnɔspravnɨ/ ɲɛpɛwnɔspravna na vusku invalit͡scim]
rollstuhlgängiger Wagen *(Zug)*	**wagon dla osób na wózku inwalidzkim** [vagɔn dla ɔsup na vusku invalit͡scim]
rollstuhlgerecht	**przystosowany do wózka inwalidzkiego** [pʃɨstɔsɔvanɨ dɔ vuska invalit͡scɛgɔ]

Rollstuhlkabine *(Schiff)*	**kabina przystosowana do wózka inwalidzkiego** [kab,ina pʃɨstɔsɔvana dɔ vuska inval,i͡tscɛgɔ]
Rollstuhllifter *(Auto)*	**dźwignia do wózka inwalidzkiego** [dʑv,igɲa dɔ vuska inval,i͡tscɛgɔ]
Rollstuhlwandern	**wędrowanie wózkiem inwalidzkim** [vɛndrɔvaɲɛ vuscɛm inval,i͡tscim]
Rollstuhlwanderweg	**trasa wędrówki wózkiem inwalidzkim** [trasa vɛndrɔvci vuscɛm inval,i͡tscim]
Sanitäreinrichtungen	**urządzenia sanitarne** [uʒɔnd͡zɛɲa saɲ,itarnɛ]
Schreibtelefon	**telefon dla niewidomych** [tɛlɛfɔn dla ɲɛv,idɔmɨx]
Schwerstbehinderte/r	**inwalida o najwyższym stopniu poszkodowania** [inval,ida ɔ najvɨʃʃɨm stɔpɲu pɔʃkɔdɔvaɲa]
sehbehindert	**niewidomy** [ɲɛv,idɔmɨ]
Sehbehinderte/r	**niewidoma/niewidomy** [ɲɛv,idɔma/ɲɛv,idɔmɨ]
Sozialstation	**placówka socjalna** [pla͡tsufka sɔ͡tsjalna]
Steigung	**wzniesienie** [vzɲɛɕɛɲɛ]
Stufe	**stopień** [stɔpjɛɲ]
stufenloser Zugang	**dostęp bez stopni** [dɔstɛmp bɛs stɔpɲi]
stumm	**niemy** [ɲɛmɨ]
Taststock	**laska dla niewidomych** [laska dla ɲɛv,idɔmɨx]
taub	**głuchy** [gwuxɨ]
taubstumm	**głuchoniemy** [gwuxɔɲɛmɨ]
Treppenstufe	**podest** [pɔdɛst]

Tür, automatische	**drzwi na fotokomórkę** [d͡ʒvʲi na fotɔkɔmurkɛ]
Türbreite	**szerokość drzwi** [ʃɛrɔkɔɕt͡ɕ d͡ʒvʲi]
Türöffner, automatischer	**automatyczny otwieracz drzwi** [awtɔmatɨt͡ʃnɨ ɔtfjɛrat͡ʃ d͡ʒvʲi]
Türschwelle	**próg drzwi** [pruk d͡ʒvʲi]
unterfahrbar	**do podjechania** [dɔ pɔdjexaɲia]
Zeichensprache	**rozmowa na migi** [rɔzmɔva na mʲiɟi]
Zugänge	**dojścia** [dɔjɕt͡ɕa]
Zugänglichkeit	**dostępność** [dɔstɛmpnɔɕt͡ɕ]

Auskunft

Können Sie mir bitte ... empfehlen?
Może mi pan/pani polecić ...? [mɔʒɛ mʲi pan/paɲi pɔlɛt͡ɕit͡ɕ]

ein gutes Hotel
dobry hotel [dɔbrɨ xɔtɛl]

eine Pension
pensjonat [pɛnsjɔnat]

ein Privatzimmer
pokój prywatny [pɔkuj prɨvatnɨ]

Ist es zentral/ruhig/in Strandnähe gelegen?
Czy jest on położony centralnie/zacisznie/w pobliżu plaży?
[t͡ʃɨ jɛst ɔn pɔwɔʒɔnɨ t͡sɛntralɲɛ/zat͡ɕiʃɲɛ/f pɔblʲiʒu plaʒɨ]

Gibt es hier einen Campingplatz/eine Jugendherberge?
Czy jest tutaj kemping/schronisko młodzieżowe?
[t͡ʃɨ jɛst tutaj kɛmpʲiŋk/sxrɔɲiskɔ mwɔdʑɛʒɔvɛ]

Hotel – Pension – Privatzimmer

An der Rezeption

Ich habe bei Ihnen ein Zimmer reserviert. Mein Name ist ...
Zarezerwowa-łem/łam u Państwa pokój. Nazywam się ...
[zarɛzɛrvɔva-wɛm/wam u paɲstva pɔkuj. nazɨvam ɕɛ̃]

Haben Sie noch Zimmer frei?
Czy ma pan/pani jeszcze wolne pokoje ...?
[t͡ʃɨ ma pan/paɲi jɛʃt͡ʃɛ vɔlnɛ pɔkɔjɛ]

... für eine Nacht.
na jedną noc. [na jɛdnɔ̃ nɔt͡s]

... für zwei Tage.
na dwa dni. [na dva dɲi]

... eine Woche.
na tydzień. [na tɨdʑɛɲ]

Nein, wir sind leider vollständig belegt.
Nie, wszystkie pokoje są niestety zajęte.
[ɲɛ, fʃɨstcɛ pɔkɔjɛ sɔ̃ ɲɛstɛtɨ zajɛntɛ]

Ja, was für ein Zimmer wünschen Sie?
Tak, jaki pokój pan/pani sobie życzy?
[tak, jaci pɔkuj pan/paɲi sɔbʲɛ ʒɨt͡ʃɨ]

Ein Einzelzimmer ...
Jednoosobowy ... [jɛdnɔɔsɔbɔvɨ]

Ein Zweibettzimmer ...
Dwuosobowy ... [dvuɔsɔbɔvɨ]

Ein ruhiges Zimmer ...
Zaciszny pokój ... [zat͡ɕiʃnɨ pɔkuj]

mit fließend Kalt- und Warmwasser.
z bieżącą zimną i ciepłą wodą. [z bʲɛʒɔnt͡sɔ̃ zimnɔ̃ i t͡ɕɛpwɔ̃ vɔdɔ̃]

mit Dusche.
z prysznicem. [s prɨʃɲit͡sɛm]

mit Bad.
z łazienką. [z waʑɛnkɔ̃]

mit Balkon/Terrasse.
z balkonem/tarasem. [z balkɔnɛm/tarasɛm]

mit Blick aufs Meer/mit Seeblick.
z widokiem na morze/z widokiem na jezioro.
[z vʲidɔcɛm na mɔʒɛ/z vʲidɔcɛm na jɛʑɔrɔ]

im Erdgeschoss/im 1. Stock.
na parterze/na pierwszym piętrze. [na partɛʒɛ/na pʲɛrfʃɨm pʲɛ̃tʃɛ]

Kann ich das Zimmer ansehen?
Mogę ten pokój obejrzeć? [mɔgɛ̃ tɛn pɔkuj ɔbɛjʒɛt͡ɕ]

Können Sie noch ein drittes Bett/Kinderbett dazustellen?
Może pan/pani wstawić jeszcze jedno łóżko/łóżeczko dziecięce? [mɔʒɛ pan/paɲi fstavit͡ɕ jɛʃt͡ʃɛ jɛdnɔ wuʃkɔ/wuʒɛt͡ʃkɔ d͡ʑɛt͡ɕɛ̃t͡sɛ]

Was kostet das Zimmer mit ...
Ile kosztuje pokój ... [ilɛ kɔʃtujɛ pɔkuj]

Frühstück?
ze śniadaniem? [zɛ ɕɲadaɲɛm]

Halbpension?
ze śniadaniem i kolacją? [zɛ ɕɲadaɲɛm i kɔlat͡sjɔ̃]

Vollpension?
z całodziennym utrzymaniem? [s t͡sawɔd͡ʑɛnnɨm utʃɨmaɲɛm]

Wollen Sie bitte den Anmeldeschein ausfüllen?
Czy zechciałby pan/zechciałaby pani wypełnić formularz meldunkowy?
[t͡ʃɨ zɛxt͡ɕawbɨ pan/zɛxt͡ɕawabɨ paɲi vɨpɛwɲit͡ɕ fɔrmulaʃ mɛldunkɔvɨ]

Darf ich Ihren Reisepass/ Personalausweis sehen?
Czy mogę zobaczyć pana/pani paszport/dowód osobisty?
[t͡ʃɨ mɔgɛ̃ zɔbat͡ʃɨt͡ɕ pana/paɲi paʃpɔrt/dɔvut ɔsɔbʲistɨ]

Wo kann ich den Wagen abstellen?
Gdzie mogę zaparkować samochód?
[gd͡ʑɛ mɔgɛ̃ zaparkɔvat͡ɕ samɔxut]

In unserer Garage.
W naszym garażu. [v naʃɨm garaʒu]

Auf unserem Parkplatz.
Na naszym parkingu. [na naʃɨm parciŋgu]

Unterkunft in Polen findet man in Hotels sowie in zahlreichen Ferienhäusern und Privatzimmern. Letztere sind meistens preiswert und gut ausgestattet.
Einen Adressennachweis über Unterkunftsmöglichkeiten findet man in den meisten Städten in Reisebüros sowie in den Fremdenverkehrsämtern *(informacja turystyczna)*.

Fragen und Bitten

Ab wann gibt es Frühstück?
Od której jest śniadanie? [ɔt kturɛj jɛst ɕɲadaɲɛ]

Wann sind die Essenszeiten?
Jakie są pory posiłków? [jacɛ sɔ̃ pɔrɨ pɔɕiwkuf]

Wo ist der Speisesaal?
Gdzie jest jadalnia? [gdʑɛ jɛst jadalɲa]

Zum Frühstück nehme ich ...
Na śniadanie wezmę ... [na ɕɲadaɲɛ vɛzmɛ̃]

schwarzen Kaffee.
czarną kawę. [t͡ʃarnɔ̃ kavɛ̃]

Kaffee mit Milch.
kawę z mlekiem. [kavɛ̃ z mlɛcɛm]

koffeinfreien Kaffee.
kawę bezkofeinową. [kavɛ̃ bɛskɔfɛinɔvɔ̃]

Tee mit Milch/Zitrone.
herbatę z mlekiem/cytryną. [xɛrbatɛ̃ z mlɛcɛm/t͡sɨtrɨnɔ̃]

einen Kräutertee.
herbatę ziołową. [xɛrbatɛ̃ ʑɔwɔvɔ̃]

Schokolade.
czekoladę. [t͡ʃɛkɔladɛ̃]

einen Fruchtsaft.
sok owocowy. [sɔk ɔvɔt͡sɔvɨ]

ein weiches Ei.
jajko na miękko. [jajkɔ na mʲɛ̃kkɔ]

Rühreier.
jajecznicę. [jajɛt͡ʃɲit͡sɛ̃]

Eier mit Speck.
jajka ze słoniną. [jajka zɛ swɔɲinɔ̃]

Brot/Brötchen/Toast.
chleb/bułki/grzanki. [xlɛp/buwci/gʒanci]

Butter.
masło. [maswɔ]

Käse.
ser. [sɛr]

Wurst.
wędlinę. [vɛndlʲinɛ̃]

Schinken.
szynkę. [ʃɨnkɛ̃]

Honig.
miód. [mʲjut]

Marmelade.
marmoladę. [marmɔladɛ̃]

ein Müsli.
musli. [mʲuslʲi]

ein Joghurt.
jogurt. [jɔgurt]

etwas Obst.
trochę owoców. [trɔxɛ̃ ɔvɔt͡suf]

Wecken Sie mich bitte morgen früh um ... Uhr.
Proszę mnie jutro rano obudzić o godzinie ...
[prɔʃɛ̃ mɲɛ jutrɔ ranɔ ɔbudʑit͡ɕ ɔ gɔdʑiɲɛ]

Würden Sie mir bitte ... bringen?
Przyniósłby mi pan/przyniosłaby mi pani ...?
[pʃɨɲuswbɨ mʲi pan/pʃɨɲɔswabɨ mʲi paɲi]

Bitte meinen Schlüssel.
Proszę mój klucz. [prɔʃɛ̃ muj klut͡ʃ]

Beanstandungen

Das Zimmer ist nicht gereinigt worden.
Pokój nie został sprzątnięty. [pɔkuj ɲɛ zɔstaw spʃɔ̃tɲɛ̃tɨ]

Die Spülung ...
Spłuczka ... [spwut͡ʃka]

Das Licht ...
Światło ... [ɕvʲjatwɔ]

Der Fernseher ...
Telewizor ... [tɛlɛvʲizɔr]

funktioniert nicht.
nie funkcjonuje. [ɲɛ fuŋkt͡sjɔnujɛ]

Der Wasserhahn tropft.
Z kurka kapie. [s kurka kapʲɛ]

Es kommt kein (warmes) Wasser.
Nie leci (ciepła) woda. [ɲɛ lɛt͡ɕi (t͡ɕɛpwa) vɔda]

Die Toilette/Das Waschbecken ist verstopft.
Toaleta/Umywalka jest zapchana. [tɔalɛta/umɨvalka jɛst zapxana]

Das Fenster schließt nicht/geht nicht auf.
Okno się nie domyka/nie otwiera się.
[ɔknɔ ɕɛ̃ ɲɛ dɔmɨka/ɲɛ ɔtf̦ɛra ɕɛ̃]

Abreise

Ich reise heute Abend/morgen um ... Uhr ab.
Wyjeżdżam dzisiaj wieczorem/jutro o godzinie ...
[vɨjɛʒd͡ʒam dʑiɕaj v̦ɛt͡ʃɔrɛm/jutrɔ ɔ gɔdʑiɲɛ]

Bis wann muss ich das Zimmer räumen?
Kiedy muszę opuścić pokój? [cɛdɨ muʃɛ̃ ɔpuɕt͡ɕit͡ɕ pɔkuj]

Machen Sie bitte die Rechnung fertig.
Proszę przygotować rachunek. [prɔʃɛ̃ pʃɨgɔtɔvat͡ɕ raxunɛk]

Nehmen Sie Euro?
Przyjmie pan/pani euro? [pʃɨjm̦ɛ pan/paɲi ɛwrɔ]

Kann ich mit Kreditkarte bezahlen?
Czy mogę zapłacić kartą kredytową?
[t͡ʃɨ mɔgɛ̃ zapwat͡ɕit͡ɕ kartɔ̃ krɛdɨtɔvɔ̃]

Rufen Sie mir bitte ein Taxi.
Proszę zamówić taksówkę. [prɔʃɛ̃ zamuv̦it͡ɕ taksufkɛ̃]

Vielen Dank für alles! Auf Wiedersehen!
Bardzo dziękuję za wszystko! Do widzenia!
[bard͡zɔ dʑɛ̃kujɛ̃ za fʃɨstkɔ. dɔ v̦id͡zɛɲa]

Abendessen	**kolacja** [kɔlat͡sja]
Animationsprogramm	**program animacyjny** [prɔgram aɲimat͡sɨjnɨ]
Anmeldung	**zameldowanie** [zamɛldɔvaɲɛ]
Aschenbecher	**popielniczka** [pɔp̦ɛlɲit͡ʃka]
Aufenthaltsraum	**świetlica** [ɕv̦ɛtl̦it͡sa]
Aufzug	**winda** [v̦inda]

Badewanne	**wanna** [vanna]
Badezimmer	**łazienka** [waʑɛnka]
Balkon	**balkon** [balkɔn]
Bett	**łóżko** [wuʃkɔ]
Bettdecke	**kołdra** [kɔwdra]
Bettlaken	**prześcieradło** [pʃɛɕt͡ɕɛradwɔ]
Bettwäsche	**pościel** [pɔɕt͡ɕɛl]
Dusche	**prysznic** [prɨʃɲit͡s]
Etage	**piętro** [pʲɛ̃trɔ]
Fenster	**okno** [ɔknɔ]
Fernseher	**telewizor** [tɛlɛvʲizɔr]
Fernsehraum	**sala telewizyjna** [sala tɛlɛvʲizɨjna]
Frühstück	**śniadanie** [ɕɲadaɲɛ]
Frühstücksbüfett	**śniadanie w formie bufetu** [ɕɲadaɲɛ f fɔrmʲɛ bufɛtu]
Frühstücksraum	**jadalnia** [jadalɲa]
Grillabend	**wieczór przy rożnie** [vʲjɛt͡ʃur pʃɨ rɔʒɲɛ]
Halbpension	**utrzymanie ze śniadaniem i kolacją** [utʃɨmaɲɛ zɛ ɕɲadaɲɛm i kɔlat͡sjɔ̃]
Handtuch	**ręcznik** [rɛ̃t͡ʃɲik]
Hauptsaison	**szczyt sezonu** [ʃt͡ʃɨt sɛzɔnu]
Hausbar	**barek pokojowy** [barɛk pɔkɔjɔvɨ]
Heizung	**ogrzewanie** [ɔgʒɛvaɲɛ]
Kategorie	**kategoria** [katɛgɔrʲja]
Kinderbett	**łóżko dziecięce** [wuʃkɔ dʑɛt͡ɕɛ̃t͡sɛ]
Kleiderbügel	**wieszak** [vʲjɛʃak]
Klimaanlage	**klimatyzacja** [klʲimatɨzat͡sja]
Kopfkissen	**poduszka** [pɔduʃka]
Lampe	**lampa** [lampa]
Lichtschalter	**kontakt** [kɔntakt]
Matratze	**materac** [matɛrat͡s]
Minibar	**mały barek** [mawɨ barɛk]

Mittagessen	**obiad** [ɔb,jat]
Motel	**motel** [mɔtɛl]
Nachsaison	**po sezonie** [pɔ sɛzɔɲɛ]
Nachttisch	**stolik nocny** [stɔl,ik nɔt͡snɨ]
Papierkorb	**kosz na papiery** [kɔʃ na pap,jɛrɨ]
Pension	**pensjonat** [pɛnsjɔnat]
Planschbecken	**brodzik** [brɔdʑik]
Portier	**portier** [pɔrt,jɛr]
Radio	**radio** [rad,jɔ]
reinigen	**sprzątać** [spʃɔ̃tat͡ɕ]
Reservierung	**rezerwacja** [rɛzɛrvat͡sja]
Rezeption	**recepcja** [rɛt͡sɛpt͡sja]
Safe	**sejf** [sɛjf]
Schlüssel	**klucz** [klut͡ʃ]
Schrank	**szafa** [ʃafa]
Speisesaal	**jadalnia** [jadalɲa]
Spiegel	**lustro** [lustrɔ]
Steckdose	**gniazdko kontaktowe** [gɲastkɔ kɔntaktɔvɛ]
Stecker	**wtyczka** [ftɨt͡ʃka]
Terrasse	**taras** [taras]
Toilette	**toaleta** [tɔalɛta]
Toilettenpapier	**papier toaletowy** [pap,jɛr tɔalɛtɔvɨ]
Transferbus	**autobus transferowy** [awtɔbus transfɛrɔvɨ]
Übernachtung	**nocleg** [nɔt͡slɛg]
Übernachtung mit Frühstück	**ze śniadaniem** [zɛ ɕɲadaɲɛm]
Ventilator	**wentylator** [vɛntɨlatɔr]
Verlängerungswoche	**przedłużenie o tydzień** [pʃɛdwuʒɛɲɛ ɔ tɨdʑɛɲ]

Vollpension	**utrzymanie całodzienne** [utʃɨmaɲɛ t͡sawɔdʑɛnnɛ]
Vorsaison	**przed sezonem** [pʃɛt sɛzɔnɛm]
Waschbecken	**umywalka** [umɨvalka]
Wäschewechsel	**zmiana pościeli** [zmʲana pɔɕt͡ɕɛlʲi]
Wasser	**woda** [vɔda]
kaltes Wasser	**zimna woda** [ʑimna vɔda]
warmes Wasser	**ciepła woda** [t͡ɕɛpwa vɔda]
Wasserglas	**szklanka wody** [ʃklanka vɔdɨ]
Wasserhahn	**kurek** [kurɛk]
Wolldecke	**kołdra wełniana** [kɔwdra vɛwɲana]
Zimmer	**pokój** [pɔkuj]
Zimmermädchen	**pokojówka** [pɔkɔjufka]
Zimmertelefon	**telefon pokojowy** [tɛlɛfɔn pɔkɔjɔvɨ]
Zwischenstecker	**trójnik** [trujɲik]

Ferienhäuser und Ferienwohnungen

Ist der Strom-/Wasserverbrauch im Mietpreis enthalten?
Czy zużycie prądu/wody jest zawarte w cenie za wynajęcie?
[tʃɨ zuʒɨt͡ɕɛ prɔ̃du/vɔdɨ jɛst zavartɛ f t͡sɛɲɛ za vɨnajɛ̃t͡ɕɛ]

Wo bekommen wir die Schlüssel für das Haus/die Wohnung?
Gdzie otrzymamy klucze do domu/ mieszkania?
[gdʑɛ ɔtʃɨmamɨ klut͡ʃɛ dɔ dɔmu/mʲɛʃkaɲa]

Wo befinden sich die Mülltonnen?
Gdzie znajdują się kontenery na śmieci?
[gdʑɛ znajdujɔ̃ ɕɛ̃ kɔntɛnɛrɨ na ɕmʲɛt͡ɕi]

Müssen wir die Endreinigung selbst übernehmen?
Czy musimy sami na koniec wysprzątać?
[tʃɨ muɕimɨ samʲi na kɔɲɛt͡s vɨspʃɔ̃tat͡ɕ]

➢ **auch Wortliste Hotel – Pension – Privatzimmer**

Anreisetag	**dzień przyjazdu** [dʑɛɲ pʃɨjazdu]
Appartement	**apartament** [apartamɛnt]
Boiler	**bojler** [bɔjlɛr]
Bungalow	**bungalow** [bungalɔw]
Endreinigung	**sprzątanie końcowe** [spʃɔ̃taɲɛ kɔɲt͡sɔvɛ]
Essecke	**kącik jadalny** [kɔɲt͡ɕik jadalnɨ]
Etagenbett	**łóżko piętrowe** [wuʃkɔ pʲɛ̃trɔvɛ]
Ferienanlage	**ośrodek wypoczynkowy** [ɔɕrɔdɛk vɨpɔt͡ʃɨnkɔvɨ]
Ferienhaus	**dom wczasowy** [dɔm ft͡ʃasɔvɨ]
Ferienwohnung	**mieszkanie dla wczasowiczów** [mʲɛʃkaɲɛ dla ft͡ʃasɔvit͡ʃuf]
Geschirrspülmaschine	**zmywarka do naczyń** [zmɨvarka dɔ nat͡ʃɨɲ]
Geschirrtuch	**ścierka do naczyń** [ɕt͡ɕɛrka dɔ nat͡ʃɨɲ]
Hausbesitzer	**właściciel domu** [vwaɕt͡ɕit͡ɕɛl dɔmu]
Haustiere	**zwierzęta domowe** [zvʲɛʒɛ̃ta dɔmɔvɛ]
Herd	**kuchenka** [kuxɛnka]
Elektroherd	**kuchenka elektryczna** [kuxɛnka ɛlɛktrɨt͡ʃna]
Gasherd	**kuchenka gazowa** [kuxɛnka gazɔva]
Kaffeemaschine	**automat do kawy** [awtɔmat dɔ kavɨ]
Kochnische	**wnęka kuchenna** [vnɛ̃ka kuxɛnna]
Kühlschrank	**lodówka** [lɔdufka]
Miete	**cena za wynajęcie** [t͡sɛna za vɨnajɛ̃t͡ɕɛ]
Müll	**śmieci** [ɕmʲɛt͡ɕi]
Mülleimer	**kosz na śmieci** [kɔʃ na ɕmʲɛt͡ɕi]
Nebenkosten	**koszty dodatkowe** [kɔʃtɨ dɔdatkɔvɛ]
Schlafcouch	**tapczan** [tapt͡ʃan]
Schlafzimmer	**sypialnia** [sɨpʲalɲa]
Schlüsselübergabe	**przekazanie kluczy** [pʃɛkazaɲɛ klut͡ʃɨ]

Strom	**prąd** [prɔnt]
Strompauschale	**ryczałt za prąd** [rɨt͡ʃawt za prɔnt]
Stromspannung	**napięcie prądu** [napʲɛɲt͡ɕɛ prɔndu]
Studio	**studio** [studʲjɔ]
Toaster	**automat do grzanek** [awtɔmat dɔ gʒanɛk], **toster** [tɔstɛr]
vermieten	**wynajmować** [vɨnajmɔvat͡ɕ]
Waschmaschine	**pralka** [pralka]
Wasserverbrauch	**zużycie wody** [zuʒɨt͡ɕɛ vɔdɨ]
Wohn-Schlafraum	**pokój mieszkalno-sypialny** [pɔkuj mʲɛʃkalnɔ-sɨpʲalnɨ]
Wohnzimmer	**pokój mieszkalny** [pɔkuj mʲɛʃkalnɨ]
Zentralheizung	**ogrzewanie centralne** [ɔgʒɛvaɲɛ t͡sɛntralnɛ]

Camping

Gibt es in der Nähe einen Campingplatz?
Czy jest w pobliżu kemping? [t͡ʃɨ jɛst v pɔblʲiʒu kɛmpʲiŋk]

Haben Sie noch Platz für einen Wohnwagen/ein Zelt?
Czy ma pan/pani jeszcze miejsce na jedną przyczepę kempingową/jeden namiot? [t͡ʃɨ ma pan/paɲi jɛʃt͡ʃɛ mʲɛjst͡sɛ na jɛdnɔ̃ pʃɨt͡ʃɛpɛ̃ kɛmpʲiŋgɔvɔ̃/jɛdɛn namjɔt]

Wie hoch ist die Gebühr …
Jaka jest cena … [jaka jɛst t͡sɛna]

pro Tag und Person?
za dzień i za osobę? [jaka jɛst t͡sɛna za d͡ʑɛɲ i za ɔsɔbɛ̃]

für das Auto?
za samochód? [za samɔxut]

für den Wohnwagen?
za przyczepę kempingową? [za pʃɨt͡ʃɛpɛ̃ kɛmpʲiŋgɔvɔ̃]

für das Wohnmobil?
za karawaning? [za karavaɲiŋg]

für das Zelt?
za namiot? [za nam̦jɔt]

Wir bleiben … Tage/Wochen.
Zostaniemy … dni/tygodnie. [zɔstaɲɛmɨ … dɲi/tɨgɔdɲɛ]

Wo sind …
Gdzie są … [gdʑɛ sɔ̃]

die Toiletten?
toalety? [tɔalɛtɨ]

die Waschräume?
umywalnie? [umɨvalɲɛ]

die Duschen?
prysznice? [prɨʃɲit͡sɛ]

Gibt es hier Stromanschluss?
Czy jest tu przyłączenie do sieci elektrycznej?
[t͡ʃɨ jɛst tu pʃɨwɔ̃t͡ʃɛɲɛ dɔ ɕɛt͡ɕi ɛlɛktrɨt͡ʃnɛj]

Haben Sie 220 oder 110 Volt?
Ma pan/pani 220 czy 110 woltów?
[ma pan/paɲi dv̦ɛɕt͡ɕɛ dvadʑɛɕt͡ɕa t͡ʃɨ stɔ dʑɛɕɛɲt͡ɕ vɔltuf]

Gibt es hier ein Lebensmittelgeschäft?
Czy jest tu sklep spożywczy? [t͡ʃɨ jɛst tu sklɛp spɔʒɨft͡ʃɨ]

Wo kann ich Gasflaschen ausleihen/umtauschen?
Gdzie mogę wynająć/wymienić butle gazowe?
[gd͡ʑɛ mɔgɛ̃ vɨnajɔ̃t͡ɕ/vɨm̦ɛɲit͡ɕ butlɛ gazɔvɛ]

Ist der Campingplatz bei Nacht bewacht?
Czy ten kemping jest w nocy strzeżony?
[t͡ʃɨ tɛn kɛmp̦iŋk jɛst v nɔt͡sɨ stʃɛʒɔnɨ]

Camping	**kemping** [kɛmp̦iŋk]
Campingausweis	**wejściówka na kemping** [vɛjɕt͡ɕufka na kɛmp̦iŋk]
Campingführer	**przewodnik po kempingach** [pʃɛvɔdɲik pɔ kɛmp̦iŋgax]
Campingplatz	**kemping** [kɛmp̦iŋk]
Gasflasche	**butla gazowa** [butla gazɔva]
Gaskartusche	**jednorazowa butla gazowa** [jɛdnɔrazɔva butla gazɔva]
Gaskocher	**kocher gazowy** [kɔxɛr gazɔvɨ]
Geschirrspülbecken	**zlewozmywak** [zlɛvɔzmɨvak]
Hering	**śledź** [ɕlɛt͡ɕ], **kołek do namiotu** [kɔwɛk dɔ nam̦jɔtu]
Jugendherberge	**schronisko młodzieżowe** [sxrɔɲiskɔ mwɔdʑɛʒɔvɛ]
Kocher	**kocher** [kɔxɛr], **kuchenka** [kuxɛnka]
Leihgebühr	**opłata za wypożyczenie** [ɔpwata za vɨpɔʒɨt͡ʃɛɲɛ]
Petroleumlampe	**lampa naftowa** [lampa naftɔva]
Propangas	**gaz propanowy** [gas prɔpanɔvɨ]
Strom	**prąd** [prɔnt]
Stromanschluss	**przyłączenie do sieci elektrycznej** [pʃɨwɔ̃t͡ʃɛɲɛ dɔ ɕɛt͡ɕi ɛlɛktrɨt͡ʃnɛj]
Studentenwohnheim	**akademik** [akadɛm̦ik]
Trinkwasser	**woda pitna** [vɔda p̦itna]
Voranmeldung	**uprzednie zgłoszenie** [upʃɛdɲɛ zgwɔʃɛɲɛ]
Waschraum	**umywalnia** [umɨvalɲa]
Wäschetrockner	**suszarka do bielizny** [suʃarka dɔ b̦ɛl̦iznɨ]
Wasser	**woda** [vɔda]
Wasserkanister	**kanister na wodę** [kaɲistɛr na vɔdɛ̃]

Wohnmobil	**karawaning** [karavaɲiŋk]
Wohnwagen	**przyczepa kempingowa** [pʃɨt͡ʃɛpa kɛmpˌiŋgɔva]
Zelt	**namiot** [namˌjɔt]
zelten	**mieszkać w namiocie** [mˌɛʃkat͡ɕ v namˌjɔt͡ɕɛ]
Zeltschnur	**sznur od namiotu** [ʃnur ɔd namˌjɔtu]
Zeltstange	**podpora namiotu** [pɔtpɔra namˌjɔtu], **drążek** [drɔ̃ʒɛk]

GASTRONOMIE

Bezeichnungen polnischer Gaststätten

bar – (Schnell-)Imbiss
bar mleczny – Milchbar, preiswertes Speiselokal mit Selbstbedienung
bar szybkiej obsługi – Selbstbedienungslokal
bistro – Café, in dem es auch Bier und Schnaps gibt
gospoda – Kneipe mit hausgemachten Speisen
gościniec – Raststätte, an Landstraßen gelegenes Lokal mit umfangreichem Angebot an Speisen und Getränken
karczma – meistens rustikales Restaurant mit hausgemachten Speisen
kawiarnia – entspricht dem deutschen Café
lody – Eisdiele
piwiarnia, pub – Bierstube
winiarnia – Weinstube, Weinlokal, Weinkeller
restauracja – Restaurant mit nationaler und internationaler Küche
rożen – auch an Landstraßen gelegene Imbissbude mit Gegrilltem
zajazd – s. **gościniec**

Essen gehen

Wo gibt es hier ...
Gdzie jest tu w pobliżu ... [gdʑɛ jɛst tu f pɔblʲiʒu]

ein gutes Restaurant?
dobra restauracja? [dɔbra rɛstawrat͡sja]

ein typisches Restaurant?
typowa restauracja? [tɨpɔva restawrat͡sja]

ein nicht zu teures Restaurant?
nie za droga restauracja? [ɲɛ za drɔga rɛstawrat͡sja]

Das Essen in Polen ist gut und sehr preiswert. Fast in jedem Ort finden Sie einfache Restaurants *(karczma, restauracja)* und an den Landstraßen zahlreiche Imbiss-Stände mit Gegrilltem und kühlen Getränken.

Im Restaurant

Reservieren Sie uns bitte für heute Abend einen Tisch für 4 Personen.
Proszę zarezerwować dla nas na dziś wieczór stolik na cztery osoby.
[prɔʃɛ̃ zarɛzɛrvɔvat͡ɕ dla nas na d͡ʑiɕ vjɛt͡ʃur stɔlʲik na t͡ʃtɛrɨ ɔsɔbɨ]

Bis wann kann man bei Ihnen warm essen?
Do której można u państwa zjeść coś na ciepło?
[dɔ kturɛj mɔʒna u paɲstfa zjɛɕt͡ɕ t͡sɔɕ na t͡ɕɛpwɔ]

Ist dieser Tisch/Platz noch frei?
Czy ten stolik/to miejsce jest jeszcze woln-y/e?
[t͡ʃɨ tɛn stɔlʲik/tɔ mʲɛjst͡sɛ jɛst jɛʃt͡ʃɛ vɔln-ɨ/ɛ]

Einen Tisch für zwei/drei Personen, bitte.
Poproszę stolik na dwie/trzy osoby. [pɔprɔʃɛ̃ stɔlʲik na dvʲɛ/tʃɨ ɔsɔbɨ]

Wo sind bitte die Toiletten?
Przepraszam, gdzie są toalety? [pʃɛpraʃam, gd͡ʑɛ sɔ̃ tɔalɛtɨ]

Bestellung ➢ auch Frühstück (Kap. Unterkunft)

Herr Ober/Bedienung, ..., bitte.
Proszę pana/pani, poproszę ... [prɔʃɛ̃ pana/paɲi pɔprɔʃɛ̃]

die Speisekarte
jadłospis, [jadwɔspʲis]
die Getränkekarte
spis napojów, [spʲis napɔjuf]
die Weinkarte
kartę z winami. [kartɛ̃ z vʲinamʲi]

Was können Sie mir empfehlen?
Co może mi pan/pani polecić? [t͡sɔ mɔʒɛ mʲi pan/paɲi pɔlɛt͡ɕit͡ɕ]

Haben Sie vegetarische Gerichte?
Czy ma pan/pani dania jarskie? [t͡ʃɨ ma pan/paɲi daɲa jarscɛ]

Gibt es auch Kinderportionen?
Czy są też porcje dziecięce? [t͡ʃɨ sɔ̃ tɛʃ pɔrt͡sjɛ d͡ʑɛt͡ɕɛ̃t͡sɛ]

Haben Sie schon gewählt?
Czy pan/pani już wybrał/a? [t͡ʃɨ pan/paɲi juʃ vɨbraw/a]

Ich nehme ...
Wezmę ... [vɛzmɛ̃]

Als Vorspeise/Nachtisch/ Hauptgericht nehme ich ...
Na zakąskę/deser/danie główne wezmę ...
[na zakɔ̃skɛ̃/dɛsɛr/daɲɛ gwuvnɛ vɛzmɛ̃]

Ich möchte keine Vorspeise, danke.
Z zakąski zrezygnuję, dziękuję. [z zakɔ̃sci zrɛzɨgnujɛ̃, d͡ʑɛ̃kujɛ̃]

Wir haben leider kein/e ... (mehr).
Niestety nie mamy już ... [ɲɛstɛtɨ ɲɛ mamɨ juʃ]

Dieses Gericht servieren wir nur auf Vorbestellung.
To danie podajemy tylko na uprzednie zamówienie.
[tɔ daɲɛ pɔdajɛmɨ tɨlkɔ na upʃɛdɲɛ zamuvʲjɛɲɛ]

Könnte ich statt ... ... haben?
Czy mógłbym/mogłabym zamiast ... dostać ...?
[t͡ʃɨ mugwbɨm/mɔgwabɨm zamʲiast ... dɔstat͡ɕ]

Ich vertrage kein/e ... Könnten Sie das Gericht ohne ... zubereiten?
Niestety nie znoszę ... Mógłby/ mogłaby mi pan/pani przyrządzić to danie bez ...? [ɲɛstɛtɨ ɲɛ znɔʃɛ̃ ... mugwbɨ/mɔgwabɨ mʲi pan/paɲi pʃɨʒɔ̃dʑit͡ɕ tɔ daɲɛ bɛs]

Wie möchten Sie Ihr Steak haben?
Jaki befsztyk pan/pani sobie życzy? [jaci bɛfʃtɨk pan/paɲi sɔbʲɛ ʒɨt͡ʃɨ]

gut durch
dobrze przesmażony [dɔbʒɛ pʃɛsmaʒɔnɨ]

medium
wewnątrz lekko różowy [vɛvnɔ̃t͡ʃ lɛkkɔ ruʒɔvɨ]

englisch
po angielsku [pɔ aŋɟɛlsku]

Was wollen Sie trinken?
Czego się pan/pani napije? [t͡ʃɛgɔ ɕɛ̃ pan/paɲi napʲijɛ]

Bitte ein Glas ...
Poproszę szklankę ... [pɔprɔʃɛ̃ ʃklankɛ̃]

Bitte eine (halbe) Flasche ...
Poproszę butelkę (pół butelki) ... [pɔprɔʃɛ̃ butɛlkɛ̃ (puw butɛlci)]

Mit Eis, bitte.
Z lodem, proszę. [z lɔdɛm, prɔʃɛ̃]

Guten Appetit!
Smacznego! [smat͡ʃnɛgɔ]

Auf Ihr Wohl!
Pana/pani zdrowie! [pana/paɲi zdrɔvʲjɛ]

Haben Sie noch einen Wunsch?
Czy ma pan/pani jeszcze jakieś życzenie?
[t͡ʃɨ ma pan/paɲi jɛʃt͡ʃɛ jacɛɕ ʒɨt͡ʃɛɲɛ]

Bitte bringen Sie uns ...
Proszę przynieść nam ... [prɔʃɛ̃ pʃɨɲɛɕt͡ɕ nam]

Könnten wir noch etwas Brot/Wein bekommen?
Moglibyśmy dostać jeszcze trochę chleba/wina?
[mɔglʲibɨɕmɨ dɔstat͡ɕ jɛʃt͡ʃɛ trɔxɛ̃ xlɛba/vʲina]

Beanstandungen

Hier fehlt ein/e ...
Tu brakuje jeden/jedna/jedno ... [tu brakujɛ jɛdɛn/jɛdna/jɛdnɔ]

Haben Sie mein/e ... vergessen?
Czy pan/pani zapomniał/a mój/ moje ...?
[t͡ʃɨ pan/paɲi zapɔmɲaw/a muj/mɔjɛ]

Das habe ich nicht bestellt.
Ja tego nie zamawiał-em/am. [ja tɛgɔ ɲɛ zamavʲjaw-ɛm/am]

Das Essen ist kalt/versalzen.
Jedzenie jest zimne/przesolone. [jɛd͡zɛɲɛ jɛst ʑimnɛ/pʃɛsɔlɔnɛ]

Das Fleisch ist zäh/zu fett.
Mięso jest żylaste/za tłuste. [mʲjɛ̃sɔ jɛst ʒɨlastɛ/za twustɛ]

Der Fisch ist nicht frisch.
Ryba nie jest świeża. [rɨba ɲɛ jɛst ɕvʲɛʒa]

Nehmen Sie es bitte zurück.
Proszę to wziąć z powrotem. [prɔʃɛ̃ tɔ vʑɔ̃t͡ɕ s pɔvrɔtɛm]

Holen Sie bitte den Chef.
Proszę zawołać szefa. [prɔʃɛ̃ zavɔwat͡ɕ ʃɛfa]

Die Rechnung

Bezahlen, bitte.
Płacić, proszę. [pwat͡ɕit͡ɕ, prɔʃɛ̃]

Bitte alles zusammen.
Proszę wszystko razem. [prɔʃɛ̃ fʃɨstkɔ razɛm]

Getrennte Rechnungen, bitte.
Proszę oddzielne rachunki. [prɔʃɛ̃ ɔddʑɛlnɛ raxunci]

Die Rechnung scheint mir nicht zu stimmen.
Wydaje mi się, że rachunek się nie zgadza.
[vɨdajɛ mʲi ɕɛ̃, ʒɛ raxunɛk ɕɛ̃ ɲɛ zgad͡za]

Das habe ich nicht gehabt. Ich hatte ...
Tego nie miał-em/am. Miał-em/ am ...
[tɛgɔ ɲɛ mʲaw-ɛm/am. mʲaw-ɛm/am]

Hat es geschmeckt?
Smakowało? [smakɔvawɔ]

Das Essen war ausgezeichnet.
Jedzenie było znakomite. [jɛd͡zɛɲɛ bɨwɔ znakɔmʲitɛ]

Das ist für Sie.
To dla pana/pani. [tɔ dla pana/paɲi]

Es stimmt so.
Zgadza się. [zgad͡za ɕɛ̃]

Können Sie mir bitte ... reichen?
Może mi pan/pani podać ...? [mɔʒɛ mʲi pan/paɲi pɔdat͡ɕ]

Noch etwas ...?
Jeszcze trochę ...? [jɛʃt͡ʃɛ trɔxɛ̃]

Danke, es war reichlich.
Dziękuję, było wystarczająco. [dʑɛ̃kujɛ̃ bɨwɔ vɨstart͡ʃajɔ̃t͡sɔ]

Ich bin satt, danke.
Dziękuję, jestem syt-y/a. [d͡ʑɛ̃kujɛ̃, jɛstɛm sɨt-ɨ/a]

Darf ich rauchen?
Czy mogę zapalić? [t͡ʃɨ mɔgɛ̃ zapal,it͡ɕ]

➢ **auch Wortliste Lebensmittel (Kap. Einkaufen)**

Abendessen	**kolacja** [kɔlat͡sja]
alkoholfrei	**bezalkoholowy** [bɛzalkɔxɔlɔvɨ]
Aschenbecher	**popielniczka** [pɔp,ɛlɲit͡ʃka]
Bar	**bar** [bar]
Beilage	**dodatek** [dɔdatɛk]
Besteck	**sztućce** [ʃtut͡ɕt͡sɛ]
bestellen *(Essen, Tisch)*	**zamówić** [zamuvit͡ɕ]
Bestellung	**zamówienie** [zamuv,jɛɲɛ]
Bier	**piwo** [p,ivɔ]
Brot	**chleb** [xlɛp]
Butter	**masło** [maswɔ]
Diabetiker/in	**diabety-k/czka** [d,abɛtɨ-k/t͡ʃka]
Dressing	**sos do sałaty** [sɔs dɔ sawatɨ]
Essig	**ocet** [ɔt͡sɛt]
Fass, vom	**beczka** [bɛt͡ʃka], **z beczki** [z bɛt͡ʃci]
Fisch	**ryba** [rɨba]
Fleck	**plama** [plama]
Frühstück	**śniadanie** [ɕɲadaɲɛ]
Gabel	**widelec** [v,idɛlɛt͡s]
Gang	**danie** [daɲɛ]
Gedeck	**nakrycie** [nakrɨt͡ɕɛ]
Gericht	**danie** [daɲɛ], **potrawa** [pɔtrava]
Geschmack	**smak** [smak]
Getränk	**napój** [napuj]
Gewürz	**przyprawa** [pʃɨprava]
Glas	**szklanka** [ʃklanka]

Weinglas	**kieliszek do wina** [cɛl̦iʃɛk dɔ v̦ina]
Gräte	**ość** [ɔɕt͡ɕ]
Hauptspeise	**danie główne** [daɲɛ gwuvnɛ]
hausgemacht	**wyrób własny** [vɨrup vwasnɨ]
hungrig sein	**być głodnym** [bɨt͡ɕ gwɔdnɨm]
Kellner/in	**kelner/ka** [kɛlnɛr/ka]
Ketchup	**keczup** [kɛt͡ʃup]
Kinderteller	**porcja dziecięca** [pɔrt͡sja d͡ʑɛt͡ɕɛ̃t͡sa]
Koch/Köchin	**kucharz/kucharka** [kuxaʃ/kuxarka]
kochen	**gotować** [gɔtɔvat͡ɕ]
Korkenzieher	**korkociąg** [kɔrkɔt͡ɕɔŋk]
Kräuter	**zioła** [ʑɔwa]
Löffel	**łyżka** [wɨʃka]
Teelöffel	**łyżeczka do herbaty** [wɨʒɛt͡ʃka dɔ xɛrbatɨ]
Menü	**menu** [mɛɲi]
Messer	**nóż** [nuʃ]
Mittagessen	**obiad** [ɔb̦jat]
Nachtisch	**deser** [dɛsɛr]
Ober *(Anrede)*	**proszę pana** [prɔʃɛ̃ pana]
Öl	**olej** [ɔlɛj]
Pfannengericht	**danie z patelni** [daɲɛ s patɛlɲi]
Pfeffer	**pieprz** [p̦ɛpʃ]
Portion	**porcja** [p̦ɔrt͡sja]
probieren	**próbować** [prubɔvat͡ɕ]
Salat	**sałata** [sawata]
Salatbüfett	**bufet z sałatami** [bufɛt s sawatam̦i]
Salz	**sól** [sul]
Scheibe	**plasterek** [plastɛrɛk]
Schonkost	**dieta** [dijɛta]
Senf	**musztarda** [muʃtarda]
Serviette	**serwetka** [sɛrvɛtka]

Soße	**sos** [sɔs]
Speise	**danie** [daɲɛ]
Speisekarte	**jadłospis** [jadwɔsp̡is]
Spezialität	**specjalność** [spɛt͡sjalnɔɕt͡ɕ]
Strohhalm	**słomka** [swɔmka]
Suppe	**zupa** [zupa]
Süßstoff	**słodzik** [swɔdʑik]
Tagesgericht	**potrawa dnia** [pɔtrava dɲa]
Tagesmenü	**menu dnia** [mɛɲi dɲa]
Tasse	**filiżanka** [f̡il̡iʒanka]
Untertasse	**spodek** [spɔdɛk]
Teller	**talerz** [talɛʃ]
Suppenteller	**talerz zupy** [talɛʃ zupɨ]
Tischtuch	**obrus** [ɔbrus], **serweta** [sɛrvɛta]
vegetarisch	**jarski** [jarsci]
Vorspeise	**zakąska** [zakɔ̃ska]
Wasser	**woda** [vɔda]
Wein	**wino** [v̡inɔ]
würzen	**przyprawić** [pʃɨprav̡it͡ɕ]
Zahnstocher	**wykałaczka** [vɨkawat͡ʃka]
Zucker	**cukier** [t͡sucɛr]

Zubereitung

durchgebraten	**przesmażony** [pʃɛsmaʒɔnɨ]
gebacken	**pieczony** [p̡ɛt͡ʃɔnɨ]
gebraten	**smażony** [smaʒɔnɨ]
am Spieß	**na rożnie** [na rɔʒɲɛ]
vom Grill	**z rusztu** [z ruʃtu]
in der Pfanne	**na patelni** [na patɛlɲi]
gedämpft, gedünstet	**duszony** [duʃɔnɨ]

gefüllt	**nadziewany** [nadʑɛvanɨ]
gekocht	**gotowany** [gɔtɔvanɨ]
geräuchert	**wędzony** [vɛ̃d͡zɔnɨ]
geröstet	**smażony** [smaʒɔnɨ]
geschmort	**duszony** [duʃɔnɨ], **smażony** [smaʒɔnɨ]
überbacken	**zapiekany** [zap,ɛkanɨ]
fett	**tłusty** [twustɨ]
frisch	**świeży** [ɕv,jɛʒɨ]
gar	**gotowany** [gɔtɔvanɨ]
hart	**twardy** [tfardɨ]
heiß	**gorący** [gɔrɔ̃t͡sɨ]
kalt	**zimny** [ʑimnɨ]
mager	**chudy** [xudɨ]
roh	**surowy** [surɔvɨ]
saftig	**soczysty** [sɔt͡ʃɨstɨ]
sauer	**kwaśny** [kvaɕnɨ]
scharf	**ostry** [ɔstrɨ]
süß	**słodki** [swɔtci]
weich	**miękki** [m,ɛ̃kci]
zäh	**żylasty** [ʒɨlastɨ]
zart	**delikatny** [dɛl,ikatnɨ]

Spis potraw Speisekarte

➢ auch Frühstück (Kap. Unterkunft)

Przekąski — Vorspeisen

befsztyk tatarski [bɛfʃtɨk tatarsci]	Tatar
gotowana szynka [gɔtɔvana ʃɨnka]	gekochter Schinken
jaja w majonezie [jaja v majɔnɛʑɛ]	Eier in Majonäse
kaczka w galarecie [kat͡ʃka v galarɛt͡ɕɛ]	Ente in Aspik
śledź w oleju [ɕlɛt͡ɕ v ɔlɛju]	Hering in Öl
śledź w śmietanie [ɕlɛt͡ɕ f ɕm̦ɛtaɲɛ]	Hering in Sahne
węgorz wędzony [vɛŋgɔʃ vɛnd͡zɔnɨ]	Räucheraal
węgorz w galarecie [vɛŋgɔʃ v galarɛt͡ɕɛ]	Aal in Gelee

Zupy — Suppen

barszcz z pasztecikiem [barʃt͡ʃ s paʃtɛt͡ɕicɛm]	Rote-Bete-Suppe mit Pastete
krupnik [krupɲik]	Graupensuppe
ogórkowa z ryżem [ɔgurkɔva z rɨʒɛm]	Gurkensuppe mit Reis
pieczarkowa [p̦ɛt͡ʃarkɔva]	Champignonsuppe
pomidorowa z makaronem [pɔm̦idɔrɔva z makarɔnɛm]	Tomatensuppe mit Nudeln
rosół z makaronem [rɔsuw z makarɔnɛm]	Fleischbrühe mit Nudeln
rybna [rɨbna]	Fischsuppe
żurek [ʒurɛk]	Sauerteigsuppe

Ryby — Fischgerichte

filet z dorsza [f,ilɛt z dɔrʃa] Kabeljaufilet
filet z halibuta [f,ilɛt s xal,ibuta] Heilbuttfilet
karp [karp] Karpfen
łosoś z grila [wɔsɔɕ z gr,ila] Lachs vom Rost
pstrąg [pstrɔŋg] Forelle
sandacz [sandat͡ʃ] Zander
szczupak [ʃt͡ʃupak] Hecht
śledź [ɕlɛt͡ɕ] Hering
węgorz [vɛŋgɔʃ] Aal

Dania mięsne — Fleischgerichte

antrykot [antrɨkɔt] Entrecote
baranina [baraɲina] Hammelfleisch
befsztyk z polędwicy [bɛfʃtɨk s pɔlɛndv,it͡sɨ] Rinderfilet
boef stroganow [bɛf strɔganɔf] Boeuf Stroganoff
bryzol wieprzowy [brɨzɔl v,ɛpʃɔvɨ] Schweineschnitzel
bryzol wołowy [brɨzɔl vɔwɔvɨ] Rinderschnitzel
cielęcina [t͡ɕɛlɛ̃t͡ɕina] Kalbfleisch
golonka [gɔlɔnka] Eisbein
gulasz [gulaʃ] Gulasch
kotlet mielony [kɔtlɛt m,ɛlɔnɨ] Frikadelle
kotlet schabowy [kɔtlɛt sxabɔvɨ] Schweinskotelett
pieczeń cielęca [p,ɛt͡ʃɛɲ t͡ɕɛlɛnt͡sa] Kalbsbraten
pieczeń wieprzowa [p,ɛt͡ʃɛɲ v,ɛpʃɔva] Schweinebraten
pieczeń wołowa [p,ɛt͡ʃɛɲ vɔwɔva] Rinderbraten

szaszłyk [ʃaʃwɨk]	Schaschlik
sznycel po wiedeńsku [ʃnɨt͡ʃɛl pɔ vʲɛdɛɲsku]	Wiener Schnitzel
wieprzowina [vʲjɛpʃɔvʲina]	Schweinefleisch
wątróbka [vɔntrupka]	Leber
zrazy [zrazɨ]	Rinderrouladen

Dziczyzna i drób — Wild und Geflügel

dzik [d͡ʑik]	Wildschwein
dzika kaczka [dʑika kat͡ʃka]	Wildente
gęś [gɛ̃ɕ]	Gans
indyk [indɨk]	Pute
jeleń [jɛlɛɲ]	Hirsch
kaczka [kat͡ʃka]	Ente
królik [krulʲik]	Kaninchen
kurczak [kurt͡ʃak]	Hähnchen
sarna [sarna]	Reh
zając [zajɔnt͡s]	Hase

Dania z jaj — Eierspeisen

jajecznica na maśle [jajɛt͡ʃɲit͡sa na maɕlɛ]	Rührei auf Butter
jajecznica na szynce [jajɛt͡ʃɲit͡sa na ʃɨnt͡sɛ]	Rührei mit Schinken
jajko na miękko [jajkɔ na mʲɛ̃kɔ]	weich gekochtes Ei
jajko na twardo [jajkɔ na tfardɔ]	hart gekochtes Ei
jajko sadzone [jajkɔ sadzɔnɛ]	Spiegelei
omlet [ɔmlɛt]	Omelette

Dodatki	**Beilagen**
fasolka szparagowa [fasɔlka ʃparagɔva]	Schnittbohnen
fasolka zielona [fasɔlka ʑɛlɔna]	grüne Bohnen
frytki [frɨtci]	Pommes frites
kalafior [kalafʲɔr]	Blumenkohl
makaron [makarɔn]	Nudeln
mizeria [mʲizɛrʲja]	Gurkensalat
pieczarki [pʲɛt͡ʃarci]	Champignons
ryż [rɨʃ]	Reis
surówka [surufka]	Rohkostsalat
~ **z czerwonej kapusty** [s t͡ʃɛrvɔnɛj kapustɨ]	Rotkrautsalat
~ **z czerwonych buraczków** [s t͡ʃɛrvɔnɨx burat͡ʃkuf]	Rote-Bete-Salat
~ **z kapusty kiszonej** [s kapustɨ ciʃɔnɛj]	Sauerkrautsalat
~ **z marchwi** [z marxfʲi]	Karottensalat
~ **z pomidorów** [s pɔmʲidɔruf]	Tomatensalat
szparagi [ʃparaɟi]	Spargel
szpinat [ʃpʲinat]	Spinat
zielona sałata [ʑɛlɔna sawata]	grüner Salat
ziemniaki [ʑɛmɲaci]	Kartoffeln
~ **purée** [pʲirɛ]	Kartoffelpüree
~ **smażone** [smaʒɔnɛ]	Bratkartoffeln

Potrawy narodowe	Nationalgerichte
barszcz czerwony czysty [barʃt͡ʃ t͡ʃɛrvɔnɨ t͡ʃɨstɨ]	Klare Rote-Bete-Suppe
bigos [b̦igɔs]	Bigos (Sauerkraut mit Wurst und Fleisch, gedünstet)
flaczki wołowe [flat͡ʃci vɔwɔvɛ]	Pansensuppe
gołąbki [gɔwɔmpci]	Kohlrouladen
grochówka [grɔxufka]	Erbsensuppe
kapuśniak [kapuɕɲak]	Kohlsuppe
naleśniki [nalɛɕɲici]	Crêpes/Palatschinken
pierogi [p̦ɛrɔɟi]	Piroggen (gefüllte Teigtaschen)

Desery	Nachspeisen
bita śmietana [b̦ita ɕm̦ɛtana]	Schlagsahne
budyń [budɨɲ]	Pudding
galaretka owocowa [galarɛtka ɔvɔt͡sɔva]	Obstgelee
gruszka [gruʃka]	Birne
jabłko [japkɔ]	Apfel
kisiel [ciɕɛl]	geleeartige Obstnachspeise
krem czekoladowy [krɛm t͡ʃɛkɔladɔvɨ]	Schokoladencreme
lody [lɔdɨ]	Eis
pomarańcza [pɔmaraɲt͡ʃa]	Orange
truskawki [truskafci]	Erdbeeren

Kawiarnia	Café
herbata [xɛrbata]	Tee
herbata z cytryną [xɛrbata] s t͡sɨtrɨnɔ̃]	Tee mit Zitrone
kawa czarna [kava t͡ʃarna]	schwarzer Kaffee
kawa mrożona [kava mrɔʒɔna]	Eiskaffee
kawa z mlekiem [kava z mlɛcɛm]	Kaffee mit Milch

Lody	Eis
cytrynowe [t͡sɨtrɨnɔvɛ]	Zitroneneis
czekoladowe [t͡ʃɛkɔladɔvɛ]	Schokoladeneis
malinowe [maljinɔvɛ]	Himbeereis
truskawkowe [truskafkɔvɛ]	Erdbeereis
waniliowe [vaɲiljɔvɛ]	Vanilleeis

Ciasto	Kuchen
drożdżówka [drɔʒdʒufka]	Hefekuchen
makowiec [makɔvjɛt͡s]	Mohnkuchen
pączki [pɔ̃nt͡ʃci]	Berliner
tort [tɔrt]	Torte

Spis napojów Getränkekarte

Napoje bezalkoholowe	Alkoholfreie Getränke
sok [sɔk]	Saft
~ **jabłkowy** [japkɔvɨ]	Apfelsaft
~ **pomarańczowy** [pɔmaraɲt͡ʃɔvɨ]	Orangensaft
~ **z czarnej porzeczki** [s t͡ʃarnɛj pɔʒɛt͡ʃci]	Saft aus schwarzen Johannisbeeren
tonic [tɔɲik]	Tonicwater
woda mineralna [vɔda m̦inɛralna]	Mineralwasser

Napoje alkoholowe	Alkoholische Getränke
koniak [kɔɲjak]	Kognak
likier [l̦icɛr]	Likör
piwo [p̦ivɔ]	Bier
szampan [ʃampan]	Champagner, Sekt
winiak [v̦iɲak]	Weinbrand
wino [v̦inɔ]	Wein
~ **białe** [b̦jawɛ]	Weißwein
~ **czerwone** [t͡ʃɛrvɔnɛ]	Rotwein
~ **słodkie** [swɔtcɛ]	süßer Wein
~ **wytrawne** [vɨtravnɛ]	trockener Wein
wódka [vutka]	Wodka

Im Fremdenverkehrsamt

Ich möchte einen Stadtplan von ... haben.
Proszę o plan miasta ... [prɔʃɛ̃ ɔ plan mʲasta]

Haben Sie einen Veranstaltungskalender für diese Woche?
Czy mają państwo kalendarz imprez/informator kulturalny na ten tydzień? [t͡ʃɨ majɔ̃ paɲstfɔ kalɛndaʃ imprɛs/infɔrmatɔr kulturalnɨ na tɛn tɨd͡ʑɛɲ]

Gibt es Stadtrundfahrten?
Czy są wycieczki/przejażdżki (autokarem) po mieście? [t͡ʃɨ sɔ̃ vɨt͡ɕɛt͡ʃci/ pʃɛjaʃt͡ʃki (awtɔkarɛm) pɔ mʲɛɕt͡ɕɛ]

Was kostet die Rundfahrt?
Ile kosztuje wycieczka/przejażdżka po mieście? [ilɛ kɔʃtujɛ vɨt͡ɕɛt͡ʃka/pʃɛjaʃt͡ʃka pɔ mʲɛɕt͡ɕɛ]

Sehenswürdigkeiten – Museen

Welche Sehenswürdigkeiten gibt es hier?
Co warto tu obejrzeć? [t͡sɔ vartɔ tu ɔbɛjʒɛt͡ɕ]

Wir möchten ... besichtigen.
Chcielibyśmy zwiedzić ... [xt͡ɕɛlibɨɕmɨ zvʲɛd͡ʑit͡ɕ]

Öffnungszeiten – Führungen

Wann ist das Museum geöffnet?
Kiedy otwarte jest muzeum? [cɛdɨ otfartɛ jɛst muzɛum]

Wann beginnt die Führung?
Kiedy zaczyna się oprowadzanie? [cɛdɨ zat͡ʃɨna ɕɛ̃ ɔprɔvad͡zaɲɛ]

Gibt es auch eine Führung in Deutsch?
Czy jest także oprowadzanie po niemiecku?
[t͡ʃɨ jɛst tagʒɛ ɔprɔvad͡zaɲɛ pɔ ɲɛmʲɛt͡sku]

Darf man hier fotografieren?
Czy można tu fotografować? [t͡ʃɨ mɔʒna tu fɔtɔgrafɔvat͡ɕ]

Was? Wann? Wo?

Was für ein Platz/eine Kirche ist das?
Jaki to plac/kościół? [jaci tɔ plat͡s/kɔɕt͡ɕuw]

Ist das ...?
Czy to ...? [t͡ʃɨ tɔ]

Wann wurde dieses Gebäude erbaut/restauriert?
Kiedy zbudowano/odrestaurowano ten budynek?
[cɛdɨ zbudɔvanɔ/ɔdrɛstawrovanɔ tɛn budɨnɛk]

Von wem ist dieses Bild/ diese Plastik?
Kto namalował ten obraz/kto jest autorem tej rzeźby?
[ktɔ namalɔvaw tɛn ɔbras/ktɔ jɛst awtɔrɛm tɛj ʒɛʑbɨ]

Abtei	**opactwo** [ɔpat͡stfɔ]
Akt	**akt** [akt]
Altar	**ołtarz** [ɔwtaʃ]
Altertum	**starożytność** *f* [starɔʒɨtnɔɕt͡ɕ]
Altstadt	**stare miasto** [starɛ mʲastɔ]
Aquarell	**akwarela** [akfarɛla]
Archäologie	**archeologia** [arxɛɔlɔɟja]
Architekt	**architekt** [arxʲitɛkt]
Ausgrabungen	**wykopaliska** [vɨkɔpalʲiska]
Ausstellung	**wystawa** [vɨstava]
Barock	**barok** [barɔk]
barock	**barokowy** [barɔkɔvɨ]

Basilika	**bazylika** [bazɨlˌika]
Bauwerk	**budowla** [budɔvla]
Benediktiner	**benedyktyn** [bɛnɛdɨktɨn]
Besichtigung	**zwiedzanie** [zvˌɛd͡zaɲɛ]
Bibliothek	**biblioteka** [bˌiblˌjɔtɛka]
Bild	**obraz** [ɔbras]
Bildhauer	**rzeźbiarz** [ʒɛʑbˌjaʃ]
Bischofssitz	**siedziba biskupa** [ɕɛd͡ʑiba bˌiskupa]
Blütezeit	**rozkwit** [rɔskfˌit]
Bogen	**łuk** [wuk]
Brauchtum	**zwyczaje** ***pl*** **ludowe** [zvɨt͡ʃajɛ ludɔvɛ]
Brücke	**most** [mɔst]
Burg	**zamek** [zamɛk]
Büste	**popiersie** [pɔpˌɛrɕɛ]
byzantinisch	**bizantyjski** [bˌizantɨjsci]
Chor	**chór** [xur], **prezbiterium** ***n*** [prɛzbˌitɛrjum]
Christentum	**chrześcijaństwo** [xʃɛɕt͡ɕijaɲstfɔ]
Dach	**dach** [dax]
Decke	**sufit** [sufˌit]
Deckenmalerei	**malarstwo sufitowe** [malarstfɔ sufˌitɔvɛ]
Denkmal	**zabytek** [zabɨtɛk]
Denkmalschutz	**ochrona zabytków** [ɔxrɔna zabɨtkuf]
Dom	**katedra** [katɛdra]
Dynastie	**dynastia** [dɨnastja]
Einfluss	**wpływ** [fpwɨf]
Empore	**empora** [ɛmpɔra]
Epoche	**epoka** [ɛpɔka]
Erker	**wykusz** [vɨkuʃ]
Exponat	**eksponat** [ɛkspɔnat]
Expressionismus	**ekspresjonizm** [ɛksprɛsjɔɲism]
Fassade	**fasada** [fasada]

Fenster	**okno** [ɔknɔ]
Festung	**twierdza** [tf,iɛrd͡za]
Fotografie	**fotografia** [fɔtɔgraf,ja]
Franziskaner	**franciszkanin** [frant͡ɕiʃkaɲin]
Fremdenführer	**przewodnik** [pʃɛvɔdɲik]
Führung	**oprowadzanie** [ɔprɔvad͡zaɲɛ]
Funde	**znalezisko** [znalɛʑiskɔ]
Fürst	**książę** [kɕɔ̃ʒɛ̃]
Galerie	**galeria** [galɛrja]
Gebäude	**budynek** [budɨnɛk]
Geburtsstadt	**miasto rodzinne** [m,jastɔ rɔd͡ʑinnɛ]
Gedenkstätte	**miejsce pamięci** [m,ɛjst͡sɛ pam,ɛ̃t͡ɕi]
Gemälde	**obraz** [ɔbras], **malowidło** [malɔv,idwɔ]
Geschichte	**historia** [x,istɔr,ja]
Gewölbe	**sklepienie** [sklɛp,ɛɲɛ]
Glasmalerei	**malarstwo na szkle** [malarstfɔ na ʃklɛ]
Glocke	**dzwon** [d͡zvɔn]
Glockenspiel	**kurant** [kurant]
Gobelin	**gobelin** [gɔbɛl,in]
gotisch	**gotycki** [gɔtɨt͡sci]
Gottesdienst	**nabożeństwo** [nabɔʒɛɲstfɔ]
Grab	**grób** [grup]
Grafik	**grafika** [graf,ika]
Grundriss	*(Gebäude)* **plan** [plan]
Handelsstadt	**miasto handlowe** [m,astɔ xandlɔvɛ]
Holzschnitt	**drzeworyt** [dʒɛvɔrɨt]
Ikone	**ikona** [ikɔna]
Illustration	**ilustracja** [ilustrat͡sja]
Impressionismus	**impresjonizm** [imprɛsjɔɲism]
Innenhof	**dziedziniec** [d͡ʑɛd͡ʑiɲɛt͡s]
Inschrift	**napis** [nap,is]
Intarsien	**intarsja** [intarsja]

Jagiellonen	**Jagiellonowie** [jaɟɛllɔnɔvˌɛ]
Jahrhundert	**wiek** [vˌɛk], **stulecie** [stulɛt͡ɕɛ]
Jude	**Żyd** [ʒɨt]
jüdisch	**żydowski** [ʒɨdɔvsci]
Jugendstil	**secesja** [sɛt͡sɛsja]
Kaiser/in	**cesarz/owa** [t͡sɛsaʃ/t͡sɛsaʒɔva]
Kanzel	**ambona** [ambɔna]
Kapelle	**kaplica** [kaplˌit͡sa]
Katakomben	**katakumby** [katakumbɨ]
Kathedrale	**katedra** [katɛdra]
Keramik	**ceramika** [t͡sɛramˌika]
Kirche	**kościół** [kɔɕt͡ɕuw]
Klassizismus	**klasycyzm** [klasɨt͡sɨsm]
Kloster	**klasztor** [klaʃtɔr]
Klosterkirche	**kościół klasztorny** [kɔɕt͡ɕuw klaʃtɔrnɨ]
König/in	**król/owa** [krul/ɔva]
Kopie	**kopia** [kɔpˌja]
Kreuz	**krzyż** [kʃɨʃ]
Kreuzgang	**krużganek** [kruʒganɛk]
Kruzifix	**krucyfiks** [krut͡sɨfˌiks]
Krypta	**krypta** [krɨpta]
Kubismus	**kubizm** [kubˌism]
Kultstätte	**miejsce kultu** [mˌɛjst͡sɛ kultu]
Kunst	**sztuka** [ʃtuka]
Kunstgewerbe	**sztuka użytkowa** [ʃtuka uʒɨtkɔva]
Kupferstich	**miedzioryt** [mˌɛd͡ʑɔrɨt]
Kuppel	**kopuła** [kɔpuwa]
Langhaus	**nawa główna** [nava gwuvna]
Leuchter	**lichtarz**[lˌixtaʃ], **świecznik** [ɕfˌɛt͡ʃɲik]
Lithografie	**litografia** [lˌitɔgrafˌja]
Maler/in	**malarz/malarka** [malaʃ/malarka]
Malerei	**malarstwo** [malarstfɔ]

Markt	**rynek** [rɨnɛk]
Markthalle	**hala targowa** [xala targɔva]
Material	**materiał** [matɛr͵jaw]
Mauer	**mur** [mur]
Mittelalter	**średniowiecze** [ɕrɛdɲɔv͵ɛt͡ʃɛ]
mittelalterlich	**średniowieczny** [ɕrɛdɲɔv͵ɛt͡ʃnɨ]
Modell	**model** [mɔdɛl]
modern	**nowoczesny** [nɔvɔt͡ʃɛsnɨ]
Mongolen	**Mongołowie** [mɔngɔwɔv͵ɛ]
Mosaik	**mozaika** [mɔzaika]
Moschee	**meczet** [mɛt͡ʃɛt]
Moslem	**muzułmanin** [muzuwmaɲin]
Museum	**muzeum** [muzɛum]
Naturkundemuseum	**muzeum przyrodnicze** [muzɛum pʃɨrɔdɲit͡ʃɛ]
Obelisk	**obelisk** [ɔbɛl͵isk]
Ölmalerei	**malarstwo olejne** [malarstfɔ ɔlɛjnɛ]
Oper	**opera** [ɔpɛra]
Orgel	**organy** *pl* [ɔrganɨ]
orientalisch	**orientalny** [ɔr͵jɛntalnɨ] **wschodni** [fsxɔdɲi]
Original	**oryginał** [ɔrɨɟinaw]
Ornament	**ornament** [ɔrnamɛnt]
orthodox	**prawosławny** [pravɔswavnɨ]
Palast	**pałac** [pawat͡s]
Pergament	**pergamin** [pɛrgam͵in]
persisch	**perski** [pɛrsci]
Pfeiler	**filar** [f͵ilar], **słup** [swup]
Piasten	**Piastowie** [p͵jastɔv͵ɛ]
Pilger	**pielgrzym** [p͵ɛlgʒɨm]
Plastik	**rzeźba** [ʒɛʑba]
Platz	**plac** [plat͡s]

Portal	**portal** [pɔrtal]
Porträt	**portret** [pɔrtrɛt]
Porzellan	**porcelana** [pɔrt͡sɛlana]
Radierung	**sztych** [ʃtɨx], **sucha igła** [suxa igwa]
Rathaus	**ratusz** [ratuʃ]
rekonstruieren	**rekonstruować** [rɛkɔnstruɔvat͡ɕ]
Relief	**relief** [rɛl̦jɛf]
Religion	**religia** [rɛl̦iɟja]
Renaissance	**renesans** [rɛnɛsans]
restaurieren	**restaurować** [rɛstawrɔvat͡ɕ]
Rokoko	**rokoko** [rɔkɔkɔ]
Romanik	**romańszczyzna** [rɔmaɲʃt͡ʃɨzna]
Romantik	**romantyzm** [rɔmantɨsm]
römisch	**rzymski** [ʒɨmsci]
Rosette	**rozeta** [rɔzɛta]
Ruine	**ruina** [ruina]
Rundfahrt	**wycieczka/przejażdżka (autokarem)** [vit͡ɕɛt͡ʃka/pʃɛjaʃt͡ʃka (awtɔkarɛm)]
Rundstein	**kamień runiczny** [kam̦ɛɲ ruɲit͡ʃnɨ]
Sarkophag	**sarkofag** [sarkɔfak]
Säule	**kolumna** [kɔlumna]
Schatzkammer	**skarbiec** [skarb̦ɛt͡s]
Schiff	**nawa** [nava]
Schloss	**zamek** [zamɛk]
Schnitzerei	**snycerstwo** [snɨt͡sɛrstfɔ]
Sehenswürdigkeiten	**rzeczy warte zobaczenia** [ʒɛt͡ʃɨ vartɛ zɔbat͡ʃɛɲa], **osobliwości** [ɔsɔbl̦ivɔɕt͡ɕi]
Skulptur	**rzeźba** [ʒɛʑba]
Slawen	**Słowianie** [swɔv̦jaɲɛ]
slawisch	**słowiański** [swɔv̦jaɲsci]
Stadtmauer	**mury** *pl* **miejskie** [murɨ m̦ɛjscɛ]

Stadtrundfahrt	**wycieczka/przejażdżka (autokarem) po mieście** [vɨt͡ɕɛt͡ʃka/pʃɛjaʃt͡ʃka (awtɔkarɛm) pɔ mʲɛɕt͡ɕɛ]
Statue	**statua** [statua]
Stil	**styl** [stɨl]
Stillleben	**martwa natura** [martfa natura]
Stuck	**stiuk** [stjuk]
Studienreise	**podróż studyjna** [pɔdruʃ studɨjna], **wyprawa naukowa** [vɨprava naukɔva]
Surrealismus	**surrealizm** [surrɛalʲism]
Symbolismus	**symbolizm** [sɨmbɔlʲism]
Synagoge	**synagoga** [sɨnagɔga], **bóżnica** [buʒɲit͡sa]
Tataren	**Tatarzy** [tataʒɨ]
Taufbecken	**chrzcielnica** [xʃt͡ɕɛlɲit͡sa]
Tempel	**świątynia** [ɕfʲjɔntɨɲa]
Teppich	**dywan** [dɨvan]
Terrakotta	**terakota** [tɛrakɔta]
Theater	**teatr** [tɛatr]
Töpferei	**garncarstwo** [garnt͡sarstfɔ]
Tor	**brama** [brama]
Türken	**Turcy** [turt͡sɨ]
Turm	**wieża** [vʲɛʒa]
Tusche	**tusz**[tuʃ]
Überreste	**pozostałości** [pɔzɔstawɔɕt͡ɕi]
Universität	**uniwersytet** [uɲivɛrsɨtɛt]
Volkskundemuseum	**muzeum etnograficzne** [muzɛum ɛtnɔgrafʲit͡ʃnɛ]
vorgeschichtlich	**przedhistoryczny** [pʃɛtxʲistɔrit͡ʃnɨ]
Wahrzeichen	**godło** [gɔdwɔ], **symbol** [sɨmbɔl]
Wallfahrtskirche	**kościół pielgrzymkowy** [kɔɕt͡ɕuw pʲɛlgʒɨmkɔvɨ]

Wandmalerei	**malarstwo ścienne** [malarstfɔ ɕt͡ɕɛnnɛ]
Weberei	**tkalnia** [tkalɲa]
Werk	**dzieło** [d͡ʑɛwɔ]
wieder aufbauen	**odbudowywać/odbudować** [ɔdbudɔvɨvat͡ɕ/ɔdbudɔvat͡ɕ]
Zeichnung	**rysunek** [rɨsunɛk]
Zisterzienser	**Cysters** [t͡sɨstɛrs]
Zitadelle	**cytadela** [t͡sɨtadɛla]

Ausflüge

Wie wär's einmal mit folgenden Ausflügen?
Puszcza Białowieska im Nordosten Polens: Nationalpark, in dem seltene Tiere leben, besonders Bisons.
Marienburg (polnisch: **Malbork**) in Westpreußen: gotische Kreuzritterburg.
Zamość, 75 km südöstlich von Lublin: Altstadt mit Renaissance- und Barockbauten.
Oliwa: Wer in Danzig ist, sollte nicht versäumen, den Stadtteil Oliwa zu besuchen. Im Dom von Oliwa befindet sich eine sehens- und hörenswerte Orgel.

Kann man von hier aus … sehen?
Czy widać stąd … ? [t͡ʃɨ vʲidat͡ɕ stɔ̃t]

In welcher Richtung liegt …?
W którym kierunku leży …? [f kturɨm cɛrunku lɛʒɨ]

Kommen wir am/an … vorbei?
Czy będziemy przechodzić/ przejeżdżać obok … ? [t͡ʃɨ bɛ̃d͡ʑɛmɨ pʃɛxɔd͡ʑit͡ɕ/pʃɛjɛʒd͡ʒat͡ɕ ɔbɔk]

Besuchen wir auch …?
Czy zwiedzimy też …? [t͡ʃɨ zvʲɛd͡ʑimɨ tɛʃ]

Wie viel freie Zeit haben wir in ...?
Ile wolnego czasu mamy w ...? [ilɛ vɔlnɛgɔ t͡ʃasu mamɨ v]

Wann fahren wir zurück?
Kiedy wracamy z powrotem? [cɛdɨ vrat͡samɨ spɔvrɔtɛm]

Wann werden wir zurück sein?
Kiedy będziemy z powrotem? [cɛdɨ bɛnd͡ʑɛmɨ spɔvrɔtɛm]

Ausflug	**wycieczka** [vɨt͡ɕɛt͡ʃka]
Aussichtspunkt	**miejsce widokowe** [mʲɛjst͡sɛ vʲidɔkɔvɛ], **punkt widokowy** [punkt vʲidɔkɔvɨ]
Bauernhof	**zagroda chłopska** [zagrɔda xwɔpska]
Bergdorf	**wieś góralska** [vʲɛɕ guralska]
Botanischer Garten	**ogród botaniczny** [ɔgrut bɔtaɲit͡ʃnɨ]
Drehorgel	**katarynka** [katarɨnka]
Feuerwerk	**fajerwerki** [fajɛrvɛrci], **sztuczne ognie** [ʃtut͡ʃnɛ ɔgɲɛ]
Fischerhafen	**port rybacki** [pɔrt rɨbat͡sci]
Fischerort	**miejscowość rybacka** [mʲɛjst͡sɔvɔɕt͡ɕ rɨbat͡ska]
Freilichtmuseum	**skansen** [skansɛn]
Freizeitpark	**park wypoczynku** [park vɨpɔt͡ʃɨnku]
Gebirge	**góry** *pl* [gurɨ]
Grotte	**grota** [grɔta]
Heide	**łąka** [wɔ̃ka], **wrzosowisko** [vʒɔsɔvʲiskɔ]
Herrenhaus	**dwór (szlachecki)** [dvur (ʃlaxɛt͡sci)]
Höhle	**jaskinia** [jasciɲa], **grota** [grɔta]
Landschaft	**pejzaż** [pɛjzaʃ]
malerisch	**malowniczy** [malɔvɲit͡ʃɨ]
Markt	**rynek** [rɨnɛk]
Markthalle	**hala targowa** [xala targɔva]
Mühle	**młyn** [mwɨn]

Museumsdorf	**skansen** [skansɛn]
Nationalpark	**park narodowy** [park narɔdɔvɨ]
Naturschutzgebiet	**rezerwat przyrody** [rɛzɛrvat pʃɨrɔdɨ]
Pass	**paszport** [paʃpɔrt]
Planetarium	**planetarium** [planɛtarʲjum]
Platz	**plac** [plat͡s]
Rundblick	**panorama** [panɔrama]
Rundfahrt	**wycieczka/przejażdżka (autokarem)** [vɨt͡ɕɛt͡ʃka/pʃɛjaʃt͡ʃka (awtɔkarɛm)]
Schlucht	**wąwóz** [vɔ̃vus]
See	*(Binnengewässer)* **jezioro** [jɛʑɔrɔ]; *(Meer)* **morze** [mɔʒɛ]
Stausee	**zalew** [zalɛf]
Sternwarte	**obserwatorium astronomiczne** [ɔpsɛrvatɔrʲjum astrɔnɔmʲit͡ʃnɛ]
Tagesausflug	**wycieczka jednodniowa** [vɨt͡ɕɛt͡ʃka jɛdnɔdɲɔva]
Tal	**dolina** [dɔlʲina]
Tropfsteinhöhle	**grota wapienna** [grɔta vapʲɛnna]
Uferpromenade	**promenada nadbrzeżna** [prɔmɛnada nadbʒɛʒna]
Umgebung	**okolica** [ɔkɔlʲit͡sa]
Vogelschutzgebiet	**rezerwat ptaków** [rɛzɛrvat ptakuf]
Wald	**las** [las]
Wallfahrtsort	**miejsce pielgrzymkowe** [mʲɛjst͡sɛ pʲɛlgʒɨmkɔvɛ]
Wasserfall	**wodospad** [vɔdɔspat]
Wildreservat	**zwierzyniec** [zvʲɛʒɨɲɛt͡s]
Zoo	**ogród zoologiczny** [ɔgrut zɔɔlɔɟit͡ʃnɨ], **zoo** [zɔɔ]

Badeurlaub

Gibt es hier ein …
Czy jest tu … [t͡ʃɨ jɛst tu]

Freibad?
kąpielisko [kɔmpˌɛliskɔ] / **basen?** [basɛn]

Hallenbad?
kryty basen? [krɨtɨ basɛn]

Eine Eintrittskarte, bitte.
Proszę bilet. [prɔʃɛ̃ bˌilɛt]

Tylko dla pływaków!
Nur für Schwimmer!

Kąpiel wzbroniona!
Baden verboten!

Skoki do wody wzbronione!
Hineinspringen verboten!

Ist der Strand sandig oder steinig?
Czy ta plaża jest piaszczysta, czy kamienista?
[t͡ʃɨ ta plaʒa jɛst pʲjaʃt͡ʃɨsta, t͡ʃɨ kamʲɛɲista]

Ist die Strömung stark?
Czy prąd jest silny? [t͡ʃɨ prɔnt jɛst ɕilnɨ]

Ist es für Kinder gefährlich?
Czy to niebezpieczne dla dzieci? [t͡ʃɨ tɔ ɲɛbɛspʲɛt͡ʃnɛ dla d͡ʑɛt͡ɕi]

Ich möchte ... mieten.
Chciałbym/chciałabym wynająć ... [xt͡ɕawbɨm/xt͡ɕawabɨm vɨnajɔɲt͡ɕ]

Bad	**kąpielisko** [kɔmpʲɛlʲiskɔ]
Bademeister/in	**ratownik/ratowniczka** [ratɔvɲik/ratɔvɲit͡ʃka]
Badeort	**kąpielisko** [kɔmpʲɛlʲiskɔ]
Dusche	**prysznic** [prɨʃɲit͡s]
FKK-Strand	**plaża dla nudystów** [plaʒa dla nudɨstuf]
Kiesel	**otoczak** [ɔtɔt͡ʃak]
Liegestuhl	**leżak** [lɛʒak]
Liegewiese	**trawnik do leżenia** [travɲik dɔ lɛʒɛɲa]
Luftmatratze	**materac turystyczny** [matɛrat͡s turɨstɨt͡ʃnɨ]
Meerwasser-Schwimmbad	**basen z wodą morską** [basɛn zvɔdɔ̃ mɔrskɔ̃]
Nichtschwimmer	**nie umiejący/*f* nie umiejąca pływać** [ɲɛ umʲɛjɔ̃t͡sɨ/ɲɛ umʲɛjɔ̃t͡sa pwɨvat͡ɕ]
Privatstrand	**plaża prywatna** [plaʒa prɨvatna]
Sand	**piasek** [pʲjasɛk]
Sandburg	**zamek z piasku** [zamɛk spʲjasku]

Schlauchboot	**ponton** [pɔntɔn]
Schnorchel	**rurka do oddychania** [rurka dɔ ɔddɨxaɲa]
Schwimmbad	**basen** [basɛn]
schwimmen	**pływać** [pwɨvat͡ɕ]
Schwimmer/in	**pływak/pływaczka** [pwɨvak/pwɨvat͡ʃka]
Schwimmflossen	**płetwy** [pwɛtfɨ]
Schwimmring	**koło ratunkowe** [kɔwɔ ratunkɔvɛ]
Sonnenschirm	**parasol od słońca** [parasɔl ɔt swɔɲt͡sa]
Sprungbrett	**skocznia** [skɔt͡ʃɲa]
Strand	**plaża** [plaʒa]
Strandbad	**kąpielisko** [kɔmp,ɛl,iskɔ]
Surfbrett	**deska do surfowania** [dɛska dɔ sɛrfɔvaɲa]
surfen	**surfować** [sɛrfɔvat͡ɕ]
tauchen	**nurkować** [nurkɔvat͡ɕ]
Taucheranzug	**skafander do nurkowania** [skafandɛr dɔ nurkɔvaɲa]
Taucherausrüstung	**sprzęt do nurkowania** [spʃɛnt dɔ nurkɔvaɲa]
Taucherbrille	**okulary do nurkowania** [ɔkularɨ dɔ nurkɔvaɲa]
Tretboot	**rower wodny** [rɔvɛr vɔdnɨ]
Umkleidekabine	**szatnia** [ʃatɲa]

Aktivurlaub und Sport

Welche Sportmöglichkeiten gibt es hier?
Jaki sport można tu uprawiać? [jaci spɔrt mɔʒna tu upravʲat͡ɕ]

Gibt es hier einen Golfplatz/ einen Tennisplatz?
Czy jest tu pole golfowe/kort tenisowy?
[t͡ʃɨ jɛst tu pɔlɛ gɔlfɔvɛ/kɔrt tɛɲisɔvɨ]

Wo kann man hier angeln?
Gdzie można tu wędkować? [gd͡ʑɛ mɔʒna tu vɛntkɔvat͡ɕ]

Ich möchte eine Bergtour machen.
Chciałbym/chciałabym przejść którymś górskim szlakiem.
[xt͡ɕawbɨm/ xtɕawabɨm pʃɛjɕt͡ɕ kturɨmɕ gurscim ʃlacɛm]

Können Sie mir eine interessante Route auf der Karte zeigen?
Czy może mi pan/pani pokazać na mapie jakiś interesujący szlak?
[t͡ʃɨ mɔʒɛ mʲi pan/paɲi pɔkazat͡ɕ na mapʲɛ jaciɕ intɛrɛsujɔ̃t͡sɨ ʃlak]

Wo kann ich ... ausleihen?
Gdzie mogę wypożyczyć ... ? [gd͡ʑɛ mɔgɛ̃ vɨpɔʒɨt͡ʃɨt͡ɕ]

Ich möchte einen ...-Kurs machen.
Chciałbym/chciałabym zapisać się na kurs ...
[xt͡ɕawbɨm/xt͡ɕawabɨm zapʲisat͡ɕ ɕɛ̃ na kurs]

Aerobic	**aerobik** [aɛrɔbʲik]
Aktivurlaub	**czynny wypoczynek** [t͡ʃɨnnɨ wɨpɔt͡ʃɨnɛk]
Anfänger/in	**początkujący/początkująca** [pɔt͡ʃɔntkujɔnt͡sɨ/pɔt͡ʃɔntkujɔnt͡sa]
Angel	**wędka** [vɛntka]
Angelschein	**karta wędkarska** [karta vɛntkarska]
Ausritt	**przejażdżka konna** [pʃɛjaʃt͡ʃka kɔnna]

Badminton	**badminton** [badm̦intɔn], **kometka** [kɔmɛtka]
Ball	**piłka** [p̦iwka]
Basketball	**koszykówka** [kɔʃɨkufka]
Bergsteigen	**wspinaczka wysokogórska** [fsp̦inat͡ʃka vɨsɔkɔgurska]
Bootsverleih	**wypożyczalnia łodzi** [vɨpɔʒɨt͡ʃalɲa wɔd͡ʑi]
Doppel	**gra podwójna** [gra pɔdvujna], **dubel** [dubɛl]
Drachenfliegen	**latanie lotnią** [lataɲɛ lɔtɲɔ̃]
Einzel	**gra pojedyncza** [gra pɔjɛdɨnt͡ʃa]
Eisbahn	**tor lodowy** [tɔr lɔdɔvɨ]
Eishockey	**hokej na lodzie** [hɔkɛj na lɔd͡ʑɛ]
Eiskunstlauf	**jazda figurowa na lodzie** [jazda f̦igurɔva na lɔd͡ʑɛ]
Eislauf	**jazda na łyżwach** [jazda na wɨʒvax]
Fahrrad	**rower** [rɔvɛr]
Drei-/Zehngangrad	**rower z trzema/dziesięcioma przerzutkami** [rɔvɛr s tʃɛma/d͡ʑɛɕɛɲt͡ɕɔma pʃɛʒutkam̦i]
Mountain bike	**Mountain bike** [mɔ̃tɛn bajk]
Rennrad	**rower wyścigowy** [rɔvɛr vɨɕt͡ɕigɔvɨ]
Fallschirmspringen	**skoki spadochronowe** [skɔci spadɔxrɔnɔvɛ]
Federball	**kometka** [kɔmɛtka]
Fitnesscenter	**siłownia** [ɕiwɔvɲa], **klub kulturystyczny** [klup kulturɨstɨt͡ʃnɨ]
Fortgeschrittene/r	**zaawansowany/zaawansowana** [zaavansɔvanɨ/zaavansɔvana]
Fußball	**piłka nożna** [p̦iwka nɔʒna]

Fußballmannschaft	**drużyna piłki nożnej** [druʒɨna p̦iwci nɔʒnɛj]
Fußballplatz	**boisko do gry w piłkę nożną** [bɔiskɔ dɔ grɨ fp̦iwkɛ̃ nɔʒnɔ̃]
Fußballspiel	**mecz piłki nożnej** [mɛt͡ʃ p̦iwci nɔʒnɛj]
Golf	**golf** [gɔlf]
Golfplatz	**pole golfowe** [pɔlɛ gɔlfɔvɛ]
Golfschläger	**kij golfowy** [cij gɔlfɔvɨ]
Gymnastik	**gimnastyka** [ɟimnastɨka]
Handball	**piłka ręczna** [p̦iwka rɛnt͡ʃna]
Hockey	**hokej** [xɔkɛj]
Jazztanz	**taniec jazzowy** [taɲɛt͡s d͡ʒɛzɔvɨ]
joggen	**uprawiać jogging** [uprav̦at͡ɕ jɔgɟiŋg], **biegać po zdrowie** [b̦ɛgat͡ɕ pɔ zdrɔv̦ɛ]
Jogging	**jogging** [jɔgɟiŋg], **bieg po zdrowie** [b̦ɛg pɔ zdrɔv̦ɛ]
Judo	**judo** [d͡ʒudɔ]
Kanadier	**kanadyjka** [kanadɨjka]
Kanu	**kajak** [kajak]
Karate	**karate** [karatɛ]
kegeln	**grać w kręgle** [grat͡ɕ fkrɛŋglɛ]
Konditionstraining	**trening kondycyjny** [trɛɲiŋg kɔndɨt͡sɨjnɨ]
Kurs	**kurs** [kurs]
Leichtathletik	**lekkoatletyka** [lɛkkɔatlɛtɨka]
Minigolf	**minigolf** [m̦iɲigɔlf]
Motorboot	**motorówka** [mɔtɔrufka]
Motorsport	**sport motorowy** [spɔrt mɔtɔrɔvɨ], **żużel** [ʒuʒɛl]
Pferd	**koń** [kɔɲ]
Rad fahren	**jeździć na rowerze** [jɛʑd͡ʑit͡ɕ na rɔvɛʒɛ]
Radsport	**kolarstwo** [kɔlarstfɔ]

Radtour	**wycieczka rowerowa** [vɨt͡ɕɛt͡ʃka rɔvɛrɔva]
reiten	**jeździć konno** [jɛʑd͡ʑit͡ɕ kɔnnɔ]
Reitsport	**jeździectwo** [jɛʑd͡ʑɛt͡stfɔ]
Ringkampf	**zapasy** [zapasɨ]
Ruderboot	**łódź** *f* [wut͡ɕ]
rudern	**wiosłować** [vʲɔswɔvat͡ɕ]
Rugby	**rugby** *f* [rugbɨ]
Sauna	**sauna** [sawna]
Schlepplift	**wyciąg narciarski** [vɨt͡ɕɔŋg nart͡ɕarsci]
Schlitten	**sanki** *pl* [sanci]
Schlitten fahren	**jazda na sankach** [jazda na sankax]
Schlittschuhe	**łyżwy** [wɨʒvɨ]
Segelboot	**żaglówka** [ʒaglufka]
Segelfliegen	**latanie szybowcem** [lataɲɛ ʃɨbɔft͡sɛm]
segeln	**żeglować** [ʒɛglɔvat͡ɕ]
Seilbahn	**kolejka linowa** [kɔlɛjka lʲinɔva]
Sessellift	**wyciąg krzesełkowy** [vɨt͡ɕɔŋk kʃɛsɛwkɔvɨ]
Skateboard	**deskorolka** [dɛskɔrɔlka]
Ski	**narty** *pl* [nartɨ]
Skibindung	**wiązania** *pl* **narciarskie** [vʲɔ̃zaɲa nart͡ɕarscɛ]
Skibrille	**gogle** [gɔglɛ], **okulary** *pl* **narciarskie** [ɔkularɨ nart͡ɕarscɛ]
Skikurs	**kurs narciarski** [kurs nart͡ɕarsci]
Skilanglauf	**bieg na nartach** [bʲɛk na nartax]
Ski laufen	**jeżdżenie na nartach** [jɛʒd͡ʒɛɲɛ na nartax]
Skilehrer	**instruktor narciarski** [instruktɔr nart͡ɕarsci]
Skipiste	**trasa narciarska** [trasa nart͡ɕarska]

Skistöcke	**kijki do nart** [cijci dɔ nart]
Solarium	**solarium** [sɔlar͵jum]
Tennis	**tenis** [tɛɲis]
Tennisschläger	**rakieta tenisowa** [racɛta tɛɲisɔva]
Tischtennis	**tenis stołowy** [tɛɲis stɔwɔvɨ]
Tor	**bramka** [bramka]
Torwart	**bramkarz** [bramkaʃ]
Trainer	**trener** [trɛnɛr]
Turnen	**gimnastyka** [ɟimnastɨka]
Volleyball	**siatkówka** [ɕatkufka]
Wanderkarte	**mapa turystyczna** [mapa turɨstɨt͡ʃna]
wandern	**wędrować** [vɛndrɔvat͡ɕ]
Wanderweg	**szlak turystyczny** [ʃlak turɨstɨ t͡ʃnɨ]
Wasserball	**piłka wodna** [p͵iwka vɔdna]

Sportveranstaltungen besuchen

Welche Sportveranstaltungen gibt es hier?
Jakie są tu imprezy sportowe? [jacɛ sɔ̃ tu imprɛzɨ spɔrtɔvɛ]

Ich möchte mir das Fußballspiel/das Pferderennen ansehen.
Chciałbym/chciałabym zobaczyć mecz piłki nożnej/wyścigi konne. [xt͡ɕawbɨm/xt͡ɕawabɨm zɔbat͡ʃɨt͡ɕ mɛt͡ʃ p͵iwci nɔʒnɛj/vɨɕt͡ɕiɟi kɔnnɛ]

Wann/Wo findet es statt?
Kiedy/gdzie się to odbywa? [cɛdɨ/gd͡ʑɛ ɕɛ̃ tɔ ɔdbɨva]

Eintrittskarte	**bilet wstępu** [b͵ilɛt fstɛmpu]
gewinnen	**wygrywać/wygrać** [vɨgrɨvat͡ɕ/vɨgrat͡ɕ]
Halbzeit	**pierwsza (druga) połowa** [p͵ɛrfʃa (druga) pɔwɔva]
Kasse	**kasa** [kasa]
Niederlage	**porażka** [pɔraʃka]

Pferderennen	**wyścigi** *pl* **konne** [vi̇çt͡çiɟi kɔnnɛ]
Radrennen	**wyścig kolarski** [vi̇çt͡çik kɔlarsci]
Rennen	**wyścig** [vi̇çt͡çik], **wyścigi** *pl* [vi̇çt͡çiɟi]
Schiedsrichter	**sędzia** [sɛɲd͡ʑa], **arbiter** [arbʲitɛr]
Sieg	**zwycięstwo** [zvi̇t͡çɛ̃stfɔ]
Spiel	**mecz** [mɛt͡ʃ]
Sportler/in	**sportowiec/sportsmenka** [spɔrtɔvʲɛt͡s/spɔrtsmɛnka]
Start	**start** [start]
unentschieden	**remis** [rɛmʲis]
verlieren	**przegrywać/przegrać** [pʃɛgri̇vat͡ç/pʃɛgrat͡ç]
Wettkampf	**zawody** *pl* [zavɔdi̇], **mecz** [mɛt͡ʃ]

UNTERHALTUNG

Theater – Konzert – Kino

Welches Stück wird heute Abend (im Theater) gespielt?
Jaka sztuka będzie grana dziś wieczorem (w teatrze)?
[jaka ʃtuka bɛ̃d͡ʑɛ grana d͡ʑiɕ vˌɛt͡ʃɔrɛm (ftɛatʃɛ)]

Was läuft morgen Abend im Kino?
Co grają jutro wieczorem w kinie?
[t͡sɔ grajɔ̃ jutrɔ vˌɛt͡ʃɔrɛm fciɲɛ]

Werden im Dom Konzerte veranstaltet?
Czy w katedrze odbywają się koncerty?
[t͡ʃɨ fkatɛdʒɛ ɔdbɨvajɔ̃ ɕɛ̃ kɔnt͡sɛrtɨ]

Wann beginnt die Vorstellung?
Kiedy zaczyna się przedstawienie/
(Kino) seans? [cɛdɨ zat͡ʃɨna ɕɛ̃ pʃɛtstavˌiɛɲɛ/sɛans/sɛ s]

Wo bekommt man Karten?
Gdzie można kupić bilety? [gd͡ʑɛ mɔʒna kupˌit͡ɕ bˌilɛtɨ]

Bitte zwei Karten für heute Abend.
Proszę dwa bilety na dzisiejszy wieczór.
[prɔʃɛ̃ dva bˌilɛtɨ na d͡ʑiɕɛjʃɨ vˌɛt͡ʃur]

Bitte zwei Plätze zu ...
Proszę dwa bilety na ... [prɔʃɛ̃ dva bˌilɛtɨ na]

Zwei Erwachsene, ein Kind.
Dwoje dorosłych, jedno dziecko. [dvɔjɛ dɔrɔswɨx, jɛdnɔ d͡ʑɛt͡skɔ]

Kann ich bitte ein Programm haben?
Czy mogę prosić o program? [t͡ʃɨ mɔgɛ̃ prɔɕit͡ɕ ɔ prɔgram]

Wo ist die Garderobe?
Gdzie jest szatnia? [gd͡ʑɛ jɛst ʃatɲa]

Eintrittskarte	**bilet wstępu** [b̦ilɛt fstɛmpu]
Festival	**festiwal** [fɛsțival]
Festspiele	**festiwal (teatralny, filmowy)** [fɛsțival (tɛatralnɨ, f̦ilmɔvɨ)]
Freilufttheater	**teatr letni** [tɛatr lɛtɲi]
Garderobe	**szatnia** [ʃatɲa]
Jahrmarkt	**jarmark** [jarmark]
Kasse	**kasa** [kasa]
Nachmittagsvorstellung	**przedstawienie popołudniowe** [pʃɛtstav̦ɛɲɛ pɔpɔwudɲɔvɛ]
Pause	**przerwa** [pʃɛrva]
Premiere	**premiera** [prɛm̦ɛra]
Programm	**program** [prɔgram]
Spielplan	**plan przedstawień** [plan pʃɛtstav̦ɛɲ]
Veranstaltungskalender	**kalendarz imprez** [kalɛndaʃ imprɛs]
Vorstellung	**przedstawienie** [pʃɛtstav̦ɛɲɛ]
Vorverkauf	**przedsprzedaż** *f* [pʃɛtspʃɛdaʃ]
Zirkus	**cyrk** [t͡sɨrk]

Theater

Akt	**akt** [akt]
Aufführung	**przedstawienie** [pʃɛtstav̦ɛɲɛ]
Ballett	**balet** [balɛt]
Drama	**dramat** [dramat]
Inszenierung	**inscenizacja** [inst͡sɛɲizat͡sja]
Kabarett	**kabaret** [kabarɛt]
Kleinkunstbühne	**kabaret** [kabarɛt]
Komödie	**komedia** [kɔmɛd̦ja]
Loge	**loża** [lɔʒa]
Oper	**opera** [ɔpɛra]
Operette	**operetka** [ɔpɛrɛtka]

Parkett	**parter** [partɛr]
Rang	**środek** [ɕrɔdɛk]
Schauspiel	**dramat** [dramat]
Schauspieler/in	**aktor/ka** [aktɔr/ka]
Tänzer/in	**tancerz/tancerka** [tant͡sɛʃ/tant͡sɛrka]
Theaterstück	**sztuka teatralna** [ʃtuka tɛatralna]
Tragödie	**tragedia** [tragɛdʲja]
Variété	**varietes** [varʲjɛtɛ]

Konzert

Begleitung	**towarzystwo** [tɔvaʒɨstfɔ]
Chor	**chór** [xur]
Dirigent	**dyrygent** [dɨrɨgɛnt]
Komponist/in	**kompozytor/ka** [kɔmpɔzɨtɔr/ka]
Konzert	**koncert** [kɔnt͡sɛrt]
Jazzkonzert	**koncert jazzowy** [kɔnt͡sɛrt d͡ʒɛzɔvɨ]
Kammerkonzert	**koncert kameralny** [kɔnt͡sɛrt kamɛralnɨ]
Kirchenkonzert	**koncert muzyki religijnej (w kościele)** [kɔnt͡sɛrt muzɨci rɛlʲigijnɛj (fkɔɕt͡ɕɛlɛ)]
Popkonzert	**koncert muzyki pop** [kɔnt͡sɛrt muzɨci pɔp]
Sinfoniekonzert	**koncert symfoniczny** [kɔnt͡sɛrt sɨmfɔɲit͡ʃnɨ]
Musical	**komedia muzyczna** [kɔmɛdʲja muzɨt͡ʃna]
Orchester	**orkiestra** [ɔrcɛstra]
Sänger/in	**śpiewak/śpiewaczka** [ɕpʲɛvak/spʲɛvat͡ʃka]
Singspiel	**śpiewogra** [ɕpʲɛvɔgra], **komedia muzyczna** [kɔmɛdʲja muzɨt͡ʃna]
Solist/in	**solista/solistka** [sɔlʲista/sɔlʲistka]

Kino

Film	**film** [f,ilm]
Filmschauspieler/in	**aktor/ka filmowy/filmowa** [aktɔr/ka f,ilmɔvɨ/f,ilmɔva]
Hauptrolle	**rola główna** [rɔla gwuvna]
Kino	**kino** [cinɔ]
Freilichtkino	**kino letnie** [cinɔ lɛtɲɛ]
Originalfassung	**wersja oryginalna** [vɛrsja ɔriɟinalna]
Regie	**reżyseria** [rɛʒɨsɛr,ja]
Regisseur/in	**reżyser** [rɛʒɨsɛr]
Untertitel	**podtytuł** [pɔttɨtuw]

Nachtleben

Was kann man hier abends unternehmen?
Jak można tu spędzić wieczór? [jak mɔʒna tu spɛɲd͡ʑit͡ɕ v,ɛt͡ʃur]

Gibt es hier eine gemütliche Kneipe?
Czy jest tu jakaś miła knajpa? [t͡ʃɨ jɛst tu jakaɕ m,iwa knajpa]

Wo kann man hier tanzen gehen?
Gdzie tu można iść potańczyć? [gd͡ʑɛ tu moʒna iɕt͡ɕ pɔtaɲt͡ʃɨt͡ɕ]

Ein Bier, bitte.
Piwo, proszę. [p,ivɔ, prɔʃɛ̃]

Das Gleiche noch einmal.
Jeszcze raz to samo. [jɛʃt͡ʃɛ ras tɔ samɔ]

Diese Runde übernehme ich.
Stawiam tę kolejkę. [stav,jam tɛ̃ kɔlɛjkɛ̃]

Wollen wir (noch einmal) tanzen?
Czy moglibyśmy (jeszcze raz) zatańczyć?
[t͡ʃɨ mɔgl,ibɨɕmɨ (jɛʃt͡ʃɛ ras) zataɲt͡ʃɨt͡ɕ]

ausgehen	**wychodzić/wyjść** [vɨxɔd͡ʑit͡ɕ/vɨjɕt͡ɕ]
Band	**band** [bant], **orkiestra taneczna** [ɔrcɛstra tanɛt͡ʃna]; *fam* **kapela** [kapɛla]
Bar	**bar** [bar]
Discjockey	**discjockey** [d,iskd͡ʒɔkɛj]
Diskothek	**dyskoteka** [dɨskɔtɛka]
Folklore	**folklor** [fɔlklɔr]
Folkloreabend	**wieczór folklorystyczny** [v,ɛt͡ʃur fɔlklɔrɨstɨt͡ʃnɨ]
Folkloremusik	**muzyka ludowa** [muzɨka ludɔva]
Kneipe	**knajpa** [knajpa]
Live-Musik	**live-music** [lajfmjuzik], **muzyka na żywo** [muzɨka na ʒɨvɔ]
Nachtclub	**klub nocny** [klup nɔt͡snɨ]
Party	**party** [partɨ], **prywatka** [prɨvatka]
Show	**show** *n* [ʃɔw]
Spielcasino	**kasyno gry** [kasɨnɔ grɨ]
tanzen	**tańczyć/zatańczyć** [taɲt͡ʃɨt͡ɕ/zataɲt͡ʃɨt͡ɕ]
Tanzkapelle	**orkiestra taneczna** [ɔrcɛstra tanɛt͡ʃna]
Tanzmusik	**muzyka taneczna** [muzɨka tanɛt͡ʃna]

Fragen – Preise

Werden Sie schon bedient?
Czym mogę służyć? [t͡ʃɨm mɔgɛ̃ swuʒɨt͡ɕ]

Danke, ich sehe mich nur um.
Dziękuję, oglądam tylko. [d͡ʑɛŋkujɛ̃, ɔglɔndam tɨlkɔ]

Ich möchte …
Chciałbym/chciałabym … [xt͡ɕawbɨm/xt͡ɕawabɨm]

Haben Sie …?
Czy ma pan/pani … ? [tʃɨ ma pan/paɲi]

Bitte …
Proszę … [prɔʃɛ̃]

ein paar …
kilka … [cilka]

ein Stück …
m jeden …, *f* jedną …, *n* jedno … [jɛdɛn …, jɛdnɔ̃ …, jɛdnɔ]

Wie viel kostet es?
Ile to kosztuje? [ilɛ tɔ kɔʃtujɛ]

Kann ich mit Kreditkarte bezahlen?
Czy mogę zapłacić kartą kredytową?
[t͡ʃɨ mɔgɛ̃ zapwat͡ɕit͡ɕ kartɔ̃ krɛdɨtɔvɔ̃]

Geschäfte

Wo finde ich ...?
Gdzie dostanę ...? [gd͡ʑɛ dɔstanɛ̃]

Können Sie mir ein ...-Geschäft empfehlen?
Czy może mi pan/pani polecić jakiś sklep z *+instr* ...?
[t͡ʃɨ mɔʒɛ mʲi pan/paɲi pɔlɛt͡ɕit͡ɕ jaciɕ sklɛp z]

godziny otwarcia Öffnungszeiten	otwarty offen	zamknięty geschlossen	zamknięte z powodu urlopu Betriebsferien

Antiquariat	**antykwariat** [antɨkfarʲjat]
Antiquitätengeschäft	**sklep z antykami** [sklɛp zantɨkamʲi]
Bäckerei	**piekarnia** [pʲɛkarɲa]
Bioladen	**sklep ze zdrową żywnością** [sklɛp zɛ zdrɔvɔ̃ ʒɨvnɔɕt͡ɕɔ̃]
Blumengeschäft	**kwiaciarnia** [kfʲjat͡ɕarɲa]
Boutique	**butik, boutique** [butʲik]
Buchhandlung	**księgarnia** [kɕɛŋgarɲa]
Drogerie	**drogeria** [drɔgɛrʲja]
Einkaufszentrum	**centrum** *n* **handlowe** [t͡sɛntrum xandlɔvɛ]
Eisenwarengeschäft	**sklep z artykułami metalowymi** [sklɛp zartɨkuwamʲi mɛtalɔvɨmʲi]
Elektrohandlung	**sklep z artykułami elektrycznymi** [sklɛp zartɨkuwamʲi ɛlɛktrɨt͡ʃnɨmʲi]
Feinkostgeschäft	**delikatesy** *pl* [dɛlʲikatɛsɨ]
Fischgeschäft	**sklep rybny** [sklɛp rɨbnɨ]
Flohmarkt	**pchli targ** [pxlʲi tark]
Fotogeschäft	**sklep z artykułami fotograficznymi** [sklɛp z artɨkuwamʲi fɔtɔgrafʲit͡ʃnɨmʲi]

Friseur	**fryzjer** [frɨzjɛr]
Gemüsehändler	**sklep warzywniczy** [sklɛp vaʒɨvɲit͡ʃɨ], **kiosk z warzywami** [cjɔsk zvaʒɨvam,i]
Juwelier	**jubiler** [jub,ilɛr]
Kaufhaus	**dom towarowy** [dɔm tɔvarɔvɨ]
Konditorei	**cukiernia** [t͡sucɛrɲa]
Kosmetiksalon	**salon kosmetyczny** [salɔn kɔsmɛtɨt͡ʃnɨ]
Kunstgewerbe	**sztuka użytkowa** [ʃtuka uʒɨtkɔva] **rzemiosło artystyczne** [ʒɛm,jɔswɔ artɨstɨt͡ʃnɛ]
Kunsthändler	**sklep z przedmiotami sztuki użytkowej** [sklɛp spʃɛdm,jɔtam,i ʃtuci uʒɨtkɔvɛj]
Lebensmittelgeschäft	**sklep z artykułami spożywczymi** [sklɛp zartɨkuwam,i spɔʒɨft͡ʃɨm,i]
Lederwarengeschäft	**sklep z wyrobami ze skóry** [sklɛp zvɨrɔbam,i zɛ skurɨ]
Markt	**rynek** [rɨnɛk]
Metzgerei	**sklep mięsny** [sklɛp m,ɛ̃snɨ]; *fam* **rzeźnik** [ʒɛʑɲik]
Milchgeschäft	**mleczarnia** [mlɛt͡ʃarɲa]
Möbelgeschäft	**sklep meblowy** [sklɛp mɛblɔvɨ]
Musikgeschäft	**sklep muzyczny** [sklɛp muzɨt͡ʃnɨ]
Obsthandlung	**sklep z owocami** [sklɛp zɔvɔt͡sam,i]
Optiker	**optyk** [ɔptɨk]
Parfümerie	**perfumeria** [pɛrfumɛr,ja]
Reinigung	**pralnia, chemiczna** [pralɲa, xɛm,it͡ʃna]
Reiseandenken	**pamiątki** *pl* [pam,ɔntci]
Reisebüro	**biuro podróży** [b,jurɔ pɔdruʒɨ]
Schallplattengeschäft	**sklep z płytami** [sklɛp spwɨtam,i]
Schneider/in	**krawiec/krawcowa** [krav,ɛt͡s/kraft͡sɔva]
Schreibwarengeschäft	**sklep papierniczy** [sklɛp pap,ɛrɲit͡ʃɨ]

Schuhgeschäft	**sklep z obuwiem** [sklɛp zɔbuv̦ɛm]
Schuhmacher	**szewc** [ʃɛfts]
Secondhand-Laden	**sklep z artykułami używanymi** [sklɛp zartɨkuwam̦i uʒɨvanɨm̦i], **komis** [kɔm̦is]
Selbstbedienungsladen	**sklep samoobsługowy** [sklɛp samɔɔpswugɔvɨ]
Spielwarengeschäft	**sklep z zabawkami** [sklɛp zzabafkam̦i]
Spirituosengeschäft	**sklep monopolowy** [sklɛp mɔnɔpɔlɔvɨ]

Der Genuss von Alkohol und anderen Rauschmitteln in der Öffentlichkeit ist verboten.

Sportartikel	**artykuły sportowe** [artɨkuwɨ spɔrtɔvɛ]
Supermarkt	**supersam** [supɛrsam]
Süßwarengeschäft	**sklep ze słodyczami** [sklɛp zɛ swɔdɨtʃam̦i]
Tabakladen	**kiosk z papierosami** [k'jɔsk spap̦ɛrɔsam̦i]
Trödler	**handlarz starzyzną** [xandlaʃ staʒɨznɔ̃]
Uhrmacher	**zegarmistrz** [zɛgarm̦iʃtʃ]
Wäscherei	**pralnia** [praljna]
Waschsalon	**salon pralniczy** [salɔn praljnitʃɨ]
Weinhandlung	**sklep z winem** [sklɛp zv̦inɛm]
Zeitungskiosk	**kiosk z gazetami** [cjɔsk zgazɛtam̦i]

Bücher, Zeitschriften und Schreibwaren

Haben Sie deutsche Zeitungen/Zeitschriften?
Czy są niemieckie gazety/czasopisma?
[t͡ʃɨ sɔ̃ ɲɛmʲɛt͡sɛ gazɛtɨ/t͡ʃasɔpʲisma]

Ich hätte gern …
Proszę … [prɔʃɛ̃]

einen Reiseführer.
przewodnik. [pʃɛvɔdɲik]

eine Wanderkarte von dieser Gegend.
miejscową mapę turystyczną. [mʲɛjst͡sɔvɔ̃ mapɛ̃ turɨstɨt͡ʃnɔ̃]

Bücher, Zeitschriften und Zeitungen

Illustrierte	**magazyn ilustrowany** [magazɨn ilustrɔvanɨ], **czasopismo ilustrowane** [t͡ʃasɔpʲismɔ ilustrɔvanɛ]
Kochbuch	**książka kucharska** [kɕɔ̃ʃka kuxarska]
Landkarte	**mapa** [mapa]
Reiseführer	**przewodnik** [pʃɛvɔdɲik]
Roman	**powieść** *f* [pɔvʲɛɕt͡ɕ]
Stadtplan	**plan miasta** [plan mʲjasta]
Straßenkarte	**atlas samochodowy** [atlas samɔxɔdɔvɨ]
Wanderkarte	**mapa turystyczna** [mapa turɨstɨt͡ʃna]
Zeitschrift	**czasopismo** [t͡ʃasɔpʲismɔ]
Zeitung	**gazeta** [gazɛta]

Schreibwaren

Ansichtskarte	**widokówka** [vʲidɔkufka]
Bleistift	**ołówek** [ɔwuvɛk]
Briefmarke	**znaczek pocztowy** [znat͡ʃɛk pɔt͡ʃtɔvɨ]

Briefpapier	**papier listowy** [pap,ɛr l,istɔvɨ]
Briefumschlag	**koperta** [kɔpɛrta]
Farbstift	**kredka** [krɛtka]
Klebstoff	**klej** [klɛj]
Kugelschreiber	**długopis** [dwugɔp,is]
Malbuch	**książeczka do malowania** [kɕɔ̃ʒɛt͡ʃka dɔ malɔvaɲa]
Notizblock	**notatnik** [nɔtatɲik], **notes** [nɔtɛs]
Papier	**papier** [pap,ɛr]
Zeichenblock	**blok rysunkowy** [blɔk rɨsunkɔvɨ]

Drogerieartikel

Bürste	**szczotka** [ʃt͡ʃɔtka], **szczoteczka** [ʃt͡ʃɔtɛt͡ʃka]
Creme	**krem** [krɛm]
Damenbinden	**podpaski higieniczne** [pɔtpasci x,iɟɛɲit͡ʃnɛ]
Deo(dorant)	**dezodorant** [dɛzɔdɔrant]
Duschgel	**żel do kąpieli** [ʒɛl dɔ kɔmp,ɛl,i]
Erfrischungstücher	**chusteczki odświeżające** [xustɛt͡ʃci ɔtɕf,ɛʒajɔnt͡sɛ]
Haarbürste	**szczotka do włosów** [ʃt͡ʃɔtka dɔ vwɔsuf]
Haargel	**żel do włosów** [ʒɛl dɔ vwɔsuf]
Haargummi	**gumka do włosów** [gumka dɔ vwɔsuf]
Haarwaschmittel	**szampon do włosów** [ʃampɔn dɔ vwɔsuf]
Kamm	**grzebień** [gʒɛb,ɛɲ]
Lichtschutzfaktor	**współczynnik ochrony przed promieniami słonecznymi** [fspuwt͡ʃɨɲɲik ɔxrɔnɨ pʃɛt prɔm,ɛɲam,i swɔnɛt͡ʃnɨm,ɨ]

Lippenstift	**szminka** [ʃmʲinka], **kredka do warg** [krɛtka dɔ varg]
Mundwasser	**płyn do płukania ust** [pwɨn dɔ pwukaɲa ust]
Nagelfeile	**pilnik do paznokci** [pʲilɲik dɔ paznɔkt͡ɕi]
Nagellack	**lakier do paznokci** [lacɛr dɔ paznɔkt͡ɕi]
Nagellackentferner	**zmywacz do paznokci** [zmɨvat͡ʃ dɔ paznɔkt͡ɕi]
Nagelschere	**nożyczki do paznokci** [nɔʒɨt͡ʃci dɔ paznɔkt͡ɕi]
Papiertaschentücher	**chusteczki jednorazowe** [xustɛt͡ʃci jɛdnɔrazɔvɛ]
Parfüm	**perfumy** *pl* [pɛrfumɨ]
Pflaster	**plaster** [plastɛr]
Pinzette	**pincetka** [pʲint͡sɛtka]
Präservativ	**prezerwatywa** [prɛzɛrvatɨva], **kondom** [kɔndɔm]
Puder	**puder** [pudɛr]
Rasierapparat	**aparat do golenia** [aparat dɔ gɔlɛɲa]
Rasierklinge	**ostrze do golenia** [ɔstʃɛ dɔ gɔlɛɲa]
Rasierpinsel	**pędzel do golenia** [pɛnd͡zɛl dɔ gɔlɛɲa]
Rasierseife	**mydło do golenia** [mɨdwɔ dɔ gɔlɛɲa]
Rasierwasser	**woda po goleniu** [vɔda pɔ gɔlɛɲu]
Seife	**mydło** [mɨdwɔ]
Sicherheitsnadel	**agrafka** [agrafka]
Slipeinlagen	**wkładki do majtek** [fkwatki dɔ majtɛk]
Sonnencreme	**krem przeciwsłoneczny** [krɛm pʃɛt͡ɕifswɔnɛt͡ʃnɨ]
Sonnenöl	**olejek do opalania** [ɔlɛjɛk dɔ ɔpalaɲa]
Tampons	**tampony** [tampɔnɨ]
Toilettenpapier	**papier toaletowy** [papʲɛr tɔalɛtɔvɨ]
Waschmittel	**środek do prania** [ɕrɔdɛk dɔ praɲa]

Watte	**wata** [vata]
Wattestäbchen	**waciki do uszu** [vat͡ɕiɕi dɔ uʃu]
Wimperntusche	**tusz do rzęs** [tuʃ dɔ ʒɛ̃s]
Zahnbürste	**szczoteczka do zębów** [ʃt͡ʃɔtɛt͡ʃka dɔ zɛmbuf]
Zahnpasta	**pasta do zębów** [pasta dɔ zɛmbuf]

Elektro- und Fotoartikel

Ich möchte ...
Proszę ... [prɔʃɛ̃]

einen Film für diesen Fotoapparat.
film do tego aparatu. [fʲilm dɔ tɛgɔ aparatu]

einen Farbfilm für Papierbilder/Dias.
kolorowy film do zdjęć/slajdów. [kɔlɔrɔvɨ fʲilm dɔ zdjɛɲt͡ɕ/slajduf]

Der Sucher/Der Auslöser funktioniert nicht.
Celownik/wyzwalacz nie funkcjonuje.
[t͡sɛlɔvɲik/vɨzvalat͡ʃ ɲɛ fukt͡sjɔnujɛ]

Das ist kaputt. Können Sie es bitte reparieren?
To jest zepsute. Czy może pan/pani to zreperować/naprawić?
[tɔ jɛst zɛpsutɛ. t͡ʃɨ mɔʒɛ pan/paɲi tɔ zrɛpɛrɔvat͡ɕ/napravʲit͡ɕ]

Adapter	**adapter** [adaptɛr]
Auslöser	**wyzwalacz** [vɨzvalat͡ʃ]
Batterie	**bateria** [batɛrʲja]
Belichtungsmesser	**światłomierz** [ɕfʲjatwɔmʲɛʃ]
Blende	**przysłona** [pʃɨswɔna]
Blitzgerät	**lampa błyskowa** [lampa bwɨskɔva]
Blitzwürfel	**kostka błyskowa** [kɔstka bwɨskɔva]
Camcorder	**kamkorder** [kamkɔrdɛr]

CD/Compactdisc	**CD/płyta kompaktowa** [t͡sɛdɛ/pwɨta kɔmpaktɔva]
Filmempfindlichkeit	**czułość** *f* **filmu** [t͡ʃuwɔɕt͡ɕ fʲilmu]
Filmkamera	**kamera filmowa** [kamɛra fʲilmɔva]
Föhn	**suszarka do włosów** [suʃarka dɔ vwɔsuf]
Glühbirne	**żarówka** [ʒarufka]
Kassette	**kaseta** [kasɛta]
Kopfhörer	**słuchawka** [swuxafka]
Lautsprecher	**głośnik** [gwɔɕɲik]
Linse	**soczewka** [sɔt͡ʃɛfka]
Netzgerät	**transformator** [transfɔrmatɔr]
Objektiv	**objektyw** [ɔbʲjɛktɨf]
Passbild	**zdjęcie paszportowe** [zdjɛɲt͡ɕɛ paʃpɔrtɔvɛ]
Schallplatte	**płyta gramofonowa** [pwɨta gramɔfɔnɔva]
Schwarzweiß-Film	**film czarnobiały** [fʲilm t͡ʃarnɔbʲjawɨ]
Selbstauslöser	**samowyzwalacz** [samɔvɨzwalat͡ʃ]
Stativ	**statyw** [statɨf]
Stecker	**wtyczka** [ftɨt͡ʃka]
Sucher	**celownik** [t͡sɛlɔvɲik]
Super-8-Film	**film- super-8** [fʲilm supɛr ɔɕɛm]
Taschenlampe	**latarka kieszonkowa** [latarka cɛʃɔnkɔva]
Taschenrechner	**kalkulator** [kalkulatɔr]
Teleobjektiv	**teleobjektyw** [tɛlɛɔbʲjɛktɨf]
Verlängerungsschnur	**przedłużacz** [pʃɛdwuʒat͡ʃ]
Verschluss	**migawka** [mʲigafka]
Videofilm	**film video** [fʲilm vʲidɛɔ]
Videokamera	**wideokamera** [vʲidɛɔkamɛra]
	kamera video [kamɛra vʲidɛɔ]
Videokassette	**wideokaseta** [vʲidɛɔkasɛta],
	kaseta video [kasɛta vʲidɛɔ]

Videorekorder	**magnetowid** [magnɛtɔvʲit]
Walkman	**walkman** [wɔkmɛn]

Frisör

Waschen und föhnen/legen, bitte.
Mycie i ułożenie, proszę. [mɨt͡ɕɛ i uwɔʒɛɲɛ, prɔʃɛ̃]

Schneiden mit/ohne Waschen, bitte.
Strzyżenie z myciem/bez mycia, proszę.
[stʃɨʒɛɲɛ zmɨt͡ɕɛm/bɛz mɨt͡ɕa, prɔʃɛ̃]

Ich möchte ...
Proszę ... [prɔʃɛ̃]

Nur die Spitzen.
Tylko końce. [tɨlkɔ kɔɲt͡sɛ]

Nicht zu kurz/Ganz kurz/ Etwas kürzer, bitte.
Nie za krótko/zupełnie krótko/trochę krócej, proszę.
[ɲɛ za krutkɔ/ zupɛwɲɛ krutkɔ/trɔxɛ̃ krut͡sɛj, prɔʃɛ̃]

Rasieren, bitte.
Golenie, proszę. [gɔlɛɲɛ, prɔʃɛ̃]

Stutzen Sie mir bitte den Bart.
Proszę mi podciąć brodę. [prɔʃɛ̃ mʲi pɔtt͡ɕɔ̃t͡ɕ brɔdɛ̃]

Vielen Dank. So ist es gut.
Dziękuję bardzo. Tak jest dobrze. [d͡ʑɛŋkujɛ̃ bard͡zɔ. tak jɛst dɔbʒɛ]

Bart	**broda** [brɔda]
blond	**blond** [blɔnt]
Dauerwelle	**trwała ondulacja** [trfawa ɔndulat͡sja]
färben	**farbować** [farbɔvat͡ɕ]
föhnen	**układać suszarką** [ukwadat͡ɕ suʃarkɔ̃]
frisieren	**fryzować** [frɨzɔvat͡ɕ]

Frisur	**fryzura** [frɨzura]
Haar	**włosy** *pl* [vwɔsɨ]
Haarausfall	**wypadanie włosów** [vɨpadaɲɛ vwɔsuf]
Haarschnitt	**obcinanie/strzyżenie włosów** [ɔpt͡ɕinaɲɛ/stʃɨʒɛɲɛ vwɔsuf]
Haarspray	**lakier do włosów** [lacɛr dɔ vwɔsuf]
kämmen	**czesać** [t͡ʃɛsat͡ɕ]
Koteletten	**bokobrody** [bɔkɔbrɔdɨ]
legen	**układać** [ukwadat͡ɕ]
Locken	**loki** [lɔci]
Lockenwickler	**lokówka** [lɔkufka]
Perücke	**peruka** [pɛruka]
Pony	**grzywka** [gʒɨfka]
sich rasieren lassen	**pozwolić się ogolić** [pɔzvɔlʲit͡ɕ ɕɛ̃ ɔgɔlʲit͡ɕ]
Scheitel	**przedziałek** [pʃɛd͡ʑawɛk]
Schnurrbart	**wąsy** *pl* [vɔ̃sɨ]
Schuppen	**łupież** [wupʲɛʃ]
Shampoo	**szampon** [ʃampɔn]
Stufenschnitt	**obcięcie z cieniowaniem** [ɔpt͡ɕɛɲt͡ɕɛ st͡ɕɛɲɔvaɲɛm]
tönen	**cieniować** [t͡ɕɛɲɔvat͡ɕ]

Haushaltswaren

Abfallbeutel	**torebka na śmieci** [tɔrɛpka na ɕmʲɛt͡ɕi]
Alufolie	**folia aluminiowa** [fɔlʲja alumʲiɲɔva]
Besen	**szczotka do zamiatania** [ʃt͡ʃɔtka dɔ zamʲjataɲa]
Brennspiritus	**spirytus do maszynki spirytusowej** [spʲirɨtus dɔ maʃɨnci spʲirɨtusɔvɛj]
Dosenöffner	**otwieracz do puszek** [ɔtfʲɛrat͡ʃ dɔ puʃɛk]

Eimer	**wiadro** [vˌadrɔ], **wiaderko** [vˌadɛrkɔ], **kubeł** [kubɛw]
Flaschenöffner	**otwieracz do butelek** [otfˌɛrat͡ʃ dɔ butɛlɛk]
Filtertüten	**filtry papierowe** [fˌiltrɨ papˌɛrɔvɛ]
Frischhaltefolie	*fam* **folia samoprzylepna** [fɔlˌja samɔpʃɨlɛpna]
Glas	**szklanka** [ʃklanka]
Grill	**rożen** [rɔʒɛn]
Grillkohle	**węgiel drzewny** [vɛ̃ɟɛl dʒɛvnɨ]
Kehrblech	**szufelka** [ʃufɛlka]
Kerzen	**świece** [ɕfˌjɛt͡sɛ]
Korkenzieher	**korkociąg** [kɔrkɔt͡ɕɔŋk]
Kühlelement	**wkład do lodówki turystycznej** [fkwad dɔ lɔdufki turɨstɨt͡ʃnɛj]
Kühltasche	**lodówka turystyczna** [lɔdufka turɨstɨt͡ʃna]
Petroleum	**nafta** [nafta]
Plastikbeutel	**torebka plastykowa** [tɔrɛpka plastɨkɔva]
Sonnenschirm	**parasol (od słońca)** [parasɔl (ɔt swɔɲt͡sa)]
Taschenmesser	**scyzoryk** [st͡sɨzɔrɨk]
Tauchsieder	**grzałka elektryczna** [gʒawka ɛlɛktrɨt͡ʃna]
Thermosflasche ®	**termos** [tɛrmɔs]
Wäscheklammern	**spinacze do bielizny** [spˌinat͡ʃɛ dɔ bˌɛlˌiznɨ]
Wäscheleine	**sznur do bielizny** [ʃnur dɔ bˌɛlˌiznɨ]
Windschirm	**wiatrochron** [vˌatrɔxrɔn]
	osłona od wiatru [ɔswɔna ɔd vˌatru]

Lebensmittel

Was darf es sein?
Czym mogę służyć? [t͡ʃɨm mɔgɛ̃ swuʒɨt͡ɕ]

Geben Sie mir bitte ...
Proszę ... [prɔʃɛ̃]

ein Kilo ...
kilogram ... *+gen* [ciɫɔgram]

100 Gramm ...
100 gramów, 10 dekagramów ... *(+gen)*
[stɔ gramuf, d͡ʑɛɕɛɲt͡ɕ dɛkagramuf]

10 Scheiben ...
10 plasterków ... *(+gen)* [d͡ʑɛɕɛɲt͡ɕ plastɛrkuf]

ein Stück von ...
kawałek ... *+gen* [kavawɛk]

eine Packung ...
paczkę ... *+gen* [pat͡ʃkɛ̃]

ein Glas ...
słoik ... *+gen* [swɔik]

eine Dose ...
puszkę ... *+gen* [puʃkɛ̃]

eine Flasche ...
butelkę ... *+gen* [butɛlkɛ̃]

eine Einkaufstüte.
torebkę plastykową [tɔrɛpkɛ̃ plastˌikɔvɔ̃] /
fam reklamówkę [rɛklamufkɛ̃]

Darf es auch etwas mehr sein?
Czy może być trochę więcej? [t͡ʃɨ mɔʒɛ bɨt͡ɕ trɔxɛ̃ vˌɛnt͡sɛj]

Darf es sonst noch etwas sein?
Czy coś jeszcze? [t͡ʃɨ t͡sɔɕ jɛʃt͡ʃɛ]

Dürfte ich vielleicht etwas hiervon probieren?
Czy mógłbym/mogłabym spróbować?
[t͡ʃɨ mugwbɨm/mɔgwabɨm sprubɔvat͡ɕ]

Danke, das ist alles.
Dziękuję , to wszystko. [d͡ʑɛŋkujɛ̃, tɔ fʃɨstkɔ]

frisch	**świeży** [ɕfʲɛʒɨ]
gespritzt	**pryskane** [prɨskanɛ]
ungespritzt	**niepryskane** [ɲɛprɨskanɛ]
Aal	**węgorz** [vɛŋgɔʃ]
Ananas	**ananas** [ananas]
Äpfel	**jabłka** [japka]
Apfelsinen	**pomarańcze** [pɔmaraɲt͡ʃɛ]
Aprikosen	**morele** [mɔrɛlɛ]
Artischocken	**karczochy** [kart͡ʃɔxɨ]
Auberginen	**oberżyny** [ɔbɛrʒɨnɨ]
Aufschnitt	**pokrojona wędlina różnego rodzaju** [pɔkrɔjɔna vɛndlʲina ruʒnɛgɔ rɔd͡zaju]
Austern	**ostrygi** [ɔstrɨɟi]
Avocado	**awokado** [avɔkadɔ]
Babynahrung	**jedzenie dla niemowląt** [jɛd͡zɛɲɛ dla ɲɛmɔvlɔnt]
Bananen	**banany** [bananɨ]
Barsch	**okoń** [ɔkɔɲ]
Bier	**piwo** [pʲivɔ]
alkoholfreies Bier	**piwo bezalkoholowe** [pʲivɔ bɛsalkɔxɔlɔvɛ]
Birnen	**gruszki** [gruʃci]
Blumenkohl	**kalafior** [kalafʲjɔr]
Bohnen	**fasola** [fasɔla]

grüne Bohnen	**fasolka szparagowa** [fasɔlka ʃparagɔva]
weiße Bohnen	**fasola** [fasɔla]
Brombeeren	**jeżyny** [jɛʒɨnɨ]
Brot	**chleb** [xlɛp]
Schwarzbrot	**chleb razowy** [xlɛp razɔvɨ]
Weißbrot	**chleb pszenny** [xlɛp pʃɛnnɨ]
Brötchen	**bułki** *pl* [buwci]
Butter	**masło** [maswɔ]
Buttermilch	**maślanka** [maɕlanka]
Champagner	**szampan** [ʃampan]
Champignons	**pieczarki** [p̡ɛt͡ʃarki]
Chicoree	**cykoria** [t͡sɨkɔr̡ja]
Chips	**frytki, prażynki** [frɨtci, praʒɨnci]
Dickmilch	**mleko zsiadłe** [mlɛkɔ sɕadwɛ]
Eier	**jajka** [jajka]
Eis	**lody** *pl* [lɔdɨ]
Endivie	**endywia** [ɛndɨv̡ja]
Erbsen	**groch** [grɔx]
Erdbeeren	**truskawki** [truskafci]
Essig	**ocet** [ɔt͡sɛt]
Fenchel	**koper włoski** [kɔpɛr vwɔsci], **fenkuł** [fɛnkuw]
Fisch	**ryba** [rɨba]
Fleisch	**mięso** [m̡ɛ̃sɔ]
Fleischwurst	**kiełbasa** [cɛwbasa]
Garnelen	**krewetki** [krɛvɛtci]
Gebäck	**pieczywo** [p̡ɛt͡ʃɨvɔ]
Gemüse	**jarzyny** *pl* [jaʒɨnɨ]
Grieß	**kasza manna** [kaʃa manna]
Gulasch	**gulasz** [gulaʃ]
Gurke	**ogórek** [ɔgurɛk]

Hackfleisch	**mięso mielone** [m̦ɛ̃sɔ m̦ɛlɔnɛ]
Haferflocken	**płatki owsiane** [pwatci ɔfɕanɛ]
Hähnchen	**kurczak** [kurt͡ʃak]
Hammelfleisch	**baranina** [baraɲina]
Hering	**śledź** [ɕlɛt͡ɕ]
Himbeeren	**maliny** [mal̦inɨ]
Honig	**miód** [m̦jut]
Hörnchen	**rogaliki** *pl* [rɔgal̦ici]
Joghurt	**jogurt** [jɔgurt]
Johannisbeeren	**porzeczki** [pɔʒɛt͡ʃci]
Kaffee	**kawa** [kava]
Kalbfleisch	**cielęcina** [t͡ɕɛlɛɲt͡ɕina]
Kaninchen	**królik** [krul̦ik]
Karotten	**marchew** *f* [marxɛf]
Kartoffeln	**kartofle** [kartɔflɛ], **ziemniaki** [ʑɛmɲaci]
Käse	**ser** [sɛr]
Kastanien	**kasztany** [kaʃtanɨ]
Kekse	**ciasteczka** [t͡ɕastɛt͡ʃka]
Kindernahrung	**jedzenie dla dzieci** [jɛd͡zɛɲɛ dla d͡ʑɛt͡ɕi]
Kirschen	**wiśnie** [v̦iɕɲɛ], **czereśnie** [t͡ʃɛrɛɕɲɛ]
Knoblauch	**czosnek** [t͡ʃɔsnɛk]
Kohl *(Rot~, Weiß~)*	**kapusta (czerwona, biała)** [kapusta (t͡ʃɛrvɔna, b̦awa)]
Kohlrabi	**kalarepka** [kalarɛpka]
Konserven	**konserwy** [kɔnsɛrvɨ]
Kopfsalat	**sałata zielona** [sawata ʑɛlɔna]
Kotelett	**kotlet** [kɔtlɛt]
Krabben	**kraby** [krabɨ]
Kuchen	**ciasto** [t͡ɕastɔ]
Kürbis	**dynia** [dɨɲa]
Lammfleisch	**mięso z jagnięcia** [m̦ɛ̃sɔ zjagɲɛɲt͡ɕa]
Languste	**langusta** [langusta]

Lauch	**pory** *pl* [pɔrɨ]
Leberwurst	**pasztetowa** [paʃtɛtɔva]
Limonade	**lemoniada** [lɛmɔɲada]
Linsen	**soczewica** [sɔt͡ʃɛv̦it͡sa]
Mais	**kukurydza** [kukurɨd͡za]
Makrele	**makrela** [makrɛla]
Mandarinen	**mandarynki** [mandarɨnci]
Mandeln	**migdały** [m̦igdawɨ]
Margarine	**margaryna** [margarɨna]
Marmelade	**marmolada** [marmɔlada], **dżem** [d͡ʒɛm]
Majonäse	**majonez** [majɔnɛs]
Mehl	**mąka** [mɔŋka]
Melone	**melon (żółty)** [mɛlɔn (ʒuwtɨ)]
	arbuz [arbus]
Milch	**mleko** [mlɛkɔ]
Mineralwasser	**woda mineralna** [vɔda m̦inɛralna]
Muscheln	**muszle** [muʃlɛ]
Müsli	**musli** *n* [musl̦i]
Nektarinen	**nektarynki** [nɛktarɨnci]
Nudeln	**makaron** [makarɔn]
Nüsse	**orzechy** [ɔʒɛxɨ]
Obst	**owoce** *pl* [ɔvɔt͡sɛ]
Öl	**olej** [ɔlɛj]
Orangensaft	**sok pomarańczowy** [sɔk pɔmaraɲt͡ʃɔvɨ]
Pampelmuse	**grejpfrut** [grɛjpfrut]
Paprika *(Gemüse, Gewürz)*	**papryka (świeża, w proszku)** [paprɨka (ɕf̦ɛʒa, fprɔʃku)]
Peperoni	**ostra papryka** [ɔstra paprɨka]
Petersilie	**pietruszka** [p̦ɛtruʃka]
Pfeffer	**pieprz** [p̦ɛpʃ]
Pfefferminze	**mięta** [m̦ɛnta]
Pfirsiche	**brzoskwinie** [bʒɔskf̦iɲɛ]

Pflaumen	**śliwki** [ɕl̦ifci]
Pilze	**grzyby** [gʒɨbɨ]
Pralinen	**praliny** [pral̦inɨ]
Quark	**twarożek** [tfarɔʒɛk]
Rauchfleisch	**mięso wędzone** [m̦ɛ̃sɔ wɛnd͡zɔnɛ]
Reis	**ryż** [rɨʃ]
Rindfleisch	**wołowina** [vɔwɔv̦ina]
Rosinen	**rodzynki** [rɔd͡zɨnci]
Sahne	**śmietana** [ɕm̦ɛtana]
saure Sahne	**kwaśna śmietana** [kfaɕna ɕm̦ɛtana]
süße Sahne	**słodka śmietana** [swɔtka ɕm̦ɛtana]
Salami	**salami** *n* [salam̦i]
Salat	**sałatka** [sawatka]
Kopfsalat	**sałata** [sawata]
Salz	**sól** [sul]
Sardinen	**sardynki** [sardɨnci]
Schinken	**szynka** [ʃɨnka]
gekochter Schinken	**szynka gotowana** [ʃɨnka gɔtɔvana]
roher Schinken	**szynka wędzona** [ʃɨnka vɛnd͡zɔna]
Schokolade	**czekolada** [t͡ʃɛkɔlada]
Schokoriegel	**baton czekoladowy** [batɔn t͡ʃɛkɔladɔvɨ]
Schweinefleisch	**wieprzowina** [v̦ɛpʃɔv̦ina]
Seezunge	**sola** [sɔla]
Sellerie	**seler** [sɛlɛr]
Senf	**musztarda** [muʃtarda]
Spargel	**szparagi** *pl* [ʃparaɟi]
Spinat	**szpinak** [ʃp̦inak]
Suppe	**zupa** [zupa]
Süßigkeiten	**słodycze** [swɔdɨt͡ʃɛ]
Tee	**herbata** [xɛrbata]
Teebeutel	**herbata ekspresowa** [xɛrbata ɛksprɛsɔva]

Thunfisch	**tuńczyk** [tuɲt͡ʃɨk]
Toast	**toast** [tɔast], **tost** [tɔst], **grzanka** [gʒanka]
Tomaten	**pomidory** [pɔm̦idɔrɨ]
Wein	**wino** [v̦inɔ]
Roséwein	**wino różowe** [v̦inɔ ruʒɔvɛ]
Rotwein	**wino czerwone** [v̦inɔ t͡ʃɛrvɔnɛ]
Weißwein	**wino białe** [v̦inɔ b̦jawɛ]
Weintrauben	**winogrona** [v̦inɔgrɔna]
Wurst	**wędlina** [vɛndl̦ina]
Würstchen	**kiełbaski** *pl* [cɛwbasci]
Ziegenfleisch	**kozina** [kɔʑina]
Zitrone	**cytryna** [t͡sɨtrɨna]
Zucchini	**cukinia** [t͡suciɲa]
Zucker	**cukier** [t͡sucɛr]
Zwieback	**sucharki** *pl* [suxarci]
Zwiebel	**cebula** [t͡sɛbula]

Mode ➢ auch Farben (Kap. Allgemeines)

Kleidung

Können Sie mir … zeigen?
Czy może mi pan/pani pokazać …? [t͡ʃɨ mɔʒɛ m̦i pan/paɲi pɔkazat͡ɕ]

Kann ich es anprobieren?
Czy mogę to przymierzyć? [t͡ʃɨ mɔgɛ̃ tɔ pʃɨm̦ɛʒɨt͡ɕ]

Welche (Konfektions-) Größe haben Sie?
Jaki rozmiar pan/pani nosi? [jaci rɔzm̦jar pan/paɲi nɔɕi]

Das ist mir zu …
To jest dla mnie za … [tɔ jɛst dla mɲɛ za]

eng/weit.
ciasne/szerokie. [t͡ɕasnɛ/ʃɛrɔcɛ]

kurz/lang.
krótkie/długie. [krutcɛ/dwuɟɛ]

klein/groß.
małe/duże. [mawɛ/duʒɛ]

Das passt gut. Ich nehme es.
To pasuje. Wezmę to. [tɔ pasujɛ. vɛzmɛ̃ tɔ]

Anorak	**wiatrówka** [v̹atrufka]
Anzug	**garnitur** [garɲitur]
Badeanzug	**kostium kąpielowy** [kɔst̹jum kɔmp̹ɛlɔvɨ]
Badehose	**kąpielówki** [kɔmp̹ɛlufci]
Bademantel	**płaszcz kąpielowy** [pwaʃt͡ʃ kɔmp̹ɛlɔvɨ]
Bademütze	**czepek kąpielowy** [t͡ʃɛpɛk kɔmp̹ɛlɔvɨ]
Bikini	**bikini** *n* [b̹iciɲi]
Blazer	**blezer** [blɛzɛr]
Bluse	**bluzka** [bluska]
Büstenhalter	**biustonosz** [b̹justɔnɔʃ]
Farbe	**kolor** [kɔlɔr]
Halstuch	**chusteczka na szyję** [xustɛt͡ʃka na ʃɨjɛ̃], **apaszka** [apaʃka]
Handschuhe	**rękawiczki** [rɛŋkav̹it͡ʃci]
Hemd	**koszula** [kɔʃula]
Hose	**spodnie** *pl* [spɔdɲɛ]
Hut	**kapelusz** [kapɛluʃ]
Sonnenhut	**kapelusz słoneczny** [kapɛluʃ swɔnɛt͡ʃnɨ]
Jacke	*(für Frauen)* **żakiet** [ʒacɛt]; *(für Männer)* **marynarka** [marɨnarka]
Jeans	**jeansy, dżinsy** *pl* [d͡ʒ̹insɨ]
Jogginghose	**spodnie** *pl* **od dresu** [spɔdɲɛ ɔd drɛsu]
Kleid	**suknia** [sukɲa]

Kostüm	**kostium** [kɔstˌjum]
Krawatte	**krawat** [kravat]
Mantel	**płaszcz** [pwaʃt͡ʃ]
Mütze	**czapka** [t͡ʃapka]
Pullover	**pulower** [pulɔvɛr]
Regenmantel	**płaszcz przeciwdeszczowy** [pwaʃt͡ʃ pʃɛtɕifdɛʃt͡ʃɔvɨ]
Rock	**spódniczka** [spudɲit͡ʃka]
Schal	**szal** [ʃal]
Schirm	**parasol** [parasɔl]
Shorts	**szorty** [ʃɔrtɨ]
Slip	**slipy** *pl* [slˌipɨ]
Socken	**skarpetki** [skarpɛtci]
Strickjacke	**sweter rozpinany (zrobiony na drutach)** [sfɛtɛr rɔspˌinanɨ (zrɔbˌjɔnɨ na drutax)]
Strümpfe	**pończochy** [pɔɲt͡ʃɔxɨ]
Strumpfhose	**rajstopy** *pl* [rajstɔpɨ]
Trainingsanzug	**dres sportowy** [drɛs spɔrtɔvɨ]
T-Shirt	**koszulka trykotowa** [kɔʃulka trɨkɔtɔva]
Unterhemd	**podkoszulek** [pɔtkɔʃulɛk]
Unterhose	**spodenki** [spɔdɛnci]; *(lange)* **kalesony** *pl* [kalɛsɔnɨ]
Volkstracht	**strój ludowy** [struj ludɔvɨ]
Weste	**kamizelka** [kamˌizɛlka]

Reinigung

Ich möchte diese Sachen reinigen/waschen lassen.
Chciałbym/*f* chciałabym oddać te rzeczy do czyszczenia/prania.
[xt͡ɕawbɨm/xt͡ɕawabɨm ɔddat͡ɕ tɛ ʒɛt͡ʃɨ dɔt͡ʃɨʃt͡ʃɛɲa/praɲa]

Wann sind sie fertig?
Kiedy będą gotowe? [cɛdɨ bɛndɔ̃ gɔtɔvɛ]

bügeln	**prasować** [prasɔvat͡ɕ]
chemisch reinigen	**czyścić/oczyścić chemicznie** [t͡ʃɨɕt͡ɕit͡ɕ/ot͡ʃɨɕt͡ɕit͡ɕ xɛmˌit͡ʃɲɛ]
pflegeleicht	**łatwy do utrzymania** [watfɨ dɔ utʃɨmaɲa]
waschmaschinenfest	**można prać w pralce** [mɔʒna prat͡ɕ f pralt͡sɛ]

Optiker

Würden Sie mir bitte diese Brille/das Gestell reparieren?
Czy może mi pan/*f* pani zreperować te okulary/tę oprawkę?
[t͡ʃɨ mɔʒɛ mˌi pan/paɲi zrɛpɛrɔvat͡ɕ tɛ ɔkularɨ/tɛ̃ ɔprafkɛ̃]

Wie ist Ihre Sehstärke?
Jakie szkła pan/pani nosi? [jacɛ ʃkwa pan/paɲi nɔɕi]

rechts plus/minus ..., links ...
prawe plus/minus ... , lewe ... [pravɛ plus/mˌinus ..., lɛvɛ]

Ich brauche ...
Potrzebuję ... [pɔtʃɛbujɛ̃]

Aufbewahrungslösung
płyn do przechowywania [pwɨn dɔ pʃɛxɔvɨvaɲa]

Reinigungslösung
płyn do czyszczenia/mycia [pwɨn dɔ t͡ʃɨʃt͡ʃɛɲa/mɨt͡ɕa]

für harte/weiche Kontaktlinsen.
twardych/miękkich soczewek. [tfardɨx/mˌɛŋkcix sɔt͡ʃɛvɛk]

Ich suche eine Sonnenbrille/ ein Fernglas.
Szukam okularów słonecznych/lornetki.
[ʃukam ɔkularuf swɔnɛt͡ʃnɨx/lɔrnɛtci]

Schuhe und Lederwaren

Ich möchte ein Paar ...-Schuhe.
Proszę o parę butów. [prɔʃɛ̃ ɔ parɛ̃ butuf]

Ich habe Schuhgröße ...
Noszę buty numer ... [nɔʃɛ̃ butɨ numɛr]

Badeschuhe	**buty do kąpieli** [butɨ dɔ kɔmpʲɛlʲi]
Gummistiefel	**kalosze** [kalɔʃɛ]
Gürtel	**pasek** [pasɛk]
Handtasche	**torebka** [tɔrɛpka]
Hausschuhe	**kapcie** [kapt͡ɕɛ]
Koffer	**walizka** [valʲiska]
Lederjacke	**kurtka skórzana** [kurtka skuʒana]
Ledermantel	**płaszcz skórzany** [pwaʃt͡ʃ skuʒanɨ]
Pelzjacke	**kurtka futrzana** [kurtka futʃana]
Pelzmantel	**futro** [futrɔ]
Reisetasche	**torba podróżna** [tɔrba pɔdruʒna]
Rucksack	**plecak** [plɛt͡sak]
Sandalen	**sandały** [sandawɨ]
Schuhe	**buty** [butɨ]
Schuhbürste	**szczotka do butów** [ʃt͡ʃɔtka dɔ butuf]
Schuhcreme	**pasta do butów** [pasta dɔ butuf]
Schuhgröße	**numer butów** [numɛr butuf]
Sohle	**zelówka** [zɛlufka]
Stiefel *pl*	**buty** *pl* **z cholewami** [butɨ sxɔlɛvamʲi]
Strandschuhe	**obuwie plażowe** [ɔbuvʲɛ plaʒɔvɛ]
Tasche	**torebka** [tɔrɛpka]
Turnschuhe	**obuwie gimnastyczne** [ɔbuvʲɛ ɟimnastɨt͡ʃnɛ], **tenisówki** [tɛɲisufci]
Umhängetasche	**torebka na ramię** [tɔrɛpka na ramʲɛ̃]

Tabakwaren

Ein Päckchen/Eine Stange ... mit/ohne Filter, bitte.
Proszę paczkę/karton ... z filtrem/ bez filtra.
[prɔʃɛ̃ pat͡ʃkɛ̃/kartɔn ... sfʲiltrɛm/bɛs fʲiltra]

Ein Päckchen/Eine Dose Zigaretten-/Pfeifentabak, bitte.
Proszę paczkę/puszkę tytoniu papierosowego/do fajki.
[prɔʃɛ̃ pat͡ʃkɛ̃/ puʃkɛ̃ tɨtɔɲu papʲɛrɔsɔvɛgɔ/dɔ fajci]

Eine Schachtel Streichhölzer/Ein Feuerzeug, bitte.
Proszę pudełko zapałek/zapalniczkę.
[prɔʃɛ̃ pudɛwkɔ zapawɛk/zapalɲit͡ʃkɛ̃]

Uhren und Schmuck

Ich möchte ein hübsches Andenken/Geschenk.
Chciałbym/chciałabym jakąś ładną pamiątkę/jakiś ładny prezent.
[xt͡ɕawbɨm/xt͡ɕawabɨm jakɔ̃ɕ wadnɔ̃ pamʲjɔntkɛ̃/jaciɕ wadnɨ prɛzɛnt]

Wie viel wollen Sie ausgeben?
Ile chce pan/pani wydać? [ilɛ xt͡sɛ pan/paɲi vɨdat͡ɕ]

Ich möchte etwas nicht zu Teures.
Chciałbym/chciałabym coś nie najdroższego.
[xt͡ɕawbɨm/xt͡ɕawabɨm t͡sɔɕ ɲɛ najdrɔʃʃɛgɔ]

Anhänger	**wisiorek** [vʲiɕɔrɛk]
Armband	**branzoletka** [branzɔlɛtka]
Armbanduhr	**zegarek na rękę** [zɛgarɛk na rɛŋkɛ̃]
Brosche	**broszka** [brɔʃka]
echt	**prawdziwy** [pravdʑivɨ]
Gold	**złoto** [zwɔtɔ]
vergoldet	**pozłacany** [pɔzwat͡sanɨ]
Kette	**łańcuszek** [waɲt͡suʃɛk]

Kristall	**kryształ** [krɨʃtaw]
Modeschmuck	**modna biżuteria** [mɔdna bʲiʒutɛrʲja]
Ohrringe	**kolczyki** [kɔlt͡ʃɨci]
Perle	**perła** [pɛrwa]
Ring	**pierścionek** [pʲɛrɕt͡ɕɔnɛk]
Schmuck	**biżuteria** [bʲiʒutɛrʲja]
Silber	**srebro** [srɛbrɔ]
versilbert	**posrebrzany** [pɔsrɛbʒanɨ]
Türkis	**turkus** [turkus]

In der Apotheke

Wo ist die nächste Apotheke (mit Nachtdienst)?
Gdzie jest najbliższa apteka (która ma dyżur nocny)?
[gd͡ʑɛ jɛst najbl̦iʃʃa aptɛka (ktura ma dɨʒur nɔt͡snɨ)]

Geben Sie mir bitte etwas gegen ...
Proszę mi dać coś na ... *+acc* [prɔʃɛ̃ m̦i dat͡ɕ t͡sɔɕ na]

➢ auch Arztbesuch

Abführmittel	**środek na przeczyszczenie** [ɕrɔdɛk na pʃɛt͡ʃɨʃt͡ʃɛɲɛ]
Antibabypille	**pastylki *pl* antykoncepcyjne** [pastɨlci antɨkɔnt͡sɛpt͡sɨjnɛ]
Antibiotikum	**antybiotyk** [antɨb̦jɔtɨk]
Aspirin®	**aspiryna** [asp̦irɨna]
Augentropfen	**krople *pl* do oczu** [krɔplɛ dɔ ɔt͡ʃu]
äußerlich	**zewnętrzny** [zɛvnɛnt͡ʃnɨ], **do użytku zewnętrznego** [dɔ vʒɨtku zɛvnɛnt͡ʃnɛgɔ]
Beruhigungsmittel	**środek uspakajający** [ɕrɔdɛk uspakajajɔnt͡sɨ]
Brandsalbe	**maść *f* na oparzenia** [maɕt͡ɕ na ɔpaʒɛɲa]
Desinfektionsmittel	**środek dezynfekujący** [ɕrɔdɛk dɛzɨnfɛkujɔnt͡sɨ]
einnehmen	**zażywać** [zaʒɨvat͡ɕ]
Elastikbinde	**bandaż elastyczny** [bandaʃ ɛlastɨt͡ʃnɨ]
vor dem Essen	**przed jedzeniem** [pʃɛt jɛd͡zɛɲɛm]
nach dem Essen	**po jedzeniu** [pɔ jɛd͡zɛɲu]
Fieberthermometer	**termometr** [tɛrmɔmɛtr]
Gegengift	**surowica przeciw truciźnie** [surɔv̦it͡sa pʃɛt͡ɕif trut͡ɕiʑɲɛ]

Gurgelwasser	**płyn do płukania gardła** [pwɨn dɔ pwukaɲa gardwa]
Halstabletten	**tabletki na gardło** [tablɛtci na gardwɔ]
Hustensaft	**syrop na kaszel** [sɨrɔp na kaʃɛl]
innerlich	**wewnętrzny** [vɛvnɛnt͡ʃnɨ], **do użytku wewnętrznego** [dɔ uʒɨtku vɛvnɛnt͡ʃnɛgɔ]
Insektenmittel	**środek przeciw insektom** [ɕrɔdɛk pʃɛt͡ɕif insɛktɔm]
Insulin	**insulina** [insulˌina]
Jod(tinktur)	**tynktura jodowa** [tɨnktura jɔdɔva]
Kamillentee	**rumianek w torebkach** [rumˌjanɛk f tɔrɛpkax]
Kohletabletten	**węgiel w tabletkach** [vɛŋɟɛl f tablɛtkax]
Kopfschmerztabletten	**tabletki od bólu głowy** [tablɛtci ɔt bulu gwɔvɨ]
Kreislaufmittel	**środek na krążenie** [ɕrɔdɛk na krɔ̃ʒɛɲɛ]
auf nüchternen Magen	**na czczo** [na t͡ʃt͡ʃɔ]
Magenmittel	**środek na żołądek** [ɕrɔdɛk na ʒɔwɔndɛk]
Medikament	**lekarstwo** [lɛkarstfɔ]
Mittel (gegen)	**środek (na)** *+acc* [ɕrɔdɛk (na)]
Mückenstiche	**ukąszenia komara** [ukɔ̃ʃɛɲa kɔmara]
Mullbinde	**gaza** [gaza]
im Mund zergehen lassen	**rozpuścić w ustach** [rɔspuɕt͡ɕit͡ɕ vustax]
Nebenwirkungen	**działanie uboczne** [d͡ʑawaɲɛ ubɔt͡ʃnɛ]
Ohrentropfen	**krople** *pl* **do uszu** [krɔplɛ dɔ uʃu]
Pflaster	**plaster** [plastɛr]
Präservativ	**prezerwatywa** [prɛzɛrvatɨva], **kondom** [kɔndɔm]
Puder	**puder** [pudɛr]
Rezept	**recepta** [rɛt͡sɛpta]
Salbe	**maść** *f* [maɕt͡ɕ]

Schlaftabletten	**tabletki nasenne** [tablɛtci nasɛnnɛ]
Schmerztabletten	**tabletki przeciwbólowe** [tablɛtci pʃɛtɕivbulɔvɛ]
Sonnenbrand	**oparzenie słoneczne** [ɔpaʒɛɲɛ swɔnɛt͡ʃnɛ]
Tablette	**tabletka** [tablɛtka], **pigułka** [p,iguwka]
Traubenzucker	**cukier gronowy** [t͡sucɛr grɔnɔvɨ]
Tropfen	**krople** *pl* [krɔplɛ]
Watte	**wata** [vata]
Zäpfchen	**czopki** *pl* [t͡ʃɔpci]

Arztbesuch ➢ auch Kap. Reisen mit Kindern

Können Sie mir einen guten ... empfehlen?
Czy może mi pan/pani polecić dobrego ... ?
[tʃɨ mɔʒɛ m,i pan/paɲi pɔlɛt͡ɕit͡ɕ dɔbrɛgɔ]

Arzt
lekarza [lɛkaʒa]

Augenarzt
okulistę [ɔkul,istɛ̃]

Frauenarzt
ginekologa [ɟinɛkɔlɔga]

Hals-Nasen-Ohren-Arzt
laryngologa [larɨngɔlɔga]

Hautarzt
dermatologa [dɛrmatɔlɔga]

Internisten
internistę [intɛrɲistɛ̃]

Kinderarzt
pediatrę [pɛd,jatrɛ̃]

Praktischen Arzt
lekarza ogólnego [lɛkaʒa ɔgulnɛgɔ]

Urologen
urologa [urɔlɔga]

Zahnarzt
dentystę [dɛntɨstɛ̃]

Wann hat er Sprechstunde?
Kiedy przyjmuje? [cɛdɨ pʃɨjmujɛ]

Zu einer guten Reisevorbereitung gehört für gesetzlich Versicherte der Vordruck E111. Mit ihm ist die Behandlung bei Kassenärzten gebührenfrei. Bei privaten Ärzten müssen Sie zwar bezahlen, dafür ist die Behandlung auf hohem Niveau und unbürokratisch. Deshalb besuchen viele Deutsche im Grenzgebiet z. B. eine polnische Zahnarztpraxis, die auf höchstem Standard arbeitet, aber mäßige Preise verlangt. In großen Praxen arbeitet mindestens ein deutscher Zahnarzt.
Für Fachärzte und das Krankenhaus brauchen Sie eine Überweisung vom Hausarzt. Ausgenommen davon sind Frauenarzt, Augenarzt, Hautarzt und Krankenkassenzahnarzt.

Beschwerden

Was für Beschwerden haben Sie?
Co panu/pani dolega? [t͡sɔ panu/paɲi dɔlɛga]

Ich fühle mich nicht wohl.
Czuję się źle. [t͡ʃujɛ̃ ɕɛ̃ ʑlɛ]

Ich habe Fieber.
Mam gorączkę. [mam gɔrɔnt͡ʃkɛ̃]

Ich kann nicht schlafen.
Nie mogę spać. [ɲɛ mɔgɛ̃ spatɕ]

Mir ist oft schlecht/schwindelig.
Jest mi często niedobrze/kręci mi się w głowie.
[jɛst mʲi t͡ʃɛ̃stɔ ɲɛdɔbʒɛ/krɛɲt͡ɕi mʲi ɕɛ̃ v gwɔvʲɛ]

Ich bin ohnmächtig geworden.
Zemdlałem/*f* zemdlałam. [zɛmdlawɛm/zɛmdlawam]

Ich bin stark erkältet.
Jestem silnie przeziębiony/ *f* przeziębiona.
[jɛstɛm ɕilɲɛ pʃɛʑɛmbʲɔnɨ/pʃɛʑɛmbʲɔna]

Ich habe Kopfschmerzen/ Halsschmerzen/Husten.
Boli mnie głowa/gardło./Mam kaszel.
[bɔlʲi mɲɛ gwɔva/gardwɔ. mam kaʃɛl]

Ich bin gestochen/gebissen worden.
Zostałem ukąszony/pogryziony. [zɔstawɛm ukɔ̃ʃɔnɨ/pɔgrɨʑɔnɨ] / *f*
Zostałam ukąszona/pogryziona. [zɔstawam ukɔ̃ʃɔna/pɔgrɨʑɔna]

Ich habe Durchfall/ Verstopfung.
Mam rozwolnienie/zatwardzenie. [mam rɔzvɔlɲɛɲɛ/zatfard͡zɛɲɛ]

Ich habe mich verletzt.
Skaleczyłem się/*f* skaleczyłam się. [skalɛt͡ʃɨwɛm ɕɛ̃/skalɛt͡ʃɨwam ɕɛ̃]

Ich bin gestürzt.
Przewróciłem się/*f* przewróciłam się.
[pʃɛvrut͡ɕiwɛm ɕɛ̃/pʃɛvrut͡ɕiwam ɕɛ̃]

Ich habe einen hohen/niedrigen Blutdruck.
Mam wysokie/niskie ciśnienie. [mam vɨsɔcɛ/ɲiscɛ t͡ɕiɕɲɛɲɛ]

Ich bin Diabetiker/in.
Jestem diabetykiem/diabetyczką. [jɛstɛm dʲjabɛtɨcɛm/dʲjabɛtɨt͡ʃkɔ̃]

Ich bin schwanger.
Jestem w ciąży. [jɛstɛm f t͡ɕɔ̃ʒɨ]

Ich hatte vor kurzem ...
Miałem/*f* miałam niedawno ... [mʲawɛm/mʲawam ɲɛdavnɔ]

Untersuchung

Wo tut es weh?
Gdzie boli? [gd͡ʑɛ bɔlʲi]

Ich habe hier Schmerzen.
Tu mam bóle. [tu mam bulɛ]

Bitte, machen Sie sich/Ihren Arm frei.
Proszę się rozebrać/odsłonić ramię.
[prɔʃɛ̃ ɕɛ̃ rɔzɛbrat͡ɕ/ɔtswɔɲit͡ɕ ramʲɛ̃]

Bitte tief einatmen. Atem anhalten.
Proszę głęboko oddychać. Zatrzymać oddech.
[prɔʃɛ̃ gwɛmbɔkɔ ɔddɨxat͡ɕ. zatʃɨmat͡ɕ ɔddɛx]

Öffnen Sie den Mund.
Proszę otworzyć usta. [prɔʃɛ̃ ɔtfɔʒɨt͡ɕ usta]

Zeigen Sie die Zunge.
Proszę pokazać język. [prɔʃɛ̃ pɔkazat͡ɕ jɛ̃zɨk]

Wie lange fühlen Sie sich schon so?
Jak długo się pan/pani tak czuje? [jak dwugɔ ɕɛ̃ pan/paɲi tak t͡ʃujɛ]

Sie müssen geröntgt werden.
Pan/pani musi się prześwietlić. [pan/paɲi muɕi ɕɛ̃ pʃɛɕfʲɛtlʲit͡ɕ]

Ich brauche eine Blut-/Urinprobe.
Potrzebuję badania krwi/moczu. [pɔtʃɛbujɛ̃ badaɲa krfʲi/mɔt͡ʃu]

Sie müssen operiert werden.
Pan/pani musi się poddać operacji.
[pan/paɲi muɕi ɕɛ̃ pɔddat͡ɕ ɔpɛrat͡sji]

Sie brauchen ein paar Tage Bettruhe.
Przez parę dni powinien pan/powinna pani zostać w łóżku. [pʃɛs parɛ̃ dɲi pɔvʲiɲɛn pan/pɔvʲinna paɲi zɔstat͡ɕ vwuʃku]

Es ist nichts Ernstes.
To nic poważnego. [tɔ ɲi͡ts pɔvaʒnɛgɔ]

Haben Sie einen Impfschein?
Czy ma pan/pani świadectwo szczepienia?
[t͡ʃɨ ma pan/paɲi ɕf̦adɛ͡tstfɔ ʃt͡ʃɛp̦ɛɲa]

Ich bin gegen ... geimpft.
Byłem szczepiony/byłam szczepiona przeciw ...
[bɨwem ʃt͡ʃɛp̦jɔɲɨ/bɨwam ʃt͡ʃɛp̦jɔna pʃɛ͡tɕif]

Können Sie mir bitte etwas gegen ... geben/verschreiben?
Czy może mi pan/pani dać/zapisać coś na ...
[t͡ʃɨ mɔʒɛ m̦i pan/paɲi da͡tɕ/ zap̦isa͡tɕ ͡tsɔɕ na]

Im Krankenhaus

Wie lange muss ich hier bleiben?
Jak długo muszę tu zostać? [jak dwugɔ muʃɛ̃ tu zɔsta͡tɕ]

Ich kann nicht einschlafen.
Nie mogę zasnąć. [ɲɛ mɔgɛ̃ zasnɔɲ͡tɕ]

Ich habe Schmerzen.
Mam bóle. [mam bulɛ]

Geben Sie mir bitte eine Schmerztablette/Schlaftablette.
Proszę mi dać tabletkę przeciwbólową/tabletkę nasenną.
[prɔʃɛ̃ m̦i da͡tɕ tablɛtkɛ̃ pʃɛ͡tɕivbulɔvɔ̃/tablɛtkɛ̃ nasɛnnɔ̃]

Wann darf ich aufstehen?
Kiedy mogę wstać? [cɛdɨ mɔgɛ̃ fsta͡tɕ]

Abszess	**ropień** [rɔp̦ɛɲ]
Abtreibung	**aborcja** [abɔr͡tsja], **przerywanie ciąży** [pʃɛrɨvaɲɛ ͡tɕɔ̃ʒɨ]
Ader	**żyła** [ʒɨwa]

Aids	**aids** [ɛjts]
Alkoholiker/in	**alkoholik/alkoholiczka** [alkɔxɔlˌik/alkɔxɔlˌit͡ʃka]
Allergie	**alergia** [alɛrɟja]
allergisch sein gegen	**mieć alergię na** *+acc* [mˌɛt͡ɕ alɛrɟjɛ̃ na]
Anfall	**napad** [napat]
Angina	**angina** [anɟina]
Anspruchsausweis *(Krankenkasse)*	**polisa ubezpieczeniowa (kasy chorych)** [pɔlˌisa ubɛspˌɛt͡ʃɛɲɔva (kasɨ xɔrɨx)]
ansteckend	**zakaźny** [zakaʑnɨ]
Appetitlosigkeit	**brak apetytu** [brak apɛtɨtu]
Arm	**ramię** [ramˌɛ̃], **ręka** [rɛŋka]
Asthma	**astma** [astma]
Atembeschwerden	**trudności w oddychaniu** [trudnɔɕt͡ɕi v ɔddɨxaɲu]
atmen	**oddychać** [ɔddɨxat͡ɕ]
Attest	**atest** [atɛst], **zaświadczenie lekarskie** [zaɕfˌjatt͡ʃɛɲɛ lɛkarscɛ]
Auge	**oko** [ɔkɔ]
Ausschlag	**wysypka** [vɨsɨpka]
Bänderriss	**naderwanie ścięgna** [nadɛrvaɲɛ ɕt͡ɕɛŋgna]
Bauch	**brzuch** [bʒux]
Bein	**noga** [nɔga]
Bescheinigung	**zaświadczenie** [zaɕfˌjatt͡ʃɛɲɛ]
Besuchszeit	**godziny przyjęć** [gɔd͡ʑinɨ pʃɨjɛɲt͡ɕ]
bewusstlos	**nieprzytomny** [ɲɛpʃɨtɔmnɨ]
Bisswunde	**rana od ugryzienia/ukąszenia** [rana ɔd ugrɨʑɛɲa/ukɔ̃ʃɛɲa]
Blähungen	**wzdęcia** [vzdɛɲt͡ɕa]
Blase	**pęcherz** [pɛ̃xɛʃ]

Blinddarm	**wyrostek robaczkowy** [vɨrɔstɛk rɔbat͡ʃkɔvɨ]; *fam* **ślepa kiszka** [ɕlɛpa ciʃka]
Blinddarmentzündung	**zapalenie wyrostka robaczkowego** [zapalɛɲɛ vɨrɔstka rɔbat͡ʃkɔvɛgɔ]
Blut	**krew** [krɛf]
Blutdruck (hoher/niedriger)	**ciśnienie krwi (wysokie/niskie)** [t͡ɕiɕɲɛɲɛ krf,i (vɨsɔcɛ ɲiscɛ)]
bluten	**krwawić** [krfav,it͡ɕ]
Bluterguss	**wylew (krwi)** [vɨlɛf (krf,i)]
Blutgruppe	**grupa krwi** [grupa krf,i]
Blutung	**krwawienie** [krfav,ɛɲɛ]
Blutvergiftung	**zatrucie krwi** [zatrut͡ɕɛ krf,i]
Brechreiz	**mdłości** *pl* [mdwɔɕt͡ɕi]
Bronchien	**oskrzele** [ɔskʃɛlɛ]
Bronchitis	**bronchit** [brɔnx,it]
Bruch	**przepuklina** [pʃɛpukl,ina]
Brust	**pierś** *f* [p,ɛrɕ]
Bypass	**bypass** [bajpas]
Chirurg/in	**chirurg** [x,irurg]
Cholera	**cholera** [xɔlɛra]
Darm	**jelito** [jɛl,itɔ]
desinfizieren	**dezynfekować** [dɛzɨnfɛkɔvat͡ɕ]
Diabetes	**cukrzyca** [t͡sukʃɨt͡sa]
Diagnose	**diagnoza** [d,jagnɔza]
Diät	**dieta** [d,jɛta]
Diphtherie	**dyfteryt** [dɨftɛrɨt], **błonica** [bwɔɲit͡sa]
drogenabhängig	**uzależniony (od narkotyków)** [uzalɛʒɲɔɲɨ (ɔd narkɔtɨkuf)], **cierpiący na głód narkotyczny** [t͡ɕɛrp,ɔnt͡sɨ na gwud narkɔtɨt͡ʃnɨ]
Drüse	**gruczoł** [grut͡ʃɔw]

Durchfall	**biegunka** [bʲɛgunka]
Eiter	**ropa** [rɔpa]
eitern	**ropieć** [rɔpʲɛt͡ɕ]
Ellbogen	**łokieć** [wɔcɛt͡ɕ]
Entzündung	**zapalenie** [zapalɛɲɛ]
Epilepsie	**epilepsja** [ɛpʲilɛpsja], **padaczka** [padat͡ʃka]
erbrechen, sich	**zwymiotować** [zvɨmʲjɔtɔvat͡ɕ]
erkälten, sich	**przeziębić się** [pʃɛʑɛmbʲit͡ɕ ɕɛ̃]
erkältet	**przeziębiony** [pʃɛʑɛmbʲɔnɨ]
Erkältung	**przeziębienie** [pʃɛʑɛmbʲɛɲɛ]
Facharzt/-ärztin	**lekarz specjalista** [lɛkaʃ spɛt͡sjalʲista]
Fehlgeburt	**poronienie** [pɔrɔɲɛɲɛ]
Fieber	**gorączka** [gɔrɔnt͡ʃka]
Finger	**palec** [palɛt͡s]
Fuß	**stopa** [stɔpa]
Gallenblase	**woreczek żółciowy** [vɔrɛt͡ʃɛk ʒuwt͡ɕɔvɨ]
gebrochen	**złamany** [zwamanɨ]
Gehirn	**mózg** [musk]
Gehirnerschütterung	**wstrząs mózgu** [fstʃɔ̃s muzgu]
Gehirnschlag	**wylew krwi do mózgu** [vɨlɛf krfʲi dɔ muzgu], **apopleksja** [apɔplɛksja], **udar mózgu** [udar muzgu]
Gehör	**słuch** [swux]
Gelbsucht	**żółtaczka** [ʒuwtat͡ʃka]
Gelenk	**staw** [staf]
Geschlechtskrankheit	**choroba weneryczna** [xɔrɔba vɛnɛrɨt͡ʃna]
Geschlechtsorgane	**narządy płciowe** [naʒɔndɨ pwt͡ɕɔvɛ]
geschwollen	**spuchnięty** [spuxɲɛntɨ]
Geschwulst	**obrzęk** [ɔbʒɛŋk]
Geschwür	**wrzód** [vʒut]

Gesicht	**twarz** *f* [tfaʃ]
Gips	**gips** [ɟips]
Glieder	**kończyny** [kɔɲt͡ʃɨnɨ]
Grippe	**grypa** [grɨpa]
Hals	**gardło** [gardwɔ]
Halsschmerzen	**ból gardła** [bul gardwa]
Hämorrhoiden	**hemoroidy** [xɛmɔrɔjdɨ]
Hand	**ręka** [rɛŋka]
Haut	**skóra** [skura]
Hautkrankheit	**choroba skórna** [xɔrɔba skurna]
heiser sein	**mieć chrypkę** [mʲɛt͡ɕ xrɨpkɛ̃]
Herz	**serce** [sɛrt͡sɛ]
Herzanfall	**atak serca** [atak sɛrt͡sa]
Herzbeschwerden	**dolegliwości sercowe** [dɔlɛglʲivɔɕt͡ɕi sɛrt͡sɔvɛ]
Herzfehler	**wada serca** [vada sɛrt͡sa]
Herzinfarkt	**zawał serca** [zavaw sɛrt͡sa]
Herzschrittmacher	**rozrusznik serca** [rɔzruʃɲik sɛrt͡sa]
Herzspezialist	**kardiolog** [kardʲjɔlɔg]
Heuschnupfen	**katar sienny** [katar ɕɛnnɨ]
Hexenschuss	**postrzał** [pɔstʃaw], **lumbago** [lumbagɔ]
Höhensonne	**lampa kwarcowa** [lampa kfart͡sɔva], **kwarcówka** [kfart͡sufka]
Hüfte	**biodro** [bʲjɔdrɔ]
Husten	**kaszel** [kaʃɛl]
impfen	**szczepić** [ʃt͡ʃɛpʲit͡ɕ]
Impfpass	**książeczka szczepień** [kɕɔ̃ʒɛt͡ʃka ʃt͡ʃɛpʲɛɲ]
Impfung	**szczepienie** [ʃt͡ʃɛpʲɛɲɛ]
Infektion	**infekcja** [infɛkt͡sja]
Infusion	**infuzja** [infuzja]
Ischias	**rwa kulszowa** [rva kulʃɔva]

Juckreiz	**swiąd** [ɕf,ɔnt], **swędzenie** [sfɛnd͡zɛɲɛ]
Keuchhusten	**koklusz** [kɔkluʃ], **krztusiec** [kʃtuɕɛt͡s]
Kinderlähmung	**paraliż dziecięcy** [paral,iʃ d͡ʑɛt͡ɕɛnt͡sɨ]
Knie	**kolano** [kɔlanɔ]
Knöchel	**kostka** [kɔstka]
Knochen	**kość** *f* [kɔɕt͡ɕ]
Knochenbruch	**złamanie kości** [zwamaɲɛ kɔɕt͡ɕi]
Kolik	**kolka** [kɔlka]
Kopf	**głowa** [gwɔva]
Kopfschmerzen	**bóle głowy** [bulɛ gwɔvɨ]
krank	**chory** [xɔrɨ]
Krankenhaus	**szpital** [ʃp,ital]
Krankenkasse	**kasa chorych** [kasa xɔrɨx] **ubezpieczalnia** [ubɛsp,ɛt͡ʃalɲa]
Krankenschein	**poświadczenie ubezpieczenia na wypadek choroby** [pɔɕf,att͡ʃɛɲɛ ubɛsp,ɛt͡ʃɛɲa na vɨpadɛk xɔrɔbɨ]
Krankenschwester	**pielęgniarka** [p,ɛlɛ̃gɲarka]; *fam* **siostra** [ɕɔstra]
Krankheit	**choroba** [xɔrɔba]
Krebs	**rak** [rak]
Kreislaufstörungen	**zaburzenia krążeniowe** [zabuʒɛɲa krɔ̃ʒɛɲɔvɛ]
Lähmung	**paraliż** [paral,iʃ]
Lebensmittelvergiftung	**zatrucie pokarmowe** [zatrut͡ɕɛ pɔkarmɔvɛ]
Leber	**wątroba** [vɔntrɔba]
Leistenbruch	**przepuklina** [pʃɛpukl,ina]
Leukämie	**leukemia** [lɛwkɛm,a], **białaczka** [b,awat͡ʃka]
Lippe	**warga** [varga]
Lunge	**płuca** *pl* [pwut͡sa]

Lungenentzündung	**zapalenie płuc** [zapalɛɲɛ pwut͡s]
Magen	**żołądek** [ʒɔwɔndɛk]
Magenschmerzen	**bóle żołądka** [bulɛ ʒɔwɔntka]
Mandelentzündung	**zapalenie migdałków** [zapalɛɲɛ m̦igdawkuf]
Mandeln	**migdałki** [m̦igdawci]
Masern	**odra** [ɔdra]
Menstruation	**miesiączka** [m̦ɛɕɔnt͡ʃka], **menstruacja** [mɛnstruat͡sja]
Migräne	**migrena** [m̦igrɛna]
Mittelohrentzündung	**zapalenie ucha środkowego** [zapalɛɲɛ uxa ɕrɔtkɔvɛgɔ]
Mumps	**zapalenie przyusznicy** [zapalɛɲɛ pʃɨuʃɲit͡sɨ]; *fam* **świnka** [ɕf̦inka]
Mund	**usta** *pl* [usta]
Muskel	**mięsień** [m̦ɛ̃ɕɛɲ], **muskuł** [muskuw]
nähen	**szyć** [ʃɨt͡ɕ]
Narbe	**blizna** [bl̦izna]
Narkose	**narkoza** [narkɔza], **znieczulenie** [zɲɛt͡ʃulɛɲɛ]
Nase	**nos** [nɔs]
Nasenbluten	**krwotok z nosa** [krfɔtɔk z nɔsa]
Nerv	**nerw** [nɛrf]
nervös	**nerwowy** [nɛrvɔvɨ]
Niere	**nerki** *pl* [nɛrci]
Nierenentzündung	**zapalenie nerek** [zapalɛɲɛ nɛrɛk]
Nierenstein	**kamica nerkowa** [kam̦it͡sa nɛrkɔva]
Ohnmacht	**utrata przytomności** [utrata pʃɨtɔmnɔɕt͡ɕi], **zemdlenie** [zɛmdlɛɲɛ]
Ohr	**ucho** [uxɔ]
Operation	**operacja** [ɔpɛrat͡sja]
Pocken	**ospa** [ɔspa]

Praxis	**gabinet lekarski** [gabˌinɛt lɛkarsci]
Prellung	**stłuczenie** [stwut͡ʃɛɲɛ], **kontuzja** [kɔntuzja]
Prothese	**proteza** [prɔtɛza]
Puls	**puls** [puls]
Quetschung	**stłuczenie** [stwut͡ʃɛɲɛ], **kontuzja** [kɔntuzja]
Rheuma	**reumatyzm** [rewmatɨzm], **gościec** [gɔɕt͡ɕɛt͡s]
Rippe	**żebro** [ʒɛbrɔ]
röntgen	**prześwietlać** [pʃɛɕfˌɛtlat͡ɕ]
Röntgenaufnahme	**prześwietlenie** [pʃɛɕfˌɛtlɛɲɛ]
Röteln	**różyczka** [ruʒɨt͡ʃka]
Rücken	**plecy** *pl* [plɛt͡sɨ]
Rückenschmerzen	**bóle pleców** [bulɛ plɛt͡suf]
Rücktransport	**transport powrotny** [transpɔrt pɔvrɔtnɨ]
Salmonellen	**salmonella** [salmɔnɛlla]
Schädel	**czaszka** [t͡ʃaʃka]
Scharlach	**szkarlatyna** [ʃkarlatɨna], **płonica** [pwɔɲit͡sa]
Schienbein	**kość** *f* **piszczelowa** [kɔɕt͡ɕ pˌiʃt͡ʃɛlɔva]
Schiene	**szyna** [ʃɨna]
Schlaflosigkeit	**bezsenność** *f* [bɛssɛnnɔɕt͡ɕ]
Schlaganfall	**udar mózgu** [udar muzgu], **apopleksja** [apɔplɛksja]
Schlüsselbein	**obojczyk** [ɔbɔjt͡ʃɨk]
Schmerzen	**bóle** [bulɛ]
Schnittwunde	**rana cięta** [rana t͡ɕɛnta]
Schnupfen	**katar** [katar]
Schulter	**bark** [bark], **ramię** *n* [ramˌɛ̃]
Schüttelfrost	**dreszcze** *pl* [drɛʃt͡ʃɛ]
Schwangerschaft	**ciąża** [t͡ɕɔ̃ʒa]

Schweiß	**pot** [pɔt]
Schwellung	**obrzęk** [ɔbʒɛŋk]
Schwindel	**zawrót głowy** [zavrut gwɔvɨ]
schwitzen	**pocić się** [pɔt͡ɕit͡ɕ ɕɛ̃]
Seitenstechen	**kolka** [kɔlka] **kłucie w boku** [kwut͡ɕɛ v bɔku]
Sodbrennen	**zgaga** [zgaga]
Sonnenstich	**porażenie słoneczne** [pɔraʒɛɲɛ swɔnɛt͡ʃnɛ], **udar słoneczny** [udar swɔnɛt͡ʃnɨ]
Speiseröhre	**przełyk** [pʃɛwɨk]
Sprechstunde	**godziny** *pl* **przyjęć** [gɔd͡ʑinɨ pʃɨjɛɲt͡ɕ]
Spritze	**zastrzyk** [zastʃɨk]
Station	**oddział** [ɔdd͡ʑaw]
Stich	**kłócie** [kwut͡ɕɛ], **ból kłuty** [bul kwutɨ]
Stirnhöhlenentzündung	**zapalenie zatok czołowych** [zapalɛɲɛ zatɔk t͡ʃɔwɔvɨx]
Stuhlgang	**stolec** [stɔlɛt͡s]
Sucht	**uzależnienie** [uzalɛʒɲɛɲɛ]
süchtig	**uzależniony** [uzalɛʒɲɔnɨ]
Tetanus	**tężec** [tɛ̃ʒɛt͡s]
Transfusion	**transfuzja krwi** [transfuzja krf,i]
Trommelfell	**bębenek** [bɛmbɛnɛk]
Typhus	**tyfus** [tɨfus], **dur** [dur]
Übelkeit	**mdłości** *pl* [mdwɔɕt͡ɕi]
Ultraschalluntersuchung	**badanie ultradźwiękowe** [badaɲɛ ultrad͡ʑvɛŋkɔvɛ]
Unterleib	**podbrzusze** [pɔdbʒuʃɛ]
Untersuchung	**badanie** [badaɲɛ]
Urin	**mocz** [mɔt͡ʃ]
Verband	**opatrunek** [ɔpatrunɛk], **bandaż** [bandaʃ]

verbinden	**opatrzeć** [ɔpatʃɛt͡ɕ]
	zabandażować [zabandaʒɔvat͡ɕ]
Verbrennung	**oparzenie** [ɔpaʒɛɲɛ]
Verdauung	**trawienie** [travʲɛɲɛ]
Verdauungsstörungen	**zaburzenia w trawieniu** [zabuʒɛɲa f travʲɛɲu]
Vergiftung	**zatrucie** [zatrut͡ɕɛ]
verletzen	**skaleczyć** [skalɛt͡ʃɨt͡ɕ]
Verletzung	**skaleczenie** [skalɛt͡ʃɛɲɛ]
verschreiben	**zapisywać/zapisać** [zapʲisɨvat͡ɕ/zapʲisat͡ɕ]
verstaucht	**skręcony** [skrɛnt͡sɔnɨ]
Verstopfung	**zatwardzenie** [zatfard͡ʑɛɲɛ], **obstrukcja** [ɔpstrukt͡sja]
Virus	**wirus** [vʲirus]
Wartezimmer	**poczekalnia** [pɔt͡ʃɛkalɲa]
wehtun	**boleć** [bɔlɛt͡ɕ]
Windpocken	**ospa wietrzna** [ɔspa vʲɛt͡ʃʃna]
Wirbelsäule	**kręgosłup** [krɛŋgɔswup]
Wunde	**rana** [rana]
Zehe	**paluch** [palux]
Zerrung	**nadwerężenie** [nadvɛrɛ̃ʒɛɲɛ]
Zunge	**język** [jɛ̃zɨk]

Beim Zahnarzt

Ich habe (starke) Zahnschmerzen.
Mam (ostre) bóle zęba. [mam (ɔstrɛ) bulɛ zɛmba]

Dieser Zahn (oben/unten/ vorn/hinten) tut weh.
Ten ząb (na górze/na dole/z przodu/z tyłu) boli.
[tɛn zɔmp (na guʒɛ/na dɔlɛ/s pʃɔdu/s tɨwu) bɔlʲi]

Ich habe eine Füllung verloren.
Wypadła mi plomba. [vɨpadwa mʲi plɔmba]

Mir ist ein Zahn abgebrochen.
Złamał mi się ząb. [zwamaw mʲi ɕɛ̃ zɔmp]

Ich behandle ihn nur provisorisch.
Zrobię go tylko prowizorycznie. [zrɔbʲɛ̃ gɔ tɨlkɔ prɔvʲizɔrɨt͡ʃɲɛ]

Ich muss ihn ziehen.
Muszę go wyrwać. [muʃɛ̃ gɔ vɨrvat͡ɕ]

Geben Sie mir bitte eine/ keine Spritze.
Proszę mi dać zastrzyk/nie dawać zastrzyku.
[prɔʃɛ̃ mʲi dat͡ɕ zastʃɨk/ɲɛ davat͡ɕ zastʃɨku]

Können Sie diese Prothese reparieren?
Czy może pan/pani zreperować tę protezę?
[t͡ʃɨ mɔʒɛ pan/paɲi zrɛpɛrɔvat͡ɕ tɛ̃ prɔtɛzɛ̃]

Suchen Sie dann zu Hause gleich Ihren Zahnarzt auf.
Zaraz po powrocie do domu proszę iść do swojego dentysty.
[zaraz pɔ pɔvrɔt͡ɕɛ dɔ dɔmu prɔʃɛ̃ iɕt͡ɕ dɔ sfɔjɛgɔ dɛntɨstɨ]

Backenzahn	**ząb trzonowy** [zɔmp tʃɔnɔvɨ]
Kiefer	**szczęka** [ʃt͡ʃɛŋka]
Krone	**koronka** [kɔrɔnka]
Loch	**dziura (w zębie)** [d͡ʑura (v zɛmbʲɛ)]
Plombe	**plomba** [plɔmba]
Schneidezahn	**siekacz** [ɕɛkat͡ʃ]
Zahn	**ząb** [zɔmp]
Zahnfleisch	**dziąsło** [d͡ʑɔ̃swɔ]
Zahnschmerzen	**ból zęba** [bul zɛmba]
ziehen	**wyrywać/wyrwać (ząb)** [vɨrɨvat͡ɕ/vɨrvat͡ɕ (zɔmp)]

Bank

Wo ist hier bitte eine Bank/ eine Wechselstube?
Gdzie tu jest bank/kantor (wymiany walut)?
[gd͡ʑɛ tu jɛst baŋk/kantɔr (vɨmjanɨ valut)]

Wann öffnet/schließt die Bank?
O której otwierają/zamykają bank?
[ɔ kturɛj ɔtfʲɛrajɔ̃/zamɨkajɔ̃ baŋk]

Ich möchte ... Euro (Schweizer Franken) in ... wechseln.
Chciałbym/*f* chciałabym wymienić ... ecu (franków szwajcarskich) na ... [xt͡ɕawbɨm/xt͡ɕawabɨm vɨmʲɛɲit͡ɕ ... ɛci (fraŋkuf ʃfajt͡sarscix) na]

Wie ist heute der Wechselkurs?
Jaki jest dziś kurs? [jaci jɛst d͡ʑiɕ kurs]

Wie viel Zloty bekomme ich für 100 Euro?
Ile złotych dostanę za sto ecu? [ilɛ zwɔtɨx dɔstanɛ̃ za stɔ ɛci]

Ich möchte diesen Reisescheck einlösen.
Chciałbym/chciałabym zrealizować ten czek podróżny.
[xt͡ɕawbɨm/xt͡ɕawabɨm zrɛalʲizɔvat͡ɕ tɛn t͡ʃɛk pɔdruʒnɨ]

Auf welchen Betrag kann ich den Scheck maximal ausstellen?
Na jaką maksymalną sumę mogę wystawić czek?
[na jakɔ̃ maksɨmalnɔ̃ sumɛ̃ mɔgɛ̃ vɨstavʲit͡ɕ t͡ʃɛk]

Ihre Scheckkarte, bitte.
Proszę pańską/pani kartę czekową.
[prɔʃɛ̃ paɲskɔ̃/paɲi kartɛ̃ t͡ʃɛkɔvɔ̃]

Darf ich bitte Ihren Pass/ Ausweis sehen?
Czy mogę zobaczyć pana/pani paszport/dowód osobisty?
[t͡ʃɨ mɔgɛ̃ zɔbat͡ʃɨt͡ɕ pana/paɲi paʃpɔrt/dɔvut ɔsɔbʲistɨ]

Würden Sie bitte hier unterschreiben?
Czy może pan/pani tu podpisać? [t͡ʃɨ mɔʒɛ pan/paɲi tu pɔtpʲisat͡ɕ]

Wie wollen Sie das Geld haben?
W jakich wartościach chce pan/pani tę sumę? [vjacix vartɔɕt͡ɕax xt͡sɛ pan/paɲi tɛ̃ sumɛ̃]

Bitte nur Scheine.
Proszę tylko banknoty. [prɔʃɛ̃ tɨlkɔ baŋknɔtɨ]

Auch etwas Kleingeld.
Trochę drobnych także. [trɔxɛ̃ drɔbnɨx tagʒɛ]

auszahlen	**wypłacać/wypłacić** [vɨpwat͡sat͡ɕ/vɨpwat͡ɕit͡ɕ]
Bank	**bank** [baŋk]
bar	**bar** [bar], **gotówką** [gɔtufkɔ̃], **w gotówce** [vgɔtuft͡sɛ]
Bargeld	**gotówka** [gotufka]
Betrag	**suma** [suma]
Devisen	**dewizy** [dɛvʲizɨ]
einzahlen	**wpłacać/wpłacić** [fpwat͡sat͡ɕ/fpwat͡ɕit͡ɕ]
Euro	**ecu** [ɛci]
Formular	**formularz** [fɔrmulaʃ], **druczek** [drut͡ʃɛk]
Geheimzahl	**tajny numer** [tajnɨ numɛr]
Geld	**pieniądze** *pl* [pʲɛɲɔnd͡zɛ]
Geldautomat	**automat bankowy** [awtɔmat baŋkɔvɨ]
Geldanweisung	**przekaz pieniężny** [pʃɛkas pʲɛɲɛ̃ʒnɨ]
Geldschein	**banknot** [baŋknɔt]
Geldwechsel	**wymiana pieniędzy** [vɨmʲjana pʲɛɲɛnd͡zɨ]
Kleingeld	**drobne** *pl* [drɔbnɛ]
Konto	**konto** [kɔntɔ]
Kreditkarte	**karta kredytowa** [karta krɛdɨtɔva]
Kurs	**kurs** [kurs]

Münze	**moneta** [mɔnɛta]
Provision	**prowizja** [prɔv̢izja]
Quittung	**pokwitowanie** [pɔkf̢itɔvaɲɛ], **kwit** [kf̢it]
Reisescheck	**czek podróżny** [t͡ʃɛk pɔdruʒnɨ]
Schalter	**okienko** [ɔcɛnkɔ]
Scheck	**czek** [t͡ʃɛk]
einen Scheck ausstellen	**wystawić czek** [vɨstav̢it͡ɕ t͡ʃɛk]
Scheckkarte	**karta czekowa** [karta t͡ʃɛkɔva]
Schweizer Franken	**frank szwajcarski** [fraŋk ʃfajt͡sarsci]
Sparkasse	**kasa oszczędności** [kasa ɔʃt͡ʃɛndnɔɕt͡ɕi]
Überweisung	**przekaz** [pʃɛkas], **przelew** [pʃɛlɛf]
telegrafische Überweisung	**przekaz telegraficzny** [pʃɛkas tɛlɛgraf̢it͡ʃnɨ]
umtauschen	**wymieniać** [vɨm̢ɛɲat͡ɕ]
unterschreiben	**podpisać** [pɔtp̢isat͡ɕ]
Währung	**waluta** [valuta]
Wechselkurs	**kurs wymiany** [kurs vɨm̢janɨ]
Wechselstube	**kantor wymiany walut** [kantɔr vɨm̢janɨ valut]
zahlen	**płacić** [pwat͡ɕit͡ɕ]
Zahlkarte	**przekaz** [pʃɛkas], **blankiet nadawczy** [blaɲcɛt nadaft͡ʃɨ]
Zahlung	**opłata** [ɔpwata], **płatność** [pwatnɔɕt͡ɕ]
Zahlungsanweisung	**nakaz płatniczy** [nakas pwatɲit͡ʃɨ]

Fundbüro ➤ auch Polizei

Wo ist das Fundbüro, bitte?
Gdzie znajduje się biuro rzeczy znalezionych?
[gd͡ʑɛ znajdujɛ ɕɛ̃ bʲjurɔ ʒɛt͡ʃɨ znalɛʑɔnɨx]

Ich habe ... verloren.
Zgubiłem/zgubiłam ... [zgubʲiwɛm/zgubʲiwam]

Ich habe meine Handtasche im Zug vergessen.
Zostawiłam w pociągu moją torebkę.
[zɔstavʲiwam f pɔt͡ɕɔŋgu mɔjɔ̃ tɔrɛpkɛ̃]

Benachrichtigen Sie mich bitte, wenn sie abgegeben/ gefunden werden sollte.
Proszę mnie zawiadomić, gdyby została znaleziona.
[prɔʃɛ̃ mɲɛ zavʲjadɔmʲit͡ɕ, gdɨbɨ zɔstawa znalɛʑɔna]

Hier ist meine Hotelanschrift/Heimatadresse.
Tu jest adres mojego hotelu/mój adres domowy.
[tu jɛst adrɛs mɔjɛgɔ xɔtɛlu/muj adrɛs dɔmɔvɨ]

Polizei

Wo ist bitte das nächste Polizeirevier?
Gdzie jest najbliższy komisariat policji?
[gd͡ʑɛ jɛst najblʲiʃʃɨ kɔmʲisarʲjat pɔlʲit͡sji]

Ich möchte einen Diebstahl/ Verlust/Unfall anzeigen.
Chciałbym/*f* Chciałabym zgłosić kradzież/zgubę/wypadek.
[xt͡ɕawbɨm/xt͡ɕawabɨm zgwɔɕit͡ɕ krad͡ʑɛʃ/zgubɛ̃/vɨpadɛk]

Mir ist ... gestohlen worden.
Ukradziono mi ... [ukrad͡ʑɔnɔ mʲi]

die Handtasche
torebkę. [tɔrɛpkɛ̃]

die Brieftasche
portfel. [pɔrtfɛl]

mein Fotoapparat
mój aparat fotograficzny. [muj aparat fɔtɔgraf͜itʃnɨ]

mein Auto
moje auto. [mɔjɛ awtɔ]

Mein Auto ist aufgebrochen worden.
Włamano się do mojego auta. [vwamanɔ ɕɛ̃ dɔ mɔjɛgɔ awta]

Aus meinem Auto ist … gestohlen worden.
Z mojego auta ukradziono … [z mɔjɛgɔ awta ukrad͡ʑɔnɔ]

Ich habe … verloren.
Zgubiłem/*f* zgubiłam … [zgubiwɛm/zgubiwam]

Mein Sohn/Meine Tochter ist seit … verschwunden.
Od … +*gen* nie ma mojego syna/ mojej córki.
[ɔt … ɲɛ ma mɔjɛgɔ sɨna/mɔjɛj t͡surci]

Dieser Mann belästigt mich.
Ten człowiek mnie napastuje. [tɛn t͡ʃɔvjɛk mɲɛ napastujɛ]

Können Sie mir bitte helfen?
Czy może mi pan/pani pomóc? [t͡ʃɨ mɔʒɛ mi pan/paɲi pɔmut͡s]

Wann genau ist das passiert?
Kiedy dokładnie to się stało? [cɛdɨ dɔkwadɲɛ tɔ ɕɛ̃ stawɔ]

Ihren Namen und Ihre Anschrift, bitte.
Pana/pani nazwisko i adres proszę. [pana/paɲi nazvjiskɔ i adrɛs prɔʃɛ̃]

Wenden Sie sich bitte an das deutsche/österreichische/Schweizer Konsulat.
Proszę zwrócić się do niemieckiego/ austriackiego/szwajcarskiego konsulatu. [prɔʃɛ̃ zvrut͡ɕit͡ɕ ɕɛ̃ dɔ ɲɛmjɛt͡scɛgɔ/awstrjat͡scɛgɔ/ ʃfajt͡sarscɛgɔ kɔnsulatu.]

anzeigen	**zgłaszać/zgłosić** [zgwaʃat͡ɕ/zwɔɕit͡ɕ]
aufbrechen	**włamać się** [vwamat͡ɕ ɕɛ̃]
Autoradio	**radio samochodowe** [radʲjɔ samɔxɔdɔvɛ]
Autoschlüssel	**kluczyk do samochodu** [klut͡ʃɨk dɔ samɔxɔdu]
belästigen	**napastować** [napastɔvat͡ɕ]
beschlagnahmen	**skonfiskować** [skɔnfʲiskɔvat͡ɕ]
Brieftasche	**portfel** [pɔrtfɛl]
Dieb	**złodziej** [zwɔd͡ʑɛj]
Diebstahl	**kradzież** [krad͡ʑɛʃ]
Führerschein	**prawo jazdy** [pravɔ jazdɨ]
Gefängnis	**więzienie** [vʲɛ̃ʑɛɲɛ]
Geld	**pieniądze** *pl* [pʲɛɲɔnd͡zɛ]
Geldbörse	**portmonetka** [pɔrtmɔnɛtka]
Kfz-Schein	**dowód rejestracyjny** [dɔvut rɛjɛstrat͡sɨjnɨ]; *fam* **karta wozu** [karta vɔzu]
Papiere	**papiery** [papʲɛrɨ], **dokumenty** [dɔkumɛntɨ]
Personalausweis	**dowód osobisty** [dɔvut ɔsɔbʲistɨ]
Polizei	**policja** [pɔlʲit͡sja]
Polizeiwagen	**samochód/radiowóz policyjny** [samɔxut/radʲjɔvus pɔlʲit͡sɨjnɨ]
Polizist/in	**policjant/ka** [pɔlʲit͡sjant/ka]
Rauschgift	**narkotyk** [narkɔtɨk]
Rechtsanwalt/-anwältin	**adwokat** [advɔkat]
Reisepass	**paszport** [paʃpɔrt]
Scheck	**czek** [t͡ʃɛk]
Scheckkarte	**karta czekowa** [karta t͡ʃɛkɔva]
Schlüssel	**klucz** [klut͡ʃ]
Schmuggel	**przemyt** [pʃɛmɨt], **szmugiel** [ʃmuɟɛl]

Schuld	**wina** [vina]
Taschendieb	**złodziej kieszonkowy** [zwɔdʑɛj cɛʃɔnkɔvɨ]
Überfall	**napad** [napat]
Untersuchungshaft	**areszt śledczy** [arɛʃt ɕlɛttʃɨ]
Verbrechen	**przestępstwo** [pʃɛstɛmpstfɔ]
Vergewaltigung	**gwałt** [gvawt]
verhaften	**aresztować** [arɛʃtɔvatɕ]
verlieren	**zgubić** [zgubitɕ]
zusammenschlagen	**bić/pobić** [bitɕ/pobitɕ]

Post

Wo ist das nächste Postamt/ der nächste Briefkasten?
Gdzie jest najbliższa poczta/ najbliższa skrzynka pocztowa?
[gdʑɛ jɛst najbliʃʃa pɔtʃta/najbliʃʃa skʃɨnka pɔtʃtɔva]

Was kostet ein Brief/eine Postkarte …
Ile kosztuje list/ pocztówka … [ilɛ kɔʃtujɛ list/pɔtʃtufka]

nach Deutschland?
do Niemiec? [dɔ ɲɛmɛts]

nach Österreich?
do Austrii? [dɔ awstrji]

in die Schweiz?
do Szwajcarii? [dɔ ʃfajtsarji]

Drei Briefmarken zu … Zloty, bitte.
trzy znaczki po … złotych, proszę. [tʃɨ znatʃci pɔ ... zwɔtɨx, prɔʃɛ̃]

Diesen Brief bitte per …
Ten list proszę jako … [tɛn list prɔʃɛ̃ jakɔ]

Einschreiben.
polecony. [pɔlɛtsɔnɨ]

Luftpost.
lotniczy. [lɔtɲit͡ʃɨ]

Express.
ekspres. [ɛksprɛs]

Wie lange braucht ein Brief nach Deutschland?
Jak długo idzie list do Niemiec? [jak dwugɔ id͡ʑɛ lʲist dɔ ɲɛmʲɛt͡s]

Kann ich bei Ihnen auch Sondermarken bekommen?
Czy ma pan/pani też znaczki okolicznościowe?
[t͡ʃɨ ma pan/paɲi tɛʃ znat͡ʃci ɔkɔlʲit͡ʃnɔɕt͡ɕɔvɛ]

Diesen Satz/Je eine Marke, bitte.
Tę serię/po jednym znaczku, proszę.
[tɛ̃ sɛrʲjɛ̃/pɔ jɛdnɨm znat͡ʃku, prɔʃɛ̃]

Ich möchte ... Euro/Zloty von meinem Postsparbuch abheben.
Chciałbym/chciałabym podjąć ... ecu/złotych z mojej pocztowej książeczki oszczędnościowej. [xt͡ɕawbɨm/xt͡ɕawabɨm pɔdjɔɲt͡ɕ ... ɛci/zwɔtɨx zmɔjɛj pɔt͡ʃtɔvɛj kɕɔ̃ʒɛt͡ʃci ɔʃt͡ʃɛndnɔɕt͡ɕɔvɛj]

➢ auch Wortliste Bank

absenden	**wysyłać/wysłać** [vɨsɨwat͡ɕ/vɨswat͡ɕ]
Absender	**nadawca** [nadaft͡sa]
Adresse	**adres** [adrɛs]
ausfüllen	**wypełniać/wypełnić** [vɨpɛwɲat͡ɕ/vɨpɛwɲit͡ɕ]
Brief	**list** [lʲist]
Briefkasten	**skrzynka pocztowa** [skʃɨnka pɔt͡ʃtɔva]
Briefmarke	**znaczek pocztowy** [znat͡ʃɛk pɔt͡ʃtɔvɨ]
Briefmarkenautomat	**automat do znaczków pocztowych** [awtɔmat dɔ znat͡ʃkuf pɔt͡ʃtɔvɨx]
Briefumschlag	**koperta** [kɔpɛrta]
Eilbrief	**ekspres** [ɛksprɛs], **list ekspresowy** [lʲist ɛksprɛsɔvɨ]
Einschreibebrief	**list polecony** [lʲist pɔlɛt͡sɔnɨ]

Empfänger	**odbiorca** [ɔdbˌjɔr͡tsa]
Empfangsbestätigung	**potwierdzenie odbioru** [pɔtfˌɛrd͡zɛɲɛ ɔdbˌjɔru]
frankieren	**frankować** [frankɔva͡tɕ], **nalepić znaczek** [nalɛpˌi͡tɕ zna͡tʃɛk]
Gebühr	**opłata** [ɔpwata]
Gewicht	**waga** [vaga]
Hauptpostamt	**poczta główna** [pɔ͡tʃta gwuvna]
Leerung	**wyjmowanie listów** [vɨjmɔvaɲɛ lˌistuf]
mit Luftpost	**poczta lotnicza** [pɔ͡tʃta lɔtɲi͡tʃa]
per Nachnahme	**zaliczenie pocztowe** [zalˌi͡tʃɛɲɛ pɔ͡tʃtɔvɛ], **za zaliczeniem pocztowym** [za zalˌi͡tʃɛɲɛm pɔ͡tʃtɔvɨm]
nachsenden	**dosyłać/dosłać** [dɔsɨwa͡tɕ/dɔswa͡tɕ]
Päckchen	**paczka** [pa͡tʃka], **paczuszka** [pa͡tʃuʃka]
Paket	**pakiet** [pacɛt], **paczka** [pa͡tʃka]
Paketkarte	**przekaz na paczkę** [pʃɛkas na pa͡tʃkɛ̃]
Porto	**porto** [pɔrtɔ], **opłata** [ɔpwata]
Postamt	**poczta** [pɔ͡tʃta]
Postanweisung	**przekaz pocztowy** [pʃɛkas pɔ͡tʃtɔvɨ]
Postkarte	**pocztówka** [pɔ͡tʃtufka]
Postlagernd	**poste restante** [pɔst rɛst t]
Postleitzahl	**kod pocztowy** [kɔt pɔ͡tʃtɔvɨ]
Postsparbuch	**pocztowa książeczka oszczędnościowa** [pɔ͡tʃtɔva kɕɔ̃ʒɛ͡tʃka ɔʃ͡tʃɛndnɔɕ͡tɕɔva]
Postsparkasse	**pocztowa kasa oszczędności** [pɔ͡tʃtɔva kasa ɔʃ͡tʃɛndnɔɕtɕi]
Schalter	**okienko** [ɔcɛnkɔ]
Schalterstunden	**godziny otwarcia (okienka)** [gɔd͡ʑinɨ ɔtfar͡tɕa (ɔcɛnka)]
Sondermarke	**znaczek okolicznościowy** [zna͡tʃɛk ɔkɔlˌi͡tʃnɔɕ͡tɕɔvɨ]

Telefax	**telefaks** [tɛlɛfaks]
Telegramm	**telegram** [tɛlɛgram]
Telex	**teleks** [tɛlɛks]
Wertangabe	**wartość** *f* [vartɔɕt͡ɕ]
Zollerklärung	**deklaracja celna** [dɛklarat͡sja t͡sɛlna]

Telefonieren

Dürfte ich wohl Ihr Telefon benutzen?
Czy mógłbym/mogłabym skorzystać z pana/pani telefonu?
[t͡ʃɨ mugwbɨm/mɔgwabɨm skɔʒɨstat͡ɕ s pana/paɲi tɛlɛfɔnu]

Wo ist die nächste Telefonzelle?
Gdzie jest najbliższa budka telefoniczna?
[gd͡ʑɛ jɛst najbl̡iʃʃa butka tɛlɛfɔɲit͡ʃna]

Bitte eine Telefonkarte/ Telefonmünze.
Proszę kartę telefoniczną/monetę do automatu telefonicznego.
[prɔʃɛ̃ kartɛ̃ tɛlɛfɔɲit͡ʃnɔ̃/mɔnɛtɛ̃ dɔ autɔmatu tɛlɛfɔɲit͡ʃnɛgɔ]

Haben Sie ein Telefonbuch von ...?
Czy ma pan/pani książkę telefoniczną ...?
[t͡ʃɨ ma pan/paɲi kɕɔ̃ʃkɛ̃ tɛlɛfɔɲit͡ʃnɔ̃]

Wie ist die Vorwahl von ...?
Jaki jest numer kierunkowy do ... ? [jaci jɛst numɛr cɛrunkɔvɨ dɔ]

Bitte ein Ferngespräch nach ...
Zamawiam rozmowę międzymiastową z ... *+instr*
[zamav̡jam rɔzmɔvɛ̃ m̡ɛnd͡ʑɨm̡jastɔvɔ̃ z]

Ich möchte ein R-Gespräch anmelden.
Chciałbym/chciałabym zamówić R-kę.
[xt͡ɕawbɨm/xt͡ɕawabɨm zamuv̡it͡ɕ ɛrkɛ̃]

Können Sie mich bitte mit ... verbinden?
Czy może mnie pan/pani połączyć z ... *+instr*?
[t͡ʃɨ mɔʒɛ mɲɛ pan/paɲi pɔwɔnt͡ʃɨt͡ɕ z]

Gehen Sie in Kabine Nr. ...
Proszę iść do kabiny numer ... [prɔʃɛ̃ iɕt͡ɕ dɔ kabʲinɨ numɛr]

Die Leitung ist besetzt.
Linia jest zajęta. [lʲiɲa jɛst zajɛnta]

Es meldet sich niemand.
Nikt nie odbiera. [ɲikt ɲɛ ɔdbʲɛra]

Auslandsgespräche (nur von großen Orten aus möglich):
Auslandsvorwahl:

Deutschland	0	Wählton abwarten, dann	0 49	Ortskennzahl, «0» weglassen
Österreich	0		0 43	
Teilnehmer				
Schweiz	0		0 41	

Ein Telefongespräch

Hier spricht ...
Tu mówi ... [tu muvʲi]

Hallo, mit wem spreche ich?
Halo, z kim mówię? [xalɔ, scim muvʲɛ̃]

Kann ich bitte Herrn/Frau/ Fräulein ... sprechen?
Czy mogę mówić z panem/z panią/
z panną ... *+instr*? [t͡ʃɨ mɔgɛ̃ muvʲit͡ɕ s panɛm/s paɲɔ̃/s pannɔ̃]

Am Apparat.
Przy aparacie. [pʃɨ aparat͡ɕɛ]

Ich verbinde.
Łączę [wɔnt͡ʃɛ̃]

Bleiben Sie bitte am Apparat.
Proszę zaczekać przy aparacie. [prɔʃɛ̃ zat͡ʃɛkat͡ɕ pʃɨ aparat͡ɕɛ]

Tut mir Leid, er/sie ist nicht da/zuhause.
Przykro mi, nie ma go/jej tu/w domu.
[pʃɨkrɔ mʲi, ɲɛ ma gɔ/jɛj tu/v dɔmu]

Wann wird er/sie zurück sein?
Kiedy wróci z powrotem? [cɛdɨ vrut͡ɕi spɔvrɔtɛm]

Kann er/sie Sie zurückrufen?
Czy on/ona może do pana/pani zadzwonić?
[t͡ʃɨ ɔn/ɔna mɔʒɛ dɔ pana/paɲi zad͡zvɔɲit͡ɕ]

Ja, meine Nummer ist ...
Tak, mój numer telefonu jest ... [tak, muj numɛr tɛlɛfɔnu jɛst]

Würden Sie ihm/ihr bitte sagen, ich hätte angerufen?
Czy może mu/jej pan/pani powiedzieć, że dzwoniłem/f dzwoniłam? [t͡ʃɨ mɔʒɛ mu/jɛj pan/paɲi pɔvʲɛd͡ʑɛt͡ɕ, ʒɛ d͡zvɔɲiwɛm/d͡zvɔɲiwam]

Ich rufe später nochmals an.
Zadzwonię jeszcze raz później. [zad͡zvɔɲɛ̃ jɛʃt͡ʃɛ ras puʑɲɛj]

Falsch verbunden.
Pomyłka. [pɔmɨwka]

Kein Anschluss unter dieser Nummer.
Nie ma połączenia z tym numerem.
[ɲɛ ma pɔwɔnt͡ʃɛɲa stɨm numɛrɛm]

abnehmen	**odbierać/odebrać** [ɔdb̦ɛrat͡ɕ/ɔdɛbrat͡ɕ]
Anruf	**telefon** [tɛlɛfɔn]
Anrufbeantworter	**automatyczna sekretarka** [awtɔmatɨt͡ʃna sɛkrɛtarka]
anrufen	**dzwonić/zadzwonić** [d͡zvɔɲit͡ɕ/zad͡zvɔɲit͡ɕ]
Auskunft	**informacja** [infɔrmat͡sja]
Auslandsgespräch	**rozmowa międzynarodowa** [rɔzmɔva m̦ɛnd͡zɨnarɔdɔva]
besetzt	**zajęte** [zajɛntɛ]
Besetztzeichen	**sygnał: zajęte** [sɨgnaw zajɛntɛ]
Branchenverzeichnis	**spis instytucji** [sp̦is instɨtut͡sji]
durchwählen	**zadzwonić bezpośrednio** [zadzvɔɲit͡ɕ bɛspɔɕrɛdɲɔ]
Ferngespräch	**rozmowa międzymiastowa** [rɔzmɔva m̦ɛnd͡zɨm̦jastɔva]
Freizeichen	**sygnał: wolne** [sɨgnaw vɔlnɛ]
Gebühr	**opłata** [ɔpwata]
Gebühreneinheit	**jednostka telefoniczna** [jɛdnɔstka tɛlɛfɔɲit͡ʃna]
Gespräch	**rozmowa** [rɔzmɔva]
Hörer	**słuchawka** [swuxafka]
Münzfernsprecher	**automat telefoniczny** [awtɔmat tɛlɛfɔɲit͡ʃnɨ]
Ortsgespräch	**rozmowa miejscowa** [rɔzmɔva m̦ɛjst͡sɔva]
R-Gespräch	**rozmowa r-ka** [rɔzmɔva ɛrka]
Rufnummer	**numer telefonu** [numɛr tɛlɛfɔnu]
Störungsstelle	**biuro napraw** [b̦jurɔ napraf]
Summton	**sygnał ciągły** [sɨgnaw t͡ɕɔŋgwɨ]
Telefon	**telefon** [tɛlɛfɔn]

Telefonbuch	**książka telefoniczna** [kɕɔ̃ʃka tɛlɛfɔɲit͡ʃna]
Telefongespräch	**rozmowa telefoniczna** [rɔzmɔva tɛlɛfɔɲit͡ʃna]
Telefonkarte	**karta telefoniczna** [karta tɛlɛfɔ ɲit͡ʃna]
Telefonmünze	**moneta do automatu (telefonicznego)** [mɔnɛta dɔ awtɔmatu tɛlɛfɔɲit͡ʃnɛgɔ]
Telefonnummer	**numer telefonu** [numɛr tɛlɛfɔnu]
Telefonzelle	**budka telefoniczna** [butka tɛlɛfɔɲit͡ʃna]
Verbindung	**połączenie** [pɔwɔnt͡ʃɛɲɛ]
Vermittlung	**centrala telefoniczna** [t͡sɛntrala tɛlɛfɔɲit͡ʃna]
Voranmeldung	**uprzednie zgłoszenie** [upʃɛdɲɛ zgwɔʃɛɲɛ]
Vorwahlnummer	**numer kierunkowy** [numɛr cɛrunkɔvɨ]
wählen	**nakręcać numer** [nakrɛnt͡sat͡ɕ numɛr], **dzwonić** [d͡zvɔɲit͡ɕ]

Wörterbuch Deutsch – Polnisch

Bei Verben werden vor dem Schrägstrich die imperfektiven, nach dem Schrägstrich die perfektiven Formen genannt.
Das Geschlecht wird nur bei nicht eindeutigen Endungen angegeben.

A

Aal węgorz [vɛŋgɔʃ]
ab od [ɔt]; **ab und zu** od czasu do czasu [ɔt t͡ʃasu dɔ t͡ʃasu]
Abblendlicht światła *pl* mijania [ɕfʲjatwa mʲijaɲa]
Abend wieczór [vʲɛt͡ʃur]
Abendessen kolacja [kɔlat͡sja]
Abendgarderobe strój wieczorowy [struj vʲɛt͡ʃɔrɔvɨ]
abends wieczorem [vʲɛt͡ʃɔrɛm]
aber ale [alɛ]
abfahren (von) odjeżdżać/odjechać (z) [ɔdjɛʒd͡ʒat͡ɕ/ɔdjɛxat͡ɕ (z)]
Abfahrt odjazd [ɔdjast]
Abfahrtszeit czas odjazdu [t͡ʃas ɔdjazdu]
Abfall odpadki *pl* [ɔtpatci], śmieci *pl* [ɕmʲɛt͡ɕi]
Abfallbeutel worek na śmieci [vɔrɛk na ɕmʲɛt͡ɕi]
Abflug odlot [ɔdlɔt]
Abführmittel środek na przeczyszczenie [ɕrɔdɛk na pʃɛt͡ʃɨʃt͡ʃɛɲɛ]
abgeben oddawać/oddać [ɔddavat͡ɕ/ɔddat͡ɕ]
abholen iść po coś/po kogoś [iɕt͡ɕ pɔ t͡sɔɕ/pɔ kɔgɔɕ]
Abkürzung skrót [skrut]
ablehnen odmawiać/odmówić [ɔdmavʲat͡ɕ/ɔdmuvʲit͡ɕ]
abnehmen odbierać/ odebrać [ɔdbʲɛrat͡ɕ/ɔdɛbrat͡ɕ]
abreisen (nach) odjeżdżać/odjechać (do + *gen*) [ɔdjɛʒd͡ʒat͡ɕ/ɔdjɛxat͡ɕ (dɔ)]
Absatz obcas [ɔpt͡sas]
Abschleppdienst pomoc *f* drogowa [pɔmɔt͡s drɔgɔva]
abschleppen odholować [otxɔlɔvat͡ɕ]
Abschleppseil linka holownicza [lʲiŋka xɔlɔvɲit͡ʃa]
Abschleppwagen samochód holujący [samɔxut xɔlujɔ̃t͡sɨ]

abschließen zamykać/zamknąć [zamɨkat͡ɕ/zamknɔ̃t͡ɕ]
abseits spalony [spalɔnɨ]
Absender nadawca *m* [nadaft͡sa]
Abszess ropień [rɔpʲɛɲ]
Abtei opactwo [ɔpatstfɔ]
Abteil przedział [pʃɛd͡ʑaw]
Achtung! uwaga! [uvaga]
Actionfilm film akcji [fʲilm akt͡si]
Adapter adapter [adaptɛr], łącznik [wɔnt͡ʃɲik]
Adresse adres [adrɛs]
Aerobic aerobik [aɛrɔbʲik]
Agentur agencja [agɛnt͡sja]
ähnlich podobny [pɔdɔbnɨ]
akklimatisieren, s. ~ aklimatyzować/zaaklimatyzować się [aklʲimatɨzɔvat͡ʃ/ zaaklʲimatɨzɔvat͡ɕ sɛ̃]
Akt akt [akt]
Aktzeichnen rysowanie aktów [rɨsɔvaɲɛ aktuf]
Alarmanlage system alarmowy [sistɛm alarmɔvɨ]
alkoholfrei bezalkoholowy [bɛzalkɔxɔlɔvɨ]
alkoholfreies Bier piwo bezalkoholowe [pʲivɔ bɛsalkɔxɔlɔvɛ]
alle wszyscy [fʃɨst͡sɨ]
allein sam [sam]
Allergie alergia [alɛrɟja]
alles wszystko [fʃɨstkɔ]
als *(zeitlich)* kiedy [cɛdɨ], gdy [gdɨ]; *(beim Komparativ)* niż [ɲiʃ]
also więc [vʲɛnt͡s]
alt stary [starɨ]
Altar ołtarz [ɔwtaʃ]
Alter wiek [vʲɛk]
Altstadt stare miasto [starɛ mjastɔ]
Alufolie folia aluminiowa [fɔlja alumʲiɲɔva]
am Sonntag w niedzielę [v‿ɲɛd͡ʑɛlɛ̃]
am Wochenende pod koniec tygodnia [pɔt kɔɲɛt͡s tɨgɔdɲa]
Ampel światła *pl* [ɕfʲjatwa]
Amphitheater amfiteatr [amfʲitɛatr]
Amt urząd [uʒɔnt]
amüsieren, s. ~ bawić się [bavʲit͡ɕ ɕɛ̃]
an na [na], przy [pʃɨ]
Ananas ananas [ananas]
andere, der/die/das ~ inn-y/a/e [inn-ɨ/a/ɛ]
anders inaczej [inat͡ʃɛj]
anderswo gdzie indziej [gd͡ʑɛ ind͡ʑɛj]
Anfang początek [pɔt͡ʃɔntɛk]
anfangen zaczynać/zacząć [zat͡ʃɨnat͡ɕ/zat͡ʃɔ̃t͡ɕ]
Angabe *(des Namens, der Adresse)* podanie [pɔdaɲɛ]
Angel wędka [vɛntka]

angeln wędkować [vɛntkɔvat͡ɕ]
Angelschein karta wędkarska [karta vɛntkarska]
angenehm *adv* przyjemnie [pʃɨjɛmɲɛ]
Angina angina [anɟina]
anhalten zatrzymywać/ zatrzymać [zat͡ʃɨmɨvat͡ɕ/ zat͡ʃɨmat͡ɕ]
Anhänger wisiorek [vʲiɕɔrɛk] ,przyczepa [pʃɨt͡ʃɛpa]
ankommen przybywać/przybyć [pʃɨbɨvat͡ɕ/pʃɨbɨt͡ɕ]
Ankunft przyjazd [pʃɨjast], przylot [pʃɨlɔt]
Ankunftszeit czas przyjazdu/ przylotu [t͡ʃas pʃɨjazdu/pʃɨlɔtu]
Anlasser rozrusznik [rɔzruʃɲik]
anlegen in przybić do [pʃɨbʲit͡ɕ dɔ]
anmelden zameldować [zamɛldɔvat͡ɕ]
Anmeldung zameldowanie [zamɛldɔvaɲɛ]
Anorak kurtka [kurtka]
Anreisetag dzień przyjazdu [d͡ʑɛɲ pʃɨjazdu]
Anruf telefon [tɛlɛfɔn]
Anrufbeantworter automatyczna sekretarka [awtɔmatɨt͡ʃna sɛkrɛtarka]
anrufen dzwonić/ zadzwonić [d͡zvɔɲit͡ɕ/zad͡zvɔɲit͡ɕ]
Anschluss połączenie [pɔwɔnt͡ʃɛɲɛ]
ansehen oglądać [ɔglɔ̃dat͡ɕ], przyjrzeć się [pʃɨjʒɛt͡ɕ ɕɛ̃]
Ansichtskarte widokówka [vʲidɔkufka]
anstatt zamiast [zamʲiast]
ansteckend zakaźny [zakaʑnɨ]
anstrengend wyczerpujący [vɨt͡ʃɛrpujɔ̃t͡sɨ]
Antibabypille tabletka antykoncepcyjna [tablɛtka antɨkɔnt͡sɛpt͡sɨjna]
Antibiotikum antybiotyk [antɨbjɔtɨk]
antik antyczny [antɨt͡ʃnɨ], starożytny [starɔʒɨtnɨ]
Antiquitätengeschäft antykwariat [antɨkfarjat]
antworten odpowiadać/ odpowiedzieć [ɔtpɔvʲjadat͡ɕ/ɔtpɔvʲjɛd͡ʑɛt͡ɕ]
anzeigen zgłaszać/ zgłosić [zgwaʃat͡ɕ/zwɔɕit͡ɕ]
anziehen *(Magnet, auch fig.)* przyciągać/przyciągnąć [pʃɨt͡ɕɔ̃gat͡ɕ/pʃɨt͡ɕɔ̃gnɔ̃t͡ɕ]; *(Kleidung)* ubierać/ubrać [ubʲɛrat͡ɕ/ubrat͡ɕ]
Anzug garnitur [garɲitur]
anzünden zapalać/zapalić [zapalat͡ɕ/zapalʲit͡ɕ]

Apartment apartament [apartamɛnt]
Äpfel jabłka [japka]
Apfelsinen pomarańcze [pɔmaraɲt͡ʃɛ]
Apotheke apteka [aptɛka]
Apparat aparat [aparat]
Appetit apetyt [apɛtɨt]
Aprikosen morele [mɔrɛlɛ]
April kwiecień [kfjɛt͡ɕɛɲ]
Aquarell akwarela [akfarɛla]
Aquarellmalen malowanie akwarelami [malɔvaɲɛ akfarɛlam,i]
Arbeit praca [prat͡sa]
arbeiten pracować [prat͡sɔvat͡ɕ]
arbeitslos bezrobotny [bɛzrɔbɔtnɨ]
Archäologie archeologia [arxɛɔlɔɟja]
Architekt architekt [arçitɛkt]
Architektur architektura [arçitɛktura]
Arena arena [arɛna]
ärgern, s. ~ über złościć się (na + *acc*) [zwɔɕt͡ɕit͡ɕ ɕɛ̃ (na)]
arm biedny [b,ɛdnɨ]
Arm ramię *n* [ram,ɛ̃], ręka [rɛŋka]
Armband branzoletka [branzɔlɛtka]
Armbanduhr zegarek na rękę [zɛgarɛk na rɛŋkɛ̃]; *(für Damen/ für Herren)* damski/ męski [damsci/mɛnsci]
Ärmel rękawy [rɛ̃kavɨ]
Art rodzaj [rɔd͡zaj]
Artischocken karczochy [kart͡ʃɔxɨ]
Aschenbecher popielniczka [pɔp,ɛlɲit͡ʃka]
Aspirin aspiryna [asp,irɨna]
Asthma astma [astma]
Atembeschwerden trudności w oddychaniu [trudnɔɕt͡ɕi v‿ɔddɨxaɲu]
atmen oddychać [ɔddɨxat͡ɕ]
Attest atest [atɛst], zaświadczenie [zaɕf,jatt͡ʃɛɲɛ]
Auberginen oberżyny [ɔbɛrʒɨnɨ]
auch też [tɛʃ]
Auf-/Abfahrt dojazd/ zjazd [dɔjast/zjast]
auf na [na]; *(offen)* otwarty [ɔtfartɨ]; ~ **Polnisch** po polsku [pɔ pɔlsku]
aufbewahren przechowywać/przechować [pʃɛxɔvivat͡ɕ/pʃɛxɔvat͡ɕ]
aufbrechen włamywać się/włamać się [vwamɨvat͡ɕ ɕɛ̃/vwamat͡ɕ ɕɛ̃]
Aufenthalt pobyt [pɔbɨt]
Aufenthaltsraum świetlica [ɕf,ɛtl,it͡sa]

Auffahrtrampe rampa wjazdowa [rampa v̦jazdɔva]
Aufführung przedstawienie [pʃɛtstav̦ɛɲɛ]
aufhalten, s. ~ przebywać [pʃɛbɨvat͡ɕ]
aufhören przestawać/przestać [pʃɛstavat͡ɕ/pʃɛstat͡ɕ]
aufpassen (auf) uważać (na + *acc*) [uvaʒat͡ɕ (na)]
Aufschnitt pokrojona wędlina różnego rodzaju [pɔkrɔjɔna vɛndl̦ina ruʒnɛgɔ rɔd͡zaju]
aufschreiben zapisać [zap̦isat͡ɕ], zanotować [zanɔtɔvat͡ɕ]
aufstehen wstawać/wstać [fstavat͡ɕ/fstat͡ɕ]
aufwachen obudzić się [ɔbud͡ʑit͡ɕ ɕɛ̃]
aufwärts w górę [v‿gurɛ̃]
Aufzug winda [v̦inda]
Augen oczy [ɔt͡ʃɨ]
Augenblick moment [mɔmɛnt]
Augentropfen krople *pl* do oczu [krɔplɛ dɔ ɔt͡ʃu]
August sierpień [ɕɛrpjɛɲ]
aus *(Richtung, Material)* z [z], ze + *gen* [zɛ]
Ausbildung wykształcenie [vɨkʃtawt͡ʃɛɲɛ]
Ausdruck wyrażenie [vɨraʒɛɲɛ]
ausdrücklich wyraźny [vɨraʑnɨ], jasny [jasnɨ]
Ausfahrt wyjazd [vɨjazt]
Ausflug wycieczka [vɨt͡ɕɛt͡ʃka]
ausfüllen wypełniać/ wypełnić [vɨpɛwɲat͡ɕ/vɨpɛwɲit͡ɕ]
Ausgang wyjście [vɨjɕt͡ɕɛ]
ausgeben wydawać/wydać [vɨdavat͡ɕ/vɨdat͡ɕ]
ausgehen wychodzić/wyjść [vɨxɔd͡ʑit͡ɕ/vɨjɕt͡ɕ]
ausgezeichnet wspaniały [fspaɲawɨ]; znakomity [znakɔm̦itɨ]
Ausgrabungen wykopaliska [vɨkɔpal̦iska]
Auskunft informacja [infɔrmat͡sja]
Ausland zagranica [zagraɲit͡sa]
Ausländer/in cudzoziem-iec/ka [t͡sud͡zɔʑɛm-jɛt͡s/ka]
ausländisch zagraniczny [zagraɲit͡ʃnɨ]
Auslandsflug lot zagraniczny [lɔt zagraɲit͡ʃnɨ]
Auslandsgespräch rozmowa międzynarodowa [rɔzmɔva m̦ɛnd͡zɨnarɔdɔva]
Auslöser wyzwalacz [vɨzvalat͡ʃ]
Auspuff rura wydechowa [rura vɨdɛxɔva], tłumik [twum̦ik]
Ausreise wyjazd [vɨjast]

Ausritt przejażdżka konna [pʃɛjaʃtʃka kɔnna]
ausruhen, s. ~ wypoczywać [vɨpɔtʃɨvatɕ], odpoczywać/odpocząć [otpɔtʃɨvatɕ/otpɔtʃɔ̃tɕ]
Ausschlag wysypka [vɨsɨpka]
außen na zewnątrz [na zɛvnɔ̃tʃ], zewnątrz [zɛvnɔ̃tʃ]
außer poza [pɔza]
außerdem poza tym [pɔza tɨm]
außergewöhnlich wyjatkowy [vɨjɔntkɔvɨ]
außerhalb poza [pɔza]
äußerlich zewnętrznie [zɛvnɛtʃɲɛ] z wyglądu [z‿vɨglɔ̃du]
Aussicht widok [v̦idɔk]
Aussichtspunkt miejsce widokowe [m̦ɛjstsɛ v̦idɔkɔvɛ], punkt widokowy [punkt v̦idɔkɔvɨ]
aussprechen wymawiać/wymówić [vɨmav̦atɕ/vɨmuv̦itɕ]
aussteigen wysiadać/wysiąść [vɨɕadatɕ/vɨɕɔ̃ɕtɕ]
Ausstellung wystawa [vɨstava]
aussuchen wyszukać [vɨʃukatɕ]
austauschen wymieniać/wymienić [vɨm̦ɛɲatɕ/vɨmɛɲtɕ]
Austern ostrygi [ɔstrɨɟi]
Ausverkauf wyprzedaż *f* [vɨpʃɛdaʃ]
Auswahl wybór [vɨbur]
auszahlen wypłacać/wypłacić [vɨpwatsatɕ/vɨpwatɕitɕ]
Auto samochód [samɔxut], auto [awtɔ]
Autobahn autostrada [awtɔstrada]
Autobahnausfahrt wyjazd z autostrady [vɨjast z‿awtɔstradɨ]
Autobahngebühr opłata za autostradę [ɔpwata za awtostradɛ̃]
Automat automat [awtɔmat]
Automatik(getriebe) automatyczna skrzynia biegów [awtɔmatɨtʃna skʃɨɲa b̦jɛguf]
automatisch automatyczny [awtɔmatɨtʃnɨ]
automatische Türöffnung automatyczne otwieranie drzwi [awtɔmatɨtʃnɛ ɔtf̦ɛraɲɛ dʒv̦i]
Autoradio radio samochodowe [rad̦jɔ samɔxɔdɔvɛ]
Autoreisezug pociąg z wagonami na samochody [pɔtɕɔ̃ŋk z‿vagɔnam̦i na samɔxɔdɨ]
Avocado awokado [avɔkadɔ]

B

Baby baby [bɛjb̦i], dziecko [dʑɛtskɔ]
Babyfon babyfon [bɛjbɨfɔn]

Babylift wyciąg dla dzieci [vɨt͡ɕɔ̃k dla d͡ʑɛt͡ɕi]
Babynahrung jedzenie dla niemowląt [jɛd͡zɛɲɛ dla ɲɛmɔvlɔnt]
Babyschale *(fürs Auto)* nosidełko [nɔɕidɛwkɔ]
Babysitter opiekunka do dzieci [ɔpjɛkunka dɔ d͡ʑɛt͡ɕi]
Bäckerei piekarnia [pʲɛkarɲa]
Badeanzug kostium kąpielowy [kɔstjum kɔmpʲɛlɔvɨ]
Badehose kąpielówki *pl* [kɔmpʲɛlufci]
Bademantel płaszcz kąpielowy [pwaʃt͡ʃ kɔmpʲɛlɔvɨ]
Bademeister ratownik [ratɔvɲik], kąpielowy [kɔ̃pʲɛlɔvɨ]
Bademütze czepek kąpielowy [t͡ʃɛpɛk kɔmpʲɛlɔvɨ]
Badeort kąpielisko [kɔ̃pʲɛlʲiskɔ]
Badeschuhe klapki kąpielowe [klapci kɔmpʲɛlɔvɛ]
Badewanne wanna [vanna]
Badezimmer łazienka [waʑɛŋka]
Badminton badminton [badmʲintɔn], kometka [kɔmɛtka]
Bahnhof dworzec [dvɔʒɛt͡s]
Bahnsteig peron [pɛrɔn]
bald wkrótce [fkrutt͡sɛ]
Balkon balkon [balkɔn]
Ball piłka [pʲiwka]; *(Fest)* bal [bal]
Ballett balet [balɛt]
Bananen banany [bananɨ]
Band zespół muzyczny [zɛspuw muzɨt͡ʃnɨ]; *fam* kapela [kapɛla]
Bänderriss naderwanie ścięgna [nadɛrvaɲɛ ɕt͡ɕɛŋgna]
Bank *(Geldinstitut)* bank [baŋk]; *(Sitz~)* ławka [wafka]
bar zahlen płacić gotówką [pwat͡ɕit͡ɕ gɔtufkɔ̃]
Bar bar [bar]
bar gotówką [gɔtufkɔ̃], w gotówce [v‿gɔtuft͡sɛ]
Bargeld gotówka [gotufka]
Barock barok [barɔk]
barrierefrei bez barier [bɛs‿barjɛr], bez przeszkód [bes‿pʃɛʃkut]
Barsch okoń [ɔkɔɲ]
Bart broda [brɔda]
Basilikum bazylia [bazɨlja]
Basketball koszykówka [kɔʃɨkufka]
Batterie bateria [batɛrja]
Bauch brzuch [bʒux]
Bauernhof zagroda chłopska [zagrɔda xwɔpska], dospodarstwo agroturystyczne [gɔspɔdarstfɔ agrɔturɨstɨt͡ʃnɛ], *(Urlaub auf dem ~)* agroturystyka [agrɔturɨstɨka]
Baum drzewo [d͡ʒɛvɔ]

Baumwolle bawełna [bavɛwna]
Baustelle budowa [budɔva]
Bauwerk budowla [budɔvla]
beachten przestrzegać [pʃɛstʃɛgat͡ɕ], uważać na coś [uvaʒat͡ɕ na t͡sɔɕ]
Beach-Volleyball siatkówka plażowa [ɕatkufka plaʒɔva]
beantworten odpowiadać/odpowiedzieć [ɔtpɔvʲadat͡ɕ/ɔtpɔvʲɛd͡ʑɛt͡ɕ]
Bearbeitungsgebühr opłata manipulacyjna [ɔpwata maɲipulat͡sɨjna]
bedauern żałować [ʒawɔvat͡ɕ]
Bedeutung znaczenie [znat͡ʃɛɲɛ]
Bedienung obsługa [ɔpswuga]
beeilen, s. ~ śpieszyć się [ɕpʲɛʃɨt͡ɕ ɕɛ̃]
beeindruckend zachwycająco [zaxvɨt͡sajɔnt͡sɔ]
befinden, s. ~ znajdować się/znaleźć się [znajdɔvat͡ɕ ɕɛ̃/znalɛɕt͡ɕ ɕɛ̃]
befreundet sein być zaprzyjaźnionym [bɨt͡ɕ zapʃɨjaʑɲɔnɨm]
befürchten obawiać się [ɔbavʲat͡ɕ ɕɛ̃]
begegnen spotykać/spotkać [spɔtɨkat͡ɕ/spɔtkat͡ɕ]
begeistert (von) zachwycony (kimś, czymś) [zaxfɨt͡sɔnɨ (cimɕ, t͡ʃɨmɕ)]
begleiten towarzyszyć [tɔvaʒɨʃɨt͡ɕ]
Begleitperson osoba towarzysząca [ɔsɔba tɔvaʒɨʃɔntsa]
begrüßen witać/powitać [vʲitat͡ɕ/pɔvʲitat͡ɕ], kłaniać się [kwaɲat͡ɕ ɕɛ̃]
behalten zatrzymywać/zatrzymać [zat͡ʃɨmɨvat͡ɕ/zat͡ʃɨmat͡ɕ]
Behälter pojemnik [pɔjɛmɲik]
behandeln traktować [traktɔvat͡ɕ], *(ärztlich)* leczyć [lɛt͡ʃɨt͡ɕ]
behaupten twierdzić [tfʲɛrd͡ʑit͡ɕ]
Behindertenausweis legitymacja inwalidzka [lɛɟitɨmat͡sja invalit͡ska]
behindertengerecht przystosowany dla niepełnosprawnych [pʃɨstɔsɔvanɨ dla ɲɛpɛwnɔspravnɨx]
Behindertenparkplatz miejsce parkingowe dla niepełnosprawnych [mʲɛjst͡sɛ parciŋgɔvɛ dla ɲɛpɛwnɔspravnɨx]
Behindertentoilette toaleta dla niepełnosprawnych [tɔalɛta dla ɲɛpɛwnɔspravnɨx]

Behindertenverband związek niepełnosprawnych [zv̦jɔ̃zɛk ɲɛpɛwnɔspravnɨx]
Behörde urząd [uʒɔnt], instytucja [instɨtut͡sja]
bei *(in der Nähe)* w pobliżu [f pɔbl̦iʒu], *(räumlich)* u [u]
beide obaj/obie/oboje [ɔbaj/ɔb̦jɛ/ɔbɔjɛ]
Beifall oklaski [ɔklasci]
beige beżowy [bɛʒɔvɨ]
Bein noga [nɔga]
Beispiel przykład [pʃɨkwat]
beißen gryźć [grɨɕt͡ɕ]
bekannt znany [znanɨ]
Bekannte, der/die ~ znajom-y/a [znajɔm-ɨ/a]
Bekanntschaft znajomość *f* [znajɔmɔɕt͡ɕ]
beklagen, s. ~ (über) skarżyć się/poskarżyć się (na) [skarʒɨt͡ɕ ɕɛ̃/pɔskarʒɨt͡ɕ ɕɛ̃ (na)]
bekommen otrzymywać/otrzymać [ɔtsɨmɨvat͡ɕ/ɔtʃɨmat͡ɕ], dostawać/dostać [dɔstavat͡ɕ/dɔstat͡ɕ]
belästigen napastować [napastɔvat͡ɕ]; zaczepiać *(+ acc)* [zat͡ʃɛp̦at͡ɕ], naprzykrzać się *(+ dat)* [napʃɨkʃat͡ɕ ɕɛ̃]
belegtes Brötchen kanapka [kanapka]
Beleidigung obraza [ɔbraza]
Belichtungsmesser światłomierz [ɕf̦jatwɔm̦ɛʃ]
Belohnung nagroda [nagrɔda]
bemerken zauważyć [zauvaʒɨt͡ɕ]
bemühen, s. ~ starać się [starat͡ɕ ɕɛ̃]
benachrichtigen zawiadamiać/zawiadomić [zavjadam̦at͡ɕ/zavjadɔm̦it͡ɕ]
benutzen używać/użyć [uʒɨvat͡ɕ/uʒɨt͡ɕ]
Benzinkanister kanister na benzynę [kaɲistɛr na bɛnzɨnɛ̃]
Benzinpumpe pompa benzynowa [pɔmpa bɛnzɨnɔva]
bequem wygodny [vɨgɔdnɨ]
berechnen policzyć [pɔl̦it͡ʃɨt͡ɕ], wyliczyć [vɨl̦it͡ʃɨt͡ɕ]
bereits już [juʃ]
Berg góra [gura]
Bergdorf wieś *f* górska [v̦ɛɕ gurska]
Bergsteigen wspinaczka wysokogórska [fsp̦inat͡ʃka vɨsɔkɔgurska]
Bernstein bursztyn [burʃtɨn]
Beruf zawód [zavut]
beruhigen, s. ~ uspokajać się/uspokoić się [uspɔkajat͡ɕ ɕɛ̃/uspɔkɔit͡ɕ ɕɛ̃]

Beruhigungsmittel środek uspakajający [ɕrɔdɛk uspakajajɔntsɨ]
berühmt sławny [swavnɨ]
berühren dotykać/dotknąć [dɔtɨkatɕ/dɔtknɔ̃tɕ]
beschädigen uszkadzać/uszkodzić [uʃkadzatɕ/uʃkɔdʑitɕ], psuć/zepsuć [psutɕ/zɛpsutɕ]
bescheinigen zaświadczać/zaświadczyć [zaɕfjattʃatɕ/zaɕfjattʃɨtɕ]
Bescheinigung zaświadczenie [zaɕfjattʃɛɲɛ]
beschlagnahmen skonfiskować [skɔnfjiskɔvatɕ]
beschließen zdecydować [zdɛtsɨdɔvatɕ], zakończyć [zakɔɲtʃɨtɕ]
beschreiben opisywać/opisać [ɔpjisɨvatɕ/ɔpjisatɕ]
beschweren, s. ~ (über) skarżyć się/poskarżyć się (na + *acc*) [skarʒɨtɕ ɕɛ̃/pɔskarʒɨtɕ ɕɛ̃ (na)]
besetzt zajęty [zajɛntɨ]
besichtigen zwiedzać/zwiedzić [zvjɛdzatɕ/zvjɛdʑitɕ]
Besichtigung zwiedzanie [zvjɛdzaɲɛ]
Besitzer/in właściciel/ka [vwaɕtɕitɕɛl/ka]
besonders specjalnie [spɛtsjalɲɛ], szczególnie [ʃtʃɛgulɲɛ]
besorgen starać się/postarać się [staratɕ ɕɛ̃/pɔstaratɕ ɕɛ̃], załatwić [zawatfjitɕ]
besser *adj* lepszy [lɛpʃɨ]; *adv* lepiej [lɛpjɛj]
bestätigen potwierdzać/potwierdzić [pɔtfjɛrdzatɕ/pɔtfjɛrdʑitɕ]
beste(r, -s) najlepsz-a(y /e) [najlɛpʃ-a/ɨ/ɛ]
Besteck sztućce *pl* [ʃtutɕtsɛ]
bestehen aus składać się z [skwadatɕ ɕɛ̃ z]
Bestellung zamówienie [zamuvjjɛɲɛ]
bestimmt *adj* pewny [pɛvnɨ]; *adv* na pewno [na pɛvnɔ]
Besuch odwiedziny *pl* [ɔdvjɛdʑinɨ], wizyta [vjizɨta]
besuchen, jdn ~ odwiedzać/odwiedzić kogoś [ɔdvjɛdzatɕ/ɔdvjɛdʑitɕ kɔgɔɕ]
Besuchszeit godziny *pl* wizyt [gɔdʑinɨ vjizɨt]
beten modlić się [mɔdljitɕ ɕɛ̃]
Betrag kwota [kfɔta], suma [suma]
Betreuungsdienst opieka dla niepełnosprawnych [ɔpjjɛka dla ɲɛpɛwnɔspravnɨx]

Betrug oszustwo [ɔʃustfɔ]
betrunken pijany [pˌijanɨ]
Bett łóżko [wuʃkɔ]
Bettdecke kołdra [kɔwdra]
Bettwäsche pościel *f* [pɔɕt͡ɕɛl]
beunruhigen, s. ~ zaniepokoić się [zaɲɛpɔkɔit͡ɕ ɕɛ̃]
bevor zanim [zaɲim]
bewölkt pochmurnie [pɔxmurɲɛ]
bewusstlos nieprzytomny [ɲɛpʃɨtɔmnɨ]
bezahlen płacić/zapłacić [pwat͡ɕit͡ɕ/zapwat͡ɕit͡ɕ]
bezaubernd czarujący [t͡ʃarujɔ̃t͡sɨ]
BH biustonosz [bˌustonɔʃ], stanik [staɲik]
Biene pszczoła [pʃt͡ʃɔwa]
Bier piwo [pˌivɔ]
bieten oferować/zaoferować [ɔfɛrɔvat͡ɕ/zaɔfɛrɔvat͡ɕ]
Bikini bikini *n* [bˌiciɲi]
Bild obraz [ɔbras]; *(Foto)* zdjęcie [zdjɛɲt͡ɕɛ]
Bildhauer rzeźbiarz [ʒɛʑbˌjaʃ]
billig *adj* tani [taɲi]; *adv* tanio [taɲɔ]
Bindfaden sznurek [ʃnurɛk]
Bioladen sklep ze zdrową żywnością [sklɛp zɛ zdrɔvɔ̃ ʒɨvnɔɕt͡ɕɔ̃]
Birnen gruszki [gruʃci]
bis do [dɔ]
bisschen, ein ~ trochę [trɔxɛ̃], troszeczkę [trɔʃɛt͡ʃkɛ̃]
Bitte prośba [prɔʑba]
bitten, jdn um etw ~ kogoś o coś prosić/poprosić [kɔgɔɕ ɔ t͡sɔɕ prɔɕit͡ɕ/pɔprɔɕiɕ]
bitter gorzki [gɔʃci]
Blähungen wzdęcia [vzdɛɲt͡ɕa]
Blase *(Harnblase)* pęcherz (moczowy) [pɛ̃xɛʃ (mɔt͡ʃɔvɨ)]; *(Hautblase)* (skórny) [skurnɨ]
Blatt liść [lˌiɕt͡ɕ]; *(Papier)* kartka [kartka]
blau niebieski [ɲɛbjɛsci]
Blazer blezer [blɛzɛr]
bleiben (po)zostać [(pɔ)zɔstat͡ɕ]
Blick spojrzenie [spɔjʒɛɲɛ], rzut oka [ʒut ɔka]; *(Aussicht)* widok [vˌidɔk]
blind niewidomy [ɲɛvˌidɔmɨ]
Blinddarmentzündung zapalenie wyrostka robaczkowego [zapalɛɲɛ vɨrɔstka rɔbat͡ʃkɔvɛgɔ]
Blinde/r niewidom-a/y [ɲɛvˌidɔm-a/ɨ]
Blindenhund pies przewodnik [pˌɛs pʃɛvɔdɲik]
Blinker kierunkowskaz [cɛrunkɔfskas]
Blitz błyskawica [bwɨskavit͡sa]
Blitzgerät lampa błyskowa [lampa bwɨskɔva]

Block blok listowy [blɔk l̦istɔvɨ]
blöd głupi [gwup̦i]
blond blond [blɔnt]
Blues blues [blus]
Blume kwiat [kfjat]
Blumengeschäft kwiaciarnia [kfjat͡ɕarɲa]
Blumenkohl kalafior [kalafjɔr]
Bluse bluzka [bluska]
Blut krew *f* [krɛf]
Blutdruck ciśnienie krwi [t͡ɕiɕɲɛɲɛ krf̦i]
bluten krwawić [krfav̦it͡ɕ]
Blutgruppe grupa krwi [grupa krf̦i]
Blutung krwawienie [krfav̦ɛɲɛ]
Blutvergiftung zatrucie krwi [zatrut͡ɕɛ krf̦i]
Bö porywisty wicher [pɔrɨv̦istɨ v̦ixɛr]
Boden ziemia [ʑ'ɛm̦a], grunt [grunt]; *(Fuß~)* podłoga [pɔdwɔga]
Body body *n* [bɔdy]
Bodybuilding kulturystyka [kulturɨstɨka]
Bogen łuk [wuk]
Bohnen fasola [fasɔla]
Bonbons cukierki [t͡sucɛrci]
Bootsführerschein patent żeglarski [patɛnt ʒɛglarsci]
Bordkarte karta pokładowa [karta pɔkwadɔva]
Bordrollstuhl pokładowy wózek inwalidzki [pɔkwadɔvɨ vuzɛk invalit͡sci]
böse zły [zwɨ]
botanischer Garten ogród botaniczny [ɔgrut bɔtaɲit͡ʃnɨ]
Botschaft wiadomość *f* [v̦adɔmɔɕt͡ɕ]; *(dipl. Vertretung)* ambasada [ambasada]
Boulespiel gra w bule [gra v‿bulɛ], petanka [pɛtaŋka]
Boutique butik [buțik]
Bowling bowling [bɔwliŋ]
Braille Braille [brajl]
Brandsalbe maść *f* na oparzenia [maɕt͡ɕ na ɔpaʒɛɲa]
brauchen potrzebować [pɔt͡ʃɛbɔvat͡ɕ]
braun brązowy [brɔ̃zɔvɨ]
Brechreiz mdłości *pl* [mdwɔɕt͡ɕi]
breit szeroki [ʃɛroci]
Breite szerokość *f* [ʃɛrɔkɔɕt͡ɕ]
Bremse hamulec [xamulɛt͡s]
Bremsflüssigkeit płyn hamulcowy [pwin xamult͡sɔvɨ]
Bremslichter światła hamulcowe *pl* [ɕf̦jatwa xamult͡sɔvɛ]
Brennspiritus spirytus do maszynki spirytusowej [sp̦irɨtus dɔ maʃɨnci sp̦irɨtusɔvɛj]
Brief list [l̦ist]

Briefkasten skrzynka pocztowa [skʃɨŋka pɔt͡ʃtɔva]
Briefmarke znaczek pocztowy [znat͡ʃɛk pɔt͡ʃtɔvɨ]
Briefmarkenautomat automat do znaczków pocztowych [awtɔmat dɔ znat͡ʃkuf pɔt͡ʃtɔvɨx]
Briefpapier papier listowy [papˌɛr lˌistɔvɨ]
Brieftasche portfel [pɔrtfɛl]
Briefumschlag koperta [kɔpɛrta]
bringen *(her~)* przynieść [pʃɨɲɛɕt͡ɕ]; *(weg~)* zanieść [zaɲɛɕt͡ɕ]
Brombeeren jeżyny [jɛʒɨnɨ]
Bronchien oskrzela [ɔskʃɛla]
Bronchitis bronchit [brɔnxˌit]
Bronze brąz [brɔ̃s]
Brosche broszka [brɔʃka]
Brot chleb [xlɛp]
Brötchen bułka [buwka]
Bruch przepuklina [pʃɛpuklˌina]
Brücke most [mɔst]; mostek [mɔstɛk]
Bruder brat [brat]
Brunnen studnia [studɲa], źródło [ʑrudwɔ]
Brust pierś *f* [pˌɛrɕ]
Buch książka [kɕɔʃka]
buchen zarezerwować [zarɛzɛrvɔvat͡ɕ]
Buchhandlung księgarnia [kɕɛ̃garɲa]
buchstabieren literować/ przeliterować [lˌitɛrɔvat͡ɕ/ pʃɛlˌitɛrɔvat͡ɕ]
Bucht zatoka [zatɔka]
Buchung rezerwacja [rɛzɛrvat͡sja]
bügeln prasować [prasɔvat͡ɕ]
Bungalow bungalow [bungalɔw]
Bungeejumping skoki na bungee [skɔci na band͡ʒi]
bunt kolorowy [kɔlɔrɔvɨ]
Burg zamek [zamɛk]
Büro biuro [bˌurɔ]
Bürste szczotka [ʃt͡ʃɔtka], szczoteczka [ʃt͡ʃɔtɛt͡ʃka]
Bus autobus [awtɔbus]
Busbahnhof dworzec autobusowy [dvɔʒɛt͡s awtɔbusɔvɨ]
Bußgeld mandat [mandat]
Butter masło [maswɔ]
Buttermilch maślanka [maɕlaŋka]
Bypass bypass [bajpas]
byzantinisch bizantyjski [bˌizantɨjsci]

C

Café kawiarnia [kavjarɲa]

Camcorder kamkorder [kamkɔrdɛr]
Camping kemping [kɛmpˌiŋk]
Campingausweis wejściówka na kemping [vɛjɕt͡ɕufka na kɛmpˌiŋk]
Campingführer przewodnik po kempingach [pʃɛvɔdɲik pɔ kɛmpˌiŋgax]
Campingplatz pole kempingowe [pɔlɛ kɛmpˌiŋgɔvɛ]
CD/Compactdisc CD *f* (płyta kompaktowa) [t͡sɛdɛ (pwɨta kɔmpaktɔva)], kompakt [kɔmpakt]
CD-Spieler odtwarzacz CD [ɔttfaʒat͡ʃ t͡sɛdɛ]
Cent cent [t͡sɛnt]
Champagner szampan [ʃampan]
Chef szef [ʃɛf]
chemisch reinigen czyścić chemicznie [t͡ʃɨɕt͡ɕit͡ɕ xɛmˌit͡ʃɲɛ]
Chicoree cykoria [t͡sɨkɔrja]
Chipkarte karta chipowa [karta t͡ʃipɔva]
Chirurg/in chirurg/- [çirurg]
Cholera cholera [xɔlɛra]
Chor chór [xur]
Christentum chrześcijaństwo [xʃɛɕt͡ɕijaɲstfɔ]
Clubhaus budynek klubowy [budɨnɛk klubɔvɨ]
Cousin/e kuzyn/ka [kuzɨn/ka]
Creme krem [krɛm]
Curling curling [karlˌiɲ]

D

da *(dort)* tam [tam]; *(hier)* tu [tu], tutaj [tutaj]; *(dann)* wtedy [ftɛdɨ]; *(weil)* ponieważ [pɔɲɛvaʃ]
Dach dach [dax]
dafür sein być za [bɨt͡ɕ za]
dagegen sein być przeciwko [bɨt͡ɕ pʃɛt͡ɕifkɔ]
daheim w domu [v‿dɔmu]
damals wtedy [ftɛdɨ]
Damen panie [paɲɛ]
Damenbinden podpaski higieniczne [pɔtpasci xˌiɟɛɲit͡ʃɲɛ]
Dampfer parowiec [parɔvˌɛt͡s]
danach potem [pɔtɛm]
danken dziękować/podziękować [d͡ʑɛŋkɔvat͡ɕ/pɔd͡ʑɛŋkɔvat͡ɕ]
dann potem [pɔtɛm]
Darm jelito [jɛlˌitɔ]
dass że [ʒɛ]; *(damit)* aby [abɨ], żeby [ʒɛbɨ]
dasselbe to samo [tɔ samɔ]
Datteln daktyle [daktɨlɛ]
Datum data [data]
dauern trwać [trfat͡ɕ]
Dauerwelle trwała ondulacja [trfawa ɔndulat͡sja]

Deck pokład [pɔkwat]
Decke sufit [suf,it]
Defekt defekt [dɛfɛkt]
Deich grobla [grɔbla]
dein(e) twój/twoja/twoje [tfuj/tfɔja/tfɔjɛ]
denken an myśleć/pomyśleć o [mɨɕlɛt͡ɕ/pɔmɨɕlɛt͡ɕ ɔ]
Denkmal zabytek [zabɨtɛk]
Denkmalschutz ochrona zabytków [ɔxrɔna zabɨtkuf]
denn ponieważ [pɔɲɛvaʃ], gdyż [gdɨʃ]
Deo(dorant) dezodorant [dɛzɔdɔrant]
deshalb ponieważ [pɔɲɛvaʃ], gdyż [gdɨʃ]
Desinfektionsmittel środek dezynfekujący [ɕrɔdɛk dɛzɨnfɛkujɔntsɨ]
desinfizieren dezynfekować [dɛzɨnfɛkɔvat͡ɕ]
deutlich *adv* wyraźnie [vɨraʑɲɛ]
deutsch niemiecki [ɲɛm,ɛt͡ʃci]
Deutsche, der/die ~ Niemiec/Niemka [ɲɛm,ɛt͡s/ɲɛmka]
Deutschland Niemcy *pl* [ɲɛmt͡sɨ]
Devisen dewizy [dɛv,izɨ]
Dezember grudzień [grudʑɛɲ]
Diabetes cukrzyca [t͡sukʃɨt͡sa]
Diabetiker diabetyk [djabɛtɨk]
Diagnose diagnoza [djagnɔza]
Diät dieta [djɛta]
dich cię [t͡ɕɛ̃], ciebie [t͡ɕɛb,ɛ]
dick gruby [grubɨ]
Dieb złodziej [zwɔd͡ʑɛj]
Diebstahl kradzież *f* [krad͡ʑɛʃ]
Dienstag wtorek [ftɔrɛk]
diese(r, -s) ta (ten, to) [ta, tɛn, tɔ]
Digitalkamera aparat cyfrowy [aparat t͡sɨfrɔvɨ]
Ding rzecz *f* [ʒɛt͡ʃ]
Diphtherie dyfteryt [dɨftɛrɨt], błonica [bwɔɲit͡sa]
dir tobie [tɔb,ɛ]
direkt *adj* bezpośredni [bɛspɔɕrɛdɲi]; *adv* bezpośrdnio [bɛspɔɕrɛdɲɔ], wprost [fprɔst]
Direktion dyrekcja [dɨrɛkt͡sja]
Dirigent/in dyrygent/ka [dɨrɨgent/ka]
Diskothek dyskoteka [dɨskɔtɛka]
doch ależ tak [alɛʃ tak]; *(trotzdem)* jednak [jɛdnak]
Dokumentarfilm film dokumentalny [f,ilm dɔkumɛntalnɨ]
Dom katedra [katɛdra]
Donnerstag czwartek [t͡ʃfartɛk]
Doppel gra podwójna [gra pɔdvujna], debel [dɛbɛl]
doppelt podwójny [pɔdvujnɨ]
Dorf wieś *f* [v,ɛɕ]
dort tam [tam]

Dose puszka [puʃka]
Dosenöffner otwieracz do puszek [otfjɛratʃ dɔ puʃɛk]
Drachenfliegen latanie lotnią [lataɲɛ lɔtɲɔ̃]
Draht drut [drut]
Drama dramat [dramat]
draußen *(außerhalb eines Raumes, Gebäudes)* na dworze [na dvɔʒɛ]
Dressing sos do sałaty [sɔs dɔ sawatɨ]
drin, drinnen w środku [f‿ɕrɔtku], wewnątrz [vɛvnɔ̃tʃ]
dringend pilnie [pʲilɲɛ]
dritte(r, -s) trze-cia(ci/cie) [tʃɛ-tɕa/tɕi/tɕɛ]
Drogerie drogeria [drɔgɛrʲja]
Drogerieartikel artykuły drogeryjne [artɨkuwɨ drɔgɛrɨjnɛ]
du ty [tɨ]
dumm głupi [gwupʲi]
dunkel *adj* ciemny [tɕɛmnɨ]; *adv* ciemno [tɕɛmnɔ]
dunkelblau/dunkelgrün ciemnoniebieski/ ciemnozielony [tɕɛmnɔɲɛbjɛsci/tɕɛmnɔʑɛlɔnɨ]
dünn cienki [tɕɛnci]; *(schlank)* szczupły [ʃtʃupwɨ]
durch *(räumlich, auch Mittel, Ursache)* przez [pʃɛs]
Durchfall biegunka [bʲɛguŋka]
durchgebraten wysmażony [vɨsmaʒɔnɨ]
Durchreise, auf der ~ przejazdem [pʃɛjazdɛm]
durchschnittlich *adj* przeciętny [pʃɛtɕɛ̃tnɨ]; *adv* przeciętnie [pʃɛtɕɛ̃tɲɛ]
dürfen móc [muts]
durstig spragniony [spragɲɔnɨ]
Dusche prysznic [prɨʃɲits]
Duschgel żel do kąpieli [ʒɛl dɔ kɔmpʲɛlʲi]
Duschsitz krzesło do prysznica [kʃɛswɔ dɔ prɨʃɲitsa]
Dynastie dynastia [dɨnastja]

E

Ebbe odpływ (morza) [ɔdpwɨf (mɔʒa)]
Ebene równina [ruvɲina]
ebenerdig bezprogowy [bɛsprɔgɔvɨ]
echt *adj* prawdziwy [pravdʑivɨ]; *adv* na prawdę [na‿pravdɛ̃]
Ecke róg [ruk]
Ehefrau żona [ʒɔna], małżonka [mawʒɔnka]
Ehemann mąż [mɔ̃ʃ], małżonek [mawʒɔnɛk]
Eier jajka [jajka]
eigen własny [vwasnɨ]; *(für jdn typisch)* właściwy [vwaɕtɕivɨ]

eigentlich *adv* właściwie [vwaɕt͡ɕiv̦ɛ]
Eigentümer/in właściciel/ka [vwaɕt͡ɕit͡ɕɛl/ka]
Eilbrief list ekspresowy [l̦ist ɛksprɛsɔvɨ]
eilig *adv* pośpiesznie [pɔɕp̦ɛʃnɛ]
ein(e) jeden/jedno (jedna) [jɛdɛn/jɛdnɔ (jɛdna)]
einchecken odprawiać się przed odlotem [ɔtpravjat͡ɕ ɕɛ̃ pʃɛd ɔdlɔtɛm]
einfach *adj* prosty [prɔstɨ], łatwy [watfɨ]; *adv* po prostu [pɔ prɔstu]
Einfahrt wjazd [vjast]
einfarbig jednokolorowy [jɛdnɔkɔlɔrɔvɨ]
Eingang wejście [vɛjɕt͡ɕɛ]
einheimisch tutejszy [tutɛjʃɨ], miejscowy [m̦ɛjst͡sɔvɨ], rodzimy [rɔd͡ʑimɨ]
einige kilka [cilka], niektórzy [ɲɛktuʒɨ]
einkaufen robić zakupy [rɔbit͡ɕ zakupɨ], kupować [kupɔvat͡ɕ]
einladen zapraszać/zaprosić [zapraʃat͡ɕ/zaprɔɕit͡ɕ]
einmal raz [ras]
einpacken zapakować [zapakɔvat͡ɕ]
Einreise wjazd [vjast]
einsam samotny [samɔtnɨ]
einschalten włączać/włączyć [vwɔ̃t͡ʃat͡ɕ/vwɔ̃t͡ʃɨt͡ɕ]
Einschreibebrief list polecony [l̦ist pɔlɛt͡sɔnɨ]
einsteigen wsiadać [fɕadat͡ɕ]
Einstiegshilfe pomoc *f* przy wsiadaniu [pɔmɔt͡s pʃɨ fɕadaɲu]
Eintritt wstęp [fstɛmp], wejście [vɛjɕt͡ɕɛ]
Eintrittskarte bilet wstępu [b̦ilɛt fstɛmpu]
Eintrittspreis cena za wstęp [t͡sɛna za fstɛmp]
Einwohner/in mieszkaniec/mieszkanka [m̦ɛʃkaɲɛt͡s/m̦ɛʃkaŋka]
Einzel gra pojedyncza [gra pɔjɛdɨnt͡ʃa]
einzig jedyny [jɛdɨnɨ]
Eis lód [lut], *pl* lody [lɔdɨ]
Eisbahn tor lodowy [tɔr lɔdɔvɨ]
Eisenwarengeschäft sklep z artykułami metalowymi [sklɛp z‿artɨkuwam̦i mɛtalɔvɨm̦i]
Eishockey hokej na lodzie [hɔkɛj na lɔd͡ʑɛ]
Eislauf jazda na łyżwach [jazda na wɨʒvax]
Eiter ropa [rɔpa]
Elastikbinde bandaż elastyczny [bandaʃ ɛlastɨt͡ʃnɨ]
elektrisch elektryczny [ɛlɛktrɨt͡ʃnɨ]

Elektrohandlung sklep z artykułami elektrycznymi [sklɛp z‿artɨkuwam,i ɛlɛktrɨt͡ʃnɨm,i]

Elektroherd kuchenka elektryczna [kuxɛnka ɛlɛktrɨt͡ʃna]

Elektrolytlösung roztwór elektrolitu [rɔstfur ɛlɛktrɔl,itu]

Elektrorollstuhl elektryczy wózek inwalidzki [ɛlɛktrɨt͡ʃnɨ vuzɛk invalit͡sci]

Eltern rodzice [rɔd͡ʑit͡sɛ]

empfangen przyjmować/przyjąć [pʃɨjmɔvat͡ɕ/pʃɨjɔ̃t͡ɕ]

Empfänger odbiorca *m* [ɔdbjɔrt͡sa]

Empfangshalle hol [xɔl]

empfehlen polecać/polecić [pɔlɛt͡sat͡ɕ/pɔlɛt͡ɕit͡ɕ]

Ende koniec [kɔɲɛt͡s]

endgültig ostateczny [ɔstatɛt͡ʃnɨ]

endlich nareszcie [narɛʃt͡ɕɛ]

Endreinigung sprzątanie końcowe [spʃɔ̃taɲɛ kɔɲt͡sɔvɛ]

Endstation stacja końcowa [stat͡sja kɔɲt͡sɔva]

eng ciasny [t͡ɕasnɨ]

englisch angielski [aŋɟɛlsci]

Enkel/in wnuk/wnuczka [vnuk/vnut͡ʃka]

entdecken odkrywać/odkryć [ɔtkrɨvat͡ɕ/ɔtkrɨt͡ɕ]

Entfernung odległość *f* [ɔdlɛgwɔɕt͡ɕ], dystans [dɨstans]

entgegengesetzt przeciwstawny [pʃɛt͡ɕifstavnɨ]

entscheiden rozstrzygać/rozstrzygnąć [rɔst͡ʃɨgat͡ɕ/rɔst͡ʃɨgnɔ̃t͡ɕ]

entschuldigen, s. ~ przepraszać/przeprosić [pʃɛpraʃat͡ɕ/pʃɛprɔɕit͡ɕ]

Entschuldigung przeprosiny *pl* [pʃɛprɔɕinɨ]

enttäuscht rozczarowany [rɔst͡ʃarɔvanɨ]

entweder ... oder albo ... albo [albɔ...albɔ]

entwerten skasować [skasɔvat͡ɕ]

entwickeln *(einen Film)* wywołać [vɨvɔwat͡ɕ]

entzückend zachwycający [zaxfɨt͡sajɔ̃t͡sɨ]

Entzündung zapalenie [zapalɛɲɛ]

Epilepsie epilepsja [ɛp,ilɛpsja], padaczka [padat͡ʃka]

Epoche epoka [ɛpɔka]

er on [ɔn]

Erbsen groch [grɔx]

Erdbeeren truskawki [truskafci]

Erde ziemia [ʑɛm,a]

Erdgeschoss parter [partɛr]

erfahren dowiadywać się/dowiedzieć się [dɔvjadɨvat͡ɕ ɕɛ̃/dɔvjɛd͡ʑɛt͡ɕ ɕɛ̃]; *adj* doświadczony [dɔɕfjattʃɔnɨ]
erfreut (über) ucieszony (z) [ut͡ɕɛʃɔnɨ (z)]
Erfrischung orzeźwienie [ɔʒeʑvʲɛɲɛ], ochłoda [ɔxwɔda]
erhalten otrzymywać/otrzymać [ɔtʃɨmɨvat͡ɕ/ɔtʃɨmat͡ɕ]
erholen, s. ~ wypoczywać/wypocząć [vɨpɔt͡ʃɨvat͡ɕ/vɨpɔt͡ʃɔ̃t͡ɕ]
erinnern przypominać/przypomnieć [pʃɨpɔmʲinat͡ɕ/pʃɨpɔmɲɛt͡ɕ]
Erkältung przeziębienie [pʃɛʑɛmbʲɛɲɛ]
Ermäßigung zniżka [zɲiʃka]
ernst *adj* poważny [pɔvaʒnɨ]; *adv* poważnie [pɔvaʒɲɛ], na serio [na sɛrʲɔ]
erreichen docierać/dotrzeć (do) [dɔt͡ɕɛrat͡ɕ/dɔtʃɛt͡ɕ (dɔ)], osiągnąć [ɔɕɔ̃gnɔɲt͡ɕ]; *(den Zug)* zdążyć (na) [zdɔ̃ʒɨt͡ɕ (na)]
Ersatz surogat [surɔgat]; *(Schaden~)* odszkodowanie [ɔtʃkɔdɔvaɲɛ]
Ersatzrad koło zapasowe [kɔwɔ zapasɔvɛ]
erschöpft zmęczony [zmɛ̃t͡ʃonɨ], wycieńczony [vɨt͡ɕɛɲt͡ʃonɨ]
erschrecken przestraszyć (się) [pʃɛstraʃɨt͡ɕ (sɛ̃)]
ersetzen zastępować/zastąpić [zastɛmpɔvat͡ɕ/zastɔmpʲit͡ɕ]; *(Unkosten)* zwrócić [zvrut͡ɕit͡ɕ]
erst *(zuerst)* najpierw [najpʲɛrf]; *(nicht früher als)* dopiero [dɔpʲɛrɔ]
erste(r, -s) pierwsza (pierwsz-y/e) [pʲɛrfʃa(pʲɛrfʃ-ɨ/ɛ)]
erster Gang *(im Auto)* pierwszy bieg [pʲɛrfʃɨ bʲɛk]; *(Essen)* pierwsze danie [pʲɛrfʃɛ daɲɛ]
Erwachsene(r) dorosł-a/y [dɔrɔsw-a/ɨ]
erwarten *(warten auf)* czekać na [t͡ʃɛkat͡ɕ na]; *(rechnen mit)* oczekiwać [ɔt͡ʃɛcivat͡ɕ]
erzählen opowiadać/opowiedzieć [ɔpɔvʲadat͡ɕ/ɔpɔvʲɛd͡ʑɛt͡ɕ]
essbar jadalny [jadalnɨ]
Essen jedzenie [jɛd͡zɛɲɛ]
essen jeść [jɛɕt͡ɕ]
Essig ocet [ɔt͡sɛt]
Etage piętro [pʲɛ̃trɔ]
Etagenbett łóżko piętrowe [wuʃkɔ pʲɛntrɔvɛ]
etwa około [ɔkɔwɔ]
etwas coś [t͡sɔɕ]; *(ein wenig)* trochę [trɔxɛ̃]

EU-Bürger obywatel Unii Europejskiej [ɔbɨvatɛl uɲi ɛwrɔpɛjscɛj]
euch *acc* was [vas]; *dat* wam [vam]
euer wasz [vaʃ]
Euro euro [ɛwrɔ]
Europa Europa [ɛwrɔpa]
Europäer/in Europejczyk/Europejka [ɛwrɔpɛjt͡ʃɨk/ɛwrɔpɛjka]
europäisch europejski [ɛwrɔpɛjsci]
Exponat eksponat [ɛkspɔnat]
Expressionismus ekspresjonizm [ɛksprɛsjoɲizm]
extra ekstra [ɛkstra]

F

Fabrik fabryka [fabrɨka]
Facharzt/ärztin specjalista *m*/specjalistka [spet͡sjal,ista/spɛt͡sjal,istka]
Fahrdienst przewóz osób [pʃɛvus ɔsup]
Fähre prom [prɔm]
fahren jechać/jeździć [jɛxat͡ɕ/jɛʑd͡ʑit͡ɕ]
Fahrer/in kierowca *m*/- [cɛrɔft͡sa]
Fahrgast pasażer [pasaʒɛr]
Fahrkarte bilet [b,ilɛt]
Fahrkartenautomat automat biletowy [awtɔmat b,ilɛtɔvɨ]
Fahrkartenschalter okienko biletowe [ɔcɛŋkɔ b,ilɛtɔvɛ]
Fahrplan rozkład jazdy [rɔskwat jazdɨ]
Fahrpreis cena przejazdu [t͡sɛna pʃɛjazdu]
Fahrrad rower [rɔvɛr]
Fahrradhelm kask [kask]
Fahrradweg ścieżka rowerowa [ɕt͡ɕɛʃka rɔvɛrɔva]
Fahrschein bilet [b,ilɛt]
Fahrscheinentwerter kasownik [kasɔvɲik]
Fahrstuhl winda [v,inda]
Fahrt jazda [jazda]
fair fair [fɛr], uczciwy [ut͡ʃt͡ɕivɨ]
fallen upadać/upaść [upadat͡ɕ/upaɕt͡ɕ]
falls jeśli [jɛɕl,i]
Fallschirmspringen skoki *pl* spadochronowe [skɔci spadɔxrɔnɔvɛ]
falsch *(unrichtig)* błędny [bwɛndnɨ]; *(betrügerisch)* fałszywy [fawʃɨvɨ]
Faltrollstuhl składany wózek inwalidzki [skwadanɨ vuzɛk invalit͡sci]
Familie rodzina [rɔd͡ʑina]
Familienname nazwisko [nazv,iskɔ]

fangen chwytać/schwytać [xfɨtat͡ɕ/sxfɨtat͡ɕ]; *(Fische)* łowić/złowić [wɔv̦it͡ɕ/zwɔv̦it͡ɕ]
färben farbować [farbɔvat͡ɕ]
farbig kolorowy [kɔlɔrɔvɨ]
Farbstift kredka [krɛtka]
Fassade fasada [fasada]
fast prawie [prav̦ɛ]
Fasten post [pɔst]
faul leniwy [lɛɲivɨ]
faulenzen leniuchować [lɛɲuxɔvat͡ɕ]
Fax faks [faks]
Faxgerät faks [faks]
Februar luty *m* [lutɨ]
Federball *(Ball)* lotka [lɔtka], *(Spiel)* kometka [kmɛtka]
fehlen brakować [brakɔvat͡ɕ]
Fehler *(den man macht)* błąd [bwɔnt]; *(den man hat)* brak [brak]
Fehlgeburt poronienie [pɔrɔɲɛɲɛ]
Feigen figi [f̦iɟi]
fein *(dünn, zart)* drobny [drɔbnɨ], delikatny [dɛlikatnɨ]
Feinkostgeschäft delikatesy *pl* [dɛl̦ikatɛsɨ]
Feld pole [pɔlɛ]
Fell sierść *f* [ɕɛrɕt͡ɕ]
Fels skała [skawa]
Felswand ściana skalna [ɕt͡ɕana skalna]
Fenchel koper włoski [kɔpɛr vwɔsci], fenkuł [fɛnkuw]
Fenster okno [ɔknɔ]
Fensterplatz miejsce przy oknie [m̦ɛjstsɛ pʃɨ ɔkɲɛ]
Ferien wakacje [vakat͡sjɛ]
Ferienanlage ośrodek wypoczynkowy [ɔɕrɔdɛk vɨpɔt͡ʃɨnkɔvɨ]
Ferienhaus dom wczasowy [dɔm ft͡ʃasɔvɨ]
Ferngespräch rozmowa międzymiastowa [rɔzmɔva m̦ɛnd͡zɨm̦jastɔva]
Fernlicht światła *pl* drogowe [ɕf̦jatwa drɔgɔvɛ]
Fernseher telewizor [tɛlɛv̦izɔr]
Fernsehraum sala telewizyjna [sala tɛlɛv̦izɨjna]
fertig gotowy [gɔtɔvɨ]
Fest święto [ɕf̦ɛntɔ]
Festival festiwal [fɛsțival]
Festland ląd [lɔnt]
Festung twierdza [tf̦ɛrd͡za]
fett tłusty [twustɨ]
fettarme Milch mleko odtłuszczone [mlɛkɔ ɔttwuʃt͡ʃɔnɛ]
feucht wilgotny [v̦ilgɔtnɨ]
Feuer ogień [ɔɟɛɲ]
feuergefährlich łatwopalny [watvɔpalnɨ]
Feuerlöscher gaśnica [gaɕɲit͡sa]

Feuermelder sygnalizator pożarowy [sɨgnal̦izatɔr pɔʒarɔvɨ]
Feuerwehr straż *f* pożarna [straʃ pɔʒarna]
Feuerwerk fajerwerki *pl* [fajɛrvɛrci], sztuczne ognie *pl* [ʃtut͡ʃnɛ ɔɡɲɛ]
Fieber gorączka [ɡɔrɔnt͡ʃka]
Fieberthermometer termometr [tɛrmɔmɛtr]
Film film [f̦ilm]
Filmempfindlichkeit czułość *f* filmu [t͡ʃuwɔɕt͡ɕ f̦ilmu]
Filmschauspieler/in aktor/ka filmow-y/a [aktɔr/ka f̦ilmɔv-ɨ/a]
finden znaleźć [znalɛɕt͡ɕ]
Finger palec [palɛt͡s]
Firma firma [f̦irma], zakład [zakwat]
Fisch ryba [rɨba]
Fischerort miejscowość *f* rybacka [m̦ɛjst͡sɔvɔɕt͡ɕ rɨbat͡ska]
Fischgeschäft sklep rybny [sklɛp rɨbnɨ]
Fischhändler sprzedawca *m* ryb [spʃɛdaft͡sa rɨp]
fit w dobrej kondycji [v‿dobrɛj kɔndɨt͡si]
Fitnesscenter siłownia [ɕiwɔvɲa], klub kulturystyczny [klup kulturɨstɨt͡ʃnɨ]
FKK-Strand plaża dla nudystów [plaʒa dla nudɨstuf]
flach płytki [pwɨtci]
Fläschchenwärmer podgrzewacz do butelek [pɔdɡʒɛvat͡ʃ dɔ butɛlɛk]
Flasche butelka [butɛlka]
Flaschenöffner otwieracz do butelek [otfjɛrat͡ʃ dɔ butɛlɛk]
Flaute bezwietrznie [bɛzvjɛtʃɲɛ]
Fleck(en) plama (plamy) [plama (plamɨ)]
Fleisch mięso [m̦ɛ̃sɔ]
Flickzeug łatki *pl* do opon [watci dɔ ɔpɔn]
Fliege mucha [muxa], muszka [muʃka]
fliegen lecieć/polecieć [lɛt͡ɕɛt͡ɕ/pɔlɛt͡ɕɛt͡ɕ]
Flohmarkt pchli targ [pxl̦i tark]
Flug lot [lɔt]
Flügel skrzydło [skʃɨdwɔ]
Fluggesellschaft towarzystwo lotnicze [tɔvaʒɨstfɔ lɔtɲit͡ʃɛ]
Flughafen lotnisko [lɔtɲiskɔ]
Flughafenbus autobus lotniskowy [awtɔbus lɔtɲiskɔvɨ]
Flughafengebühr opłata lotniskowa [ɔpwata lɔtɲiskɔva]
Flugsteig wyjście do samolotu [vɨjɕt͡ɕɛ dɔ samɔlɔtu]
Fluss rzeka [ʒɛka]
flüssig płynny [pwɨnnɨ]
Flut przypływ (morza) [pʃɨpwɨf (mɔʒa)]

Föhn suszarka do włosów [suʃarka dɔ vwɔsuf]
föhnen układać suszarką [ukwadat͡ɕ suʃarkɔ̃]
Folklore folklor [fɔlklɔr]
Folkloreabend wieczór folklorystyczny [vʲɛt͡ʃur fɔlklɔrɨstɨt͡ʃnɨ]
Form forma [fɔrma], kształt [kʃtawt]
Formular formularz [fɔrmulaʃ], druczek [drut͡ʃɛk]
fort *(er/sie ist fort)* nie ma go/jej [ɲɛ ma gɔ/jɛj]
Foto zdjęcie [zdjɛɲt͡ɕɛ]
Fotoapparat aparat fotograficzny [aparat fɔtɔgrafʲit͡ʃnɨ]
Fotogeschäft sklep z artykułami fotograficznymi [sklɛp s‿ artɨkuwamʲi fɔtɔgrafʲit͡ʃnɨmʲi]
Fotografie fotografia [fɔtɔgrafʲja]
fotografieren fotografować [fɔtɔgrafɔvat͡ɕ], robić zdjęcia [rɔbʲit͡ɕ zdjɛɲt͡ɕa]
Fotografieren fotografowanie [fɔtɔgrafɔvaɲɛ]
Frage pytanie [pɨtaɲɛ]
fragen pytać/spytać [pɨtat͡ɕ/spɨtat͡ɕ]
frankieren frankować [frankɔvat͡ɕ], nalepić znaczek [nalɛpʲit͡ɕ znat͡ʃɛk]
Frau pani [paɲi], kobieta [kɔbʲɛta]
Fräulein panna [panna]
frei wolny [vɔlnɨ]; *(kostenlos)* bezpłatny [bɛspwatnɨ]
Freitag piątek [pjɔntɛk]
Freizeitpark park rozrywki [park rɔzrɨfci]
fremd obcy [ɔpt͡sɨ]
Fremde, der/die ~ obc-y/a [ɔpt͡s-ɨ/a]
Fremdenführer/in przewodnik/czka [pʃɛvɔdɲi-k/t͡ʃka]
Fremdenverkehrsamt informacja turystyczna [infɔrmat͡sja turɨstɨt͡ʃna]
freuen, sich~ cieszyć się/ucieszyć się [t͡ɕɛʃɨt͡ɕ ɕɛ̃/ut͡ɕɛʃɨt͡ɕ ɕɛ̃]
Freund/in przyjaciel/przyjaciółka [pʃɨjat͡ɕɛl/pʃɨjat͡ɕuwka]
freundlich *adj* miły [mʲiwɨ]; *adv* miło [mʲiwɔ]
Friedhof cmentarz [t͡smɛntaʃ]
frieren marznąć [marznɔɲt͡ɕ]
frisch świeży [ɕfʲɛʒɨ]
Frischhaltefolie folia spożywcza [fɔlja spɔʒɨft͡ʃa]
Friseur fryzjer [frɨzjɛr]
frisieren ufryzować [ufrɨzɔvat͡ɕ]
Frisur fryzura [frɨzura]
froh *(heiter)* wesoły [vɛsɔwɨ]; *(erfreut, zufrieden)* zadowolony [zadɔvɔlɔnɨ]

Fronleichnam Boże Ciało [bɔʒɛ t͡ɕawɔ]
Frost mróz [mrus]
Frostschutzmittel odmrażacz [ɔdmraʒat͡ʃ]
früh wcześnie [ft͡ʃɛɕɲɛ]
früher *adv (ehemals)* dawniej [davɲɛj]; *(eher)* wcześniej [ft͡ʃɛɕɲɛj]
Frühling wiosna [vjɔsna]
Frühstück śniadanie [ɕɲadaɲɛ]
frühstücken jeść śniadanie [jɛɕt͡ɕ ɕɲadaɲɛ]
Frühstücksbüfett śniadanie w formie bufetu [ɕɲadaɲɛ f‿fɔrmʲɛ bufɛtu]
Frühstücksraum jadalnia [jadalɲa]
fühlen czuć [t͡ʃut͡ɕ]
Führer *(Person, Buch)* przewodnik [pʃɛvɔdɲik]
Führerschein prawo jazdy [pravɔ jazdɨ]
Führung oprowadzanie [ɔprɔvad͡zaɲɛ]
Fundbüro biuro rzeczy znalezionych [bʲurɔ ʒɛt͡ʃɨ znalɛʑɔɲɨx]
Funde znalezisko [znalɛʑiskɔ]
funktionieren funkcjonować [fuŋkt͡sjɔnɔvat͡ɕ]
für *(für jdn)* dla [dla]; *(für etwas)* na [na]
fürchten bać się [bat͡ɕ ɕɛ̃]
fürchterlich straszny [straʃnɨ], okropny [ɔkrɔpnɨ]
Fuß stopa [stɔpa]
Fußball piłka nożna [pʲiwka nɔʒna]
Fußballplatz boisko do gry w piłkę nożną [bɔiskɔ dɔ grɨ f‿pʲiwkɛ̃ nɔʒnɔ̃]
Fußballspiel mecz piłki nożnej [mɛt͡ʃ pʲiwci nɔʒnɛj]
Fußgänger/in piesz-y/a [pʲɛʃ-ɨ/a]
Fußgängerzone strefa dla pieszych [strɛfa dla pʲɛʃɨx]

G

Gabel widelec [vʲidɛlɛt͡s]
Galerie galeria [galɛrja]
Gallenblase woreczek żółciowy [vɔrɛt͡ʃɛk ʒuwt͡ɕɔvɨ]
Gang *(im Auto)* bieg [bʲɛk]; *(Essen)* danie [daɲɛ]; *(Platz)* przejście [pʃɛjɕt͡ɕɛ]
ganz *adj* cały [t͡sawɨ]; *(vollständig)* całkowity [t͡sawkɔvʲitɨ]; *adv* całkiem [t͡sawcɛm]
gar ugotowany [ugɔtɔvanɨ]
Garage garaż [garaʃ]
Garantie gwarancja [gvarant͡sja]
Garderobe szatnia [ʃatɲa]
Garnelen krewetki [krɛvɛtci]
Garten ogród [ɔgrut]

Gasflasche butla gazowa [butla gazɔva]
Gasherd kuchenka gazowa [kuxɛnka gazɔva]
Gaskartusche jednorazowa butla gazowa [jɛdnɔrazɔva butla gazɔva]
Gaskocher kocher gazowy [kɔxɛr gazɔvɨ]
Gaspedal pedał gazu [pɛdaw gazu]
Gasse uliczka [ul͜it͡ʃka]
Gast gość [gɔɕt͡ɕ]
Gastfreundschaft gościnność *f* [gɔɕt͡ɕinnɔɕt͡ɕ]
Gastgeber/in gospodarz/ gospodyni [gɔspɔdaʃ/gɔspɔdɨɲi]
Gebäck pieczywo [p͜ɛt͡ʃɨvɔ]
gebacken pieczony [p͜ɛt͡ʃɔnɨ]
Gebäude budynek [budɨnɛk]
geben dawać/dać [davat͡ɕ/dat͡ɕ]
Gebirge góry *pl* [gurɨ]
geboren urodzony [urod͡zɔnɨ]
gebraten smażony [smaʒɔnɨ]
gebräuchlich utarty [utartɨ], przyjęty [pʃɨjɛntɨ]
gebrochen złamany [zwamanɨ]
Gebühren opłaty [ɔpwatɨ]
Geburtsdatum data urodzenia [data urɔd͡zɛɲa]
Geburtsname nazwisko panieńskie [nazv͜iskɔ paɲɛɲscɛ]
Geburtsort miejsce urodzenia [m͜ɛjst͡sɛ urɔd͡zɛɲa]
Geburtstag urodziny *pl* [urɔd͡ʑinɨ]
gedämpft gotowany na parze [gɔtɔvanɨ na paʒɛ]
Gedeck nakrycie [nakrɨt͡ɕɛ]
Gedenkstätte miejsce pamięci [m͜ɛjst͡sɛ pam͜ɛ̃t͡ɕi]
Geduld cierpliwość *f* [t͡ɕɛrpl͜ivɔɕt͡ɕ]
gedünstet duszony [duʃɔnɨ]
Gefahr niebezpieczeństwo [ɲɛbɛsp͜ɛt͡ʃɛɲstfɔ]
gefährlich niebezpieczny [ɲɛbɛsp͜ɛt͡ʃnɨ]
gefallen podobać się [pɔdɔbat͡ɕ ɕɛ̃]
Gefängnis więzienie [v͜ɛɲʑɛɲɛ]
Gefühl uczucie [ut͡ʃut͡ɕɛ]
gefüllt nadziewany [nad͡ʑɛvanɨ]
gegen Mittag około południa [ɔkɔwɔ pɔwudɲa]
gegen przeciw [pʃɛt͡ɕif]
Gegend okolica [ɔkɔl͜it͡sa]
Gegenstand przedmiot [pʃɛdm͜ɔt]; *(Thema)* temat [tɛmat]
Gegenteil przeciwieństwo [pʃɛt͡ɕiv͜ɛɲstfɔ]
gegenüber na przeciwko [na pʃɛt͡ɕifkɔ]

Geheimzahl hasło [xaswɔ], PIN [pʲin]
gehen iść [içt͡ç], pójść [pujçt͡ç]
Gehirn mózg [musk]
Gehirnerschütterung wstrząs mózgu [fstʃɔ̃s muzgu]
Gehirnschlag wylew krwi do mózgu [vɨlɛf krfʲi dɔ muzgu], apopleksja [apɔplɛksja], udar mózgu [udar muzgu]
Gehör słuch [swux]
gehören należeć [nalɛʒɛt͡ç]
gehörlos głuchy [gwuxɨ]
Gehörlose/r głuch-a/y [gwux-a/ɨ]
gekocht gotowany [gɔtɔvanɨ]
gekochter Schinken gotowana szynka [gɔtɔvana ʃɨŋka]
Gelände teren [tɛrɛn]
gelb żółty [ʒuwtɨ]
gelbe Seiten żółte strony [ʒuwtɛ strɔnɨ]
Geld pieniądze *pl* [pʲɛɲɔnd͡zɛ]
Geldanweisung przekaz pieniężny [pʃɛkas pʲɛɲɛ̃ʒnɨ]
Geldautomat automat bankowy [awtɔmat baŋkɔvɨ]
Geldbeutel portmonetka [pɔrtmɔnɛtka]
Geldkarte karta płatnicza [karta pwatɲit͡ʃa]
Geldschein banknot [baŋknɔt]
Geldwechsel wymiana pieniędzy [vɨmʲjana pʲɛɲɛnd͡zɨ]
gelegentlich *adj* okazjonalny [ɔkazjɔnalnɨ]; *adv* od czasu do czasu [ɔt‿t͡ʃasu dɔ t͡ʃasu]
Gelenk staw [staf]
Gemälde obraz [ɔbras], malowidło [malɔvʲidwɔ]
gemeinsam *adj* wspólny [fspulnɨ]; *adv* wspólnie [fspulɲɛ], razem [razɛm]
gemischt mieszany [mʲɛʃanɨ]
Gemüse warzywa *pl* [vaʒɨva], jarzyny *pl* [jaʒɨnɨ]
gemütlich przytulny [pʃɨtulnɨ]
genau *adj* dokładny [dɔkwadnɨ]; *adv* dokładnie [dɔkwadɲɛ]
genauso ... wie dokładnie tak ... jak [dɔkwadɲɛ tak...jak]
genießen rozkoszować się [rɔskɔʃɔvat͡ç çɛ̃]
genug dosyć [dɔsɨt͡ç], dość [dɔçt͡ç]
geöffnet otwarty [ɔtfartɨ]
Gepäck bagaż [bagaʃ]
Gepäckabfertigung odprawa bagażu [ɔtprava bagaʒu]
Gepäckaufbewahrung przechowalnia bagażu [pʃɛxɔvalɲa bagaʒu]
Gepäckausgabe wydawanie bagażu [vɨdavaɲɛ bagaʒu]

Gepäckschalter okienko bagażowe [ɔcɛŋkɔ bagaʒɔvɛ]
Gepäckwagen wózek bagażowy [vuzek bagaʒɔvɨ]
gerade prosty [prɔstɨ]; *(zeitlich)* akurat [akurat], w tej chwili [ftɛj xvʲilʲi]
geradeaus prosto [prɔstɔ]
geräuchert wędzony [vɛ̃d͡zɔnɨ]
Geräusch szmer [ʃmɛr]
Gericht *(Essen)* potrawa [pɔtrava]; *(Justiz)* sąd [sɔnt]
gern chętnie [xɛntɲɛ]
geröstet opiekany [ɔpjɛkanɨ]
Geruch zapach [zapax]
Geschenk prezent [prɛzɛnt]
Geschichte historia [çistɔrja]
Geschirr naczynia *pl* [nat͡ʃɨɲa]
Geschirrspülbecken zlewozmywak [zlɛvɔzmɨvak]
Geschirrspülmaschine zmywarka do naczyń [zmɨvarka dɔ nat͡ʃɨɲ]
Geschirrtuch ścierka do naczyń [ɕt͡ɕɛrka dɔ nat͡ʃɨɲ]
geschlossen zamknięty [zamkɲɛ̃tɨ]
Geschmack smak [smak]
geschmort duszony [duʃɔnɨ], smażony [smaʒɔnɨ]
Geschwindigkeit szybkość *f* [ʃɨpkɔɕt͡ɕ]
geschwollen spuchnięty [spuxɲɛntɨ]
Geschwulst obrzęk [ɔbʒɛŋk]
Geschwür wrzód [vʒut]
Gesicht twarz *f* [tfaʃ]
Gespräch rozmowa [rɔzmɔva]
gestern wczoraj [ft͡ʃɔraj]
gesund zdrowy [zdrɔvɨ]
Getränk napój [napuj]
Getriebe skrzynia biegów [skʃɨɲa bjɛguf]
Gewicht waga [vaga]
Gewinn zysk [zɨsk], wygrana [vɨgrana]
gewinnen wygrywać/wygrać [vɨgrɨvat͡ɕ/vɨgrat͡ɕ]
Gewitter burza [buʒa]
gewöhnlich zwyczajny [zvɨt͡ʃajnɨ]
gewohnt sein być przyzwyczajonym [bɨt͡ɕ pʃɨzvɨt͡ʃajɔnɨm]
Gewölbe sklepienie [sklɛpʲɛɲɛ]
Gewürz przyprawa [pʃɨprava]
gibt, es ~ jest/są [jɛst/sɔ̃]
Giebel ściana szczytowa [ɕt͡ɕana ʃt͡ʃɨtɔva]
Gift trucizna [trut͡ɕizna]
giftig trujący [trujɔnt͡sɨ]
Gipfel szczyt [ʃt͡ʃɨt]
Glas szklanka [ʃklaŋka]
Glasmalerei malarstwo na szkle [malarstfɔ na ʃklɛ]
Glatteis gołoledź *f* [gɔwɔlɛt͡ɕ]

glauben wierzyć [vʲɛʒɨt͡ɕ]; *(meinen)* sądzić [sɔɲd͡ʑit͡ɕ]
gleich równy [ruvnɨ]; *(identisch)* taki sam [taci sam]; *(sofort)* zaraz [zaras]
gleichzeitig *adj* równoczesny [ruvnɔt͡ʃɛsnɨ]; jednocześnie *adv* [jɛdnɔt͡ʃɛɕɲɛ]
Gleis tor [tɔr]
Gleitschirm paralotnia [paralɔtɲa]
Glück szczęście [ʃt͡ʃɛ̃ɕt͡ɕɛ]
glücklich szczęśliwy [ʃt͡ʃɛ̃ɕlʲivɨ]
Glückwunsch życzenia *pl* [ʒɨt͡ʃɛɲa]
Glühbirne żarówka [ʒarufka]
Gold złoto [zwɔtɔ]
goldfarben złocisty [zwɔt͡ɕistɨ]
Goldschmiedekunst złotnictwo [zwɔtɲit͡stfɔ]
Golf golf [gɔlf]
Golfclub klub golfowy [klup gɔlfɔvɨ]
Golfschläger kij golfowy [cij gɔlfɔvɨ]
Gotik gotyk [gɔtɨk]
Gott Bóg [buk]
Grab grób [grup]
Grabmal nagrobek [nagrɔbɛk], grobowiec [grɔbɔvjɛt͡s]
Grafik grafika [grafʲika]
Gramm gram [gram]
Grapefruit grejpfrut [grɛjfrut]
Gräte ość *f* [ɔɕt͡ɕ]
gratis za darmo [za darmɔ]
gratulieren gratulować [gratulɔvat͡ɕ]
grau szary [ʃarɨ]
Grenze granica [graɲit͡sa]
Grenzübergang przejście graniczne [pʃɛjɕt͡ɕɛ graɲit͡ʃnɛ]
griechisch grecki [grɛtsci]
Grill grill [gril]
Grillanzünder rozpałka do grilla [rɔspawka dɔ grila]
Grillkohle węgiel drzewny [vɛ̃ɟɛl d͡ʒɛvnɨ]
Grippe grypa [grɨpa]
groß duży [duʒɨ], wielki [vʲɛlci]
Größe wielkość *f* [vʲɛlkɔɕt͡ɕ]; *(Kleidung)* rozmiar [rɔzmjar]
Großmutter babka [bapka], babcia [bapt͡ɕa]
Großpolen Wielkopolska [vʲɛlkɔpɔlska]
Großraumwagen wagon bez przedziałów [vagɔn bɛs pʃɛd͡ʑawuf]
Großvater dziadek [d͡ʑadɛk]
Grotte grota [grɔta]
grün zielony [ʑɛlɔnɨ]
Grund powód [pɔvut]
grüne Bohnen fasolka zielona [fasɔlka ʑɛlɔna]
grüne Versicherungskarte polisa ubezpieczeniowa [pɔlʲisa

ubɛsp̡ɛt͡ʃɛɲɔva], zielona karta [ʑɛlɔna karta]
Gruppe grupa [grupa]
grüßen pozdrawiać [pɔzdrav̡at͡ɕ]
gültig ważny [vaʒnɨ], aktualny [aktualnɨ]
Gummistiefel kalosze [kalɔʃɛ]
Gurke ogórek [ɔgurɛk]
Gürtel pasek [pasɛk]
gut *adj* dobry [dɔbrɨ]; *adv* dobrze [dɔbʒɛ]
Gutschein bon [bɔn], talon [talɔn]
Gymnastik gimnastyka [ɟimnastɨka]

H

Haar włosy *pl* [vwɔsɨ]
Haarfestiger utrwalacz fryzury [utrfalat͡ʃ frɨzurɨ]
Haargel żel do włosów [ʒɛl dɔ vwɔsuf]
Haargummi gumka do włosów [gumka dɔ vwɔsuf]
Haarklammern klamerka do włosów [klamɛrka dɔ vwɔsuf]
haben mieć [m̡ɛt͡ɕ]
Hackfleisch mięso mielone [m̡ɛ̃sɔ m̡ɛlɔnɛ]
Hafen port [pɔrt]
Haferflocken płatki owsiane [pwatci ɔfɕanɛ]
Hähnchen kurczak [kurt͡ʃak]
Haken hak [xak], wieszak [v̡ɛʃak]
halb pół [puw]
Halbpension nocleg ze śniadaniem i kolacją [nɔt͡slɛk zɛ ɕɲadaɲɛm i kɔlat͡sjɔ̃]
Hälfte połowa [pɔwɔva]
Hals gardło [gardwɔ]
Halsschmerzen ból gardła [bul gardwa]
Halstabletten tabletki na gardło [tablɛtci na gardwɔ]
Halstuch apaszka [apaʃka]
halt! stop! [stɔp]
haltbar trwały [trfawɨ]
Haltegriff uchwyt [uxfɨt]
halten trzymać [tʃɨmat͡ɕ]; *(stehen bleiben)* zatrzymywać się/zatrzymać się [zatʃɨmɨvat͡ɕ ɕɛ̃/zatʃɨmat͡ɕ ɕɛ̃]
Haltestelle przystanek [pʃɨstanɛk]
Hammelfleisch baranina [baraɲina]
Hammer młotek [mwɔtɛk]
Hand ręka [rɛŋka]
Handball piłka ręczna [p̡iwka rɛnt͡ʃna]
Handbike rower (dwu-, trójkołowy) z napędem ręcznym

[rɔvɛr (dvu, trujkɔwɔvɨ) z‿napɛndɛm rɛnt͡ʃnɨm]
Handbremse hamulec ręczny [xamulet͡s rɛ̃t͡ʃnɨ]
Handcreme krem do rąk [krɛm dɔ rɔ̃k]
Handgas *(Auto)* ręczny pedał gazu [rɛnt͡snɨ pɛdaw gazu]
handgemacht wyrób ręczny [vɨrup rɛ̃t͡ʃnɨ]
Handlauf poręcz *f* [pɔrɛnt͡ʃ]
Handschuhe rękawiczki [rɛŋkavʲit͡ʃci]
Handtasche torebka [tɔrɛpka]
Handtuch ręcznik [rɛnt͡ʃɲik]
Handwaschbecken umywalka [umɨvalka]
Handy telefon komórkowy [tɛlɛfɔn kɔmurkɔvɨ], *fam* komórka [kɔmurka]
hart twardy [tfardɨ]
hässlich brzydki [bʒɨtci]
häufig często [t͡ʃɛ̃stɔ]
Hauptbahnhof dworzec główny [dvɔʒɛt͡s gwuvnɨ]
Hauptpostamt poczta główna [pɔt͡ʃta gwuvna]
Hauptrolle rola główna [rɔla gwuvna]
hauptsächlich głównie [gwuvɲɛ], przede wszystkim [pʃɛdɛ fʃɨstcim]
Hauptsaison szczyt sezonu [ʃt͡ʃɨt sɛzɔnu]
Hauptspeise danie główne [daɲɛ gwuvnɛ]
Hauptstadt stolica [stɔlʲit͡sa]
Hauptstraße główna ulica [gwuvna ulʲit͡sa]
Haus dom [dɔm]
Hausbesitzer/in właściciel/ka domu [vwaɕt͡ɕit͡ɕɛl/ka dɔmu]
hausgemacht wyrób własny [vɨrup vwasnɨ]
Haushaltswaren artykuły gospodarstwa domowego [artɨkuwɨ gɔspɔdarstfa dɔmɔvɛgɔ]
Hausnummer numer domu [numɛr dɔmu]
Haustiere zwierzęta domowe [zvʲjɛʒɛnta dɔmɔvɛ]
Haut skóra [skura]
Heide łąka [wɔ̃ka], wrzosowisko [vʒɔsɔvʲiskɔ]
heilig święty [ɕfʲɛntɨ]
Heiliger Abend Wigilia [vʲiɟilja]
Heimat ojczyzna [ɔjt͡ʃɨzna]
Heimreise podróż do domu [pɔdruʃ dɔ dɔmu]
heiraten *(eine Frau)* ożenić się [ɔʒɛɲit͡ɕ ɕɛ̃]; *(einen Mann)* wyjść za mąż [vɨjɕt͡ɕ za mɔ̃ʃ]
heiser ochrypły [ɔxrɨpwɨ]
heiß *adv* gorąco [gɔrɔnt͡sɔ]

heißen nazywać się [nazɨvatɕ ɕɛ̃]; *(bedeuten)* znaczyć [znatʃɨtɕ]
Heißluftballon balon na gorące powietrze [balɔn na gɔrɔntsɛ pɔvjɛtʃɛ]
Heizung ogrzewanie [ɔgʒɛvaɲɛ]
helfen, jdm ~ pomagać/pomóc komuś [pɔmagatɕ/pɔmuts kɔmuɕ]
hellblau/hellgrün jasnoniebieski/jasnozielony [jasnɔɲɛbjɛsci/jasnɔʑɛlɔnɨ]
Hemd koszula [kɔʃula]
Herbst jesień *f* [jɛɕɛɲ]
Herd kuchenka [kuxɛŋka]
herein! proszę wejść! [prɔʃɛ̃ vɛjɕtɕ]
hereinkommen wejść [vɛjɕtɕ], wchodzić [fxɔdʑitɕ]
Hering śledź [ɕlɛtɕ], kołek do namiotu [kɔwɛk dɔ namjɔtu]
Herr pan [pan]
Herren panowie [panɔvʲɛ]
herrlich *adv* cudownie [tsudovɲe]
Herz serce [sɛrtsɛ]
Herzanfall atak serca [atak sɛrtsa]
Herzbeschwerden dolegliwości sercowe [dɔlɛglʲivɔɕtɕi sɛrtsɔvɛ]
Herzinfarkt zawał serca [zavaw sɛrtsa]
herzlich *adv* serdecznie [sɛrdɛtʃɲɛ]
Herzschrittmacher rozrusznik serca [rɔzruʃɲik sɛrtsa]
Heuschnupfen katar sienny [katar ɕɛnnɨ]
heute Morgen/heute Abend dzisiaj rano/ dzisiaj wieczorem [dʑiɕaj ranɔ/ dʑiɕaj vʲɛtʃɔrɛm]
heute dzisiaj [dʑiɕaj]
Hexenschuss postrzał [pɔstʃaw], lumbago [lumbagɔ]
hier tutaj [tutaj]
Hilfe pomoc *f* [pɔmɔts]
Himmel niebo [ɲɛbɔ]
hindern przeszkadzać/przeszkodzić [pʃɛʃkadzatɕ/pʃɛʃkɔdʑitɕ]
hinlegen, s. ~ kłaść się/położyć się [kwaɕtɕ ɕɛ̃/pɔwɔʒɨtɕ ɕɛ̃]
hinten z tyłu [s‿tɨwu], w tyle [f‿tɨlɛ]
hinter za [za]
Hinterland głąb kraju [gwɔmp kraju]
hinterlegen zdeponować [zdɛpɔnɔvtɕ]
hinzufügen dodawać/dodać [dodavatɕ/dɔdatɕ]
Hitze upał [upaw]
Hitzewelle fala upałów [fala upawuf]
hoch wysoki [vɨsɔci]

Hochformat duży format [duʒɨ fɔrmat]
Hochspannung wysokie napięcie [vɨsɔcɛ napʲɛɲt͡ɕɛ]
höchstens najwyżej [najvɨʒɛj]
Hochzeit wesele [vɛsɛlɛ]
Hof podwórze [pɔdvuʒɛ]
hoffentlich miejmy nadzieję [mʲɛjmɨ nad͡ʑɛjɛ̃]
höflich grzeczny [gʒɛt͡ʃnɨ], uprzejmy [upʃɛjmɨ]
Höhe wysokość *f* [vɨsɔkɔɕt͡ɕ]
Höhepunkt główny punkt [gwuvnɨ punkt]; *(Gipfel)* szczyt [ʃt͡ʃɨt]
Höhle jaskinia [jasciɲa], grota [grɔta]
Holz drzewo [d͡ʒɛvɔ], drewno [drɛvnɔ]
Holzschnitt drzeworyt [dʒɛvɔrɨt]
Honig miód [mjut]
hören słuchać [swuxat͡ɕ], słyszeć [swɨʃɛt͡ɕ]
Hörer słuchawka [swuxafka]
hörgeschädigt z uszkodzeniem słuchu [z‿uʃkɔd͡zɛɲɛm swuxu]
Hose spodnie *pl* [spɔdɲɛ]
Hublift podnośnik [pɔdnɔɕɲik]
hübsch piękny [pʲɛ̃ŋknɨ]
Hüfte biodro [bjɔdrɔ]
Hügel wzgórze [vzguʒɛ]
Hund pies [pʲɛs]
hungrig sein być głodnym [bɨt͡ɕ gwɔdnɨm]
Hupe klakson [klaksɔn]
Husten kaszel [kaʃɛl]
Hustensaft syrop na kaszel [sɨrɔp na kaʃɛl]
Hut kapelusz [kapɛluʃ]

I

ich ja [ja]
Idee idea [idɛa], pomysł [pɔmɨsw]
ihr *pers prn* wy [vɨ]; *poss prn f* jej [jɛj]; *poss prn pl* ich [ix]
Illustrierte magazyn ilustrowany [magazɨn ilustrɔvanɨ], czasopismo ilustrowane [t͡ʃasɔpʲismɔ ilustrɔvanɛ]
Imbiss bar [bar]
immer zawsze [zafʃɛ]
Impfpass karta szczepień [karta ʃt͡ʃɛpʲɛɲ]
Impfung szczepienie [ʃt͡ʃɛpʲɛɲɛ]
Impressionismus impresjonizm [imprɛsjɔɲizm]
in einer Woche za tydzień [za tɨd͡ʑɛɲ]
in *(Frage: wo?)* w + *loc* [v]; *(Frage: wohin?)* do + *gen* [dɔ]
inbegriffen zawarty [zavartɨ]
Induktionsschleife przewód indukcyjny [pʃɛvut indukt͡sɨnɨ]

Infektion infekcja [infɛkt͡sja]
informieren, s. ~ zasięgać/zasięgnąć informacji [zaɕɛ̃gat͡ɕ/zaɕɛ̃gnɔ̃t͡ɕ infɔrmat͡si]
Infusion infuzja [infuzja]
Inhalt zawartość *f* [zavartɔɕt͡ɕ], treść *f* [trɛɕt͡ɕ]
Inlandsflug lot krajowy [lɔt krajɔvɨ]
Inliner rolkarz [rɔlkaʃ]
innen w środku [f‿ɕrɔtku]
Innenhof dziedziniec [d͡ʑɛd͡ʑiɲɛt͡s]
Inschrift napis [napʲis]
Insekt insekt [insɛkt]
Insektenmittel środek owadobójczy [ɕrɔdɛk ɔvadɔbujt͡ʃɨ]
Insel wyspa [vɨspa]
Inselrundfahrt wycieczka po wyspie [vɨt͡ɕɛt͡ʃka pɔ vɨspʲɛ]
Insulin insulina [insulʲina]
Inszenierung inscenizacja [inst͡sɛɲizat͡sja]
interessant ciekawy [t͡ɕɛkavɨ], interesujący [intɛrɛsujɔnt͡sɨ]
interessieren, s. ~ (für) interesować się (czymś/ kimś) [intɛrɛsɔvat͡ɕ ɕɛ̃ (t͡ʃɨmɕ/cimɕ)]
international międzynarodowy [mʲɛnd͡zɨnarɔdɔvɨ]
Interrail Interrail [interrajl]
Irrtum pomyłka [pɔmɨwka]
Ischias rwa kulszowa [rva kulʃɔva], ischias [isxjas]

J

Jacke *(für Frauen)* żakiet [ʒacɛt]; *(für Männer)* marynarka [marɨnarka]
Jahr rok [rɔk]
Jahreszeit pora roku [pɔra rɔku]
Jahrhundert wiek [vʲɛk], stulecie [stulɛt͡ɕɛ]
jährlich *adv* rocznie [rɔt͡ʃɲɛ]
Jahrmarkt jarmark [jarmark]
Januar styczeń [stɨt͡ʃɛɲ]
Jazz jazz [d͡ʒɛs]
Jazzgymnastik gimnastyka jazzowa [ɟimnastɨka d͡ʒɛzɔva]
Jeans jeansy, dżinsy *pl* [d͡ʒinsɨ]
jeden Tag każdego dnia [kaʒdɛgɔ dɲa]
jeder każdy [kaʒdɨ]
jemand ktoś [ktɔɕ]
jene(r, -s) tamta (tamten, tamto) [tamta (tamten, tamtɔ)]
jetzt teraz [tɛras]
Jod(tinktur) roztwór jodu [rɔstfur jɔdu]
joggen uprawiać jogging [upravʲjat͡ɕ jɔgɟiŋg], biegać [bʲɛgat͡ɕ]

Jogginghose spodnie *pl* od dresu [spɔdɲɛ ɔd drɛsu]
Joghurt jogurt [jɔgurt]
Jucken swędzenie [sfɛndzɛɲɛ]
Jugendliche(r) nastolat-ka/tek [nastɔlat-ka/tɛk]
Jugendstil secesja [sɛtsɛsja]
Juli lipiec [l,ipjɛts]
jung młody [mwɔdɨ]
Junge chłopiec [xwɔpjɛts]
Junggeselle kawaler [kavalɛr]
Juni czerwiec [tʃɛrvjɛts]
Juwelier jubiler [jub,ilɛr]

K

Kabarett kabaret [kabarɛt]
Kabarettist/in artyst-a *m*/ka kabaretow-y/a [artɨst-a/ka kabarɛtɔv-ɨ/a]
Kabine kabina [kab,ina]
Kaffee kawa [kava]
Kaffeemaschine automat do kawy [awtɔmat dɔ kavɨ]
Kai nabrzeże [nabʒɛʒɛ]
Kaiser/in cesarz/owa [tsɛsaʃ/tsɛsaʒɔva]
Kalbfleisch cielęcina [tɕɛlɛtɕina]
kalt zimno [ʑimnɔ]
kaltes Wasser zimna woda [ʑimna vɔda]
Kamillentee herbata rumiankowa [xɛrbata rum,jankɔva]
Kamm grzebień [gʒɛb,ɛɲ]
kämmen czesać [tʃɛsatɕ]
Kanal kanał [kanaw]
Kaninchen królik [krul,ik]
Kanu kanu *n* [kanu]
Kapelle kaplica [kapl,itsa]
Kapitän kapitan [kapitan]
kaputt zepsuty [zɛpsutɨ]
Karaffe karafka [karafka]
Karneval karnawał [karnavaw]
Karotten marchew *f* [marxɛf]
Karpaten Karpaty [karpatɨ]
Kartoffeln ziemniaki [ʑɛmɲaci]
Käse ser [sɛr]
Kasse kasa [kasa]
Kassette kaseta [kasɛta]
Kassettenrekorder magnetofon [magnɛtɔfɔn]
Kathedrale katedra [katɛdra]
Katze kot [kɔt]
kaufen kupować/kupić [kupɔvatɕ/kup,itɕ]
Kaufhaus dom towarowy [dɔm tɔvarɔvɨ]
Kaugummi guma do żucia [guma dɔ ʒutɕa]
kaum prawie [prav,ɛ]
Kaution kaucja [kawtsja]
kein żaden [ʒadɛn]
Kekse ciasteczka [tɕastɛtʃka]

Kellner/in kelner/ka [kɛlnɛr/ka]
kennen znać [znat͡ɕ]
Keramik ceramika [t͡sɛram,ika]
Kerzen świece [ɕf,ɛt͡sɛ]
Ketschup keczup [kɛt͡ʃup]
Kette łańcuch [waɲt͡sux]; łańcuszek [waɲt͡suʃɛk]
Keuchhusten koklusz [kɔkluʃ], krztusiec [kʃtuɕɛt͡s]
Kfz-Schein dowód rejestracyjny [dɔvut rɛjɛstrat͡sɨjnɨ]; *fam* karta wozu [karta vɔzu]
Kichererbsen ciecierzyca [t͡ɕɛt͡ɕɛʒɨt͡sa]
Kiefer szczęka [ʃt͡ʃɛŋka]
Kilogramm kilogram [cilɔgram]
Kilometer kilometr [cilɔmɛtr]
Kilometerpreis cena za kilometr [t͡sɛna za cilɔmɛtr]
Kind dziecko [d͡ʑɛt͡skɔ]
Kinderbecken basen dla dzieci [basɛn dla d͡ʑɛt͡ɕi]
Kinderbetreuung opieka nad dziećmi [ɔpjɛka nat d͡ʑɛt͡ɕm,i]
Kinderbett łóżeczko dziecięce [wuʒɛt͡ʃkɔ d͡ʑɛt͡ɕɛ̃t͡sɛ]
Kinderermäßigung zniżka dla dzieci [zɲiʃka dla d͡ʑɛt͡ɕi]
Kinderfahrkarte bilet dla dziecka [b,ilɛt dla d͡ʑɛt͡ska]
Kinderkleidung odzież *pl* dla dzieci [ɔd͡ʑɛʃ dla d͡ʑɛt͡ɕi]
Kinderkrankheit choroba dziecięca [xɔrɔba d͡ʑɛt͡ɕɛ̃t͡sa]
Kinderlähmung paraliż dziecięcy [paral,iʃ d͡ʑɛt͡ɕɛnt͡sɨ]
Kindersitz fotelik dla dziecka [fɔtɛl,ik dla d͡ʑɛt͡ska]
Kindersitzkissen *(fürs Auto)* podgłówek dziecięcy [pɔdgwuvɛk d͡ʑɛt͡ɕɛ̃t͡sɨ]
Kinderteller porcja dziecięca [pɔrt͡sja d͡ʑɛt͡ɕɛ̃t͡sa]
Kino kino [cinɔ]
Kirche kościół [kɔɕt͡ɕuw]
Kirchturm wieża kościoła [vjɛʒa kɔɕt͡ɕɔwa]
Kirmes wesołe miasteczko [vɛsɔwɛ m,astɛt͡ʃkɔ]
Kirschen wiśnie [v,iɕɲɛ], czereśnie [t͡ʃɛrɛɕɲɛ]
Kiste skrzynia [skʃɨɲa], skrzynka [skʃɨŋka]
kitschig kiczowaty [cit͡ʃɔvatɨ]
klar *adj* czysty [t͡ʃɨstɨ], jasny [jasnɨ]; *(deutlich)* wyraźny [vɨraʑnɨ], *adv* jasne [jasnɛ], oczywiście [ɔt͡ʃɨv,iɕt͡ɕɛ]
Klasse klasa [klasa], kategoria [katɛgɔrja]
Klassik klasyka [klasɨka]
Klassiker klasyk [klasɨk]
Klassizismus klasycyzm [klasɨt͡sɨzm]
Kleid sukienka [sucɛŋka]

Kleiderbügel wieszak [vjɛʃak]
Kleidung ubranie [ubraɲɛ]
klein mały [mawɨ]
Kleingeld drobne *pl* [drɔbnɛ]
Kleinkunstbühne kabaret [kabarɛt]
Klima klimat [kl,imat]
Klimaanlage klimatyzacja [kl,imatɨzatsja]
Klingel dzwonek [dzvɔnɛk]
Kloster klasztor [klaʃtɔr]
klug mądry [mɔndrɨ]
Kneipe knajpa [knajpa]
Knie kolano [kɔlanɔ]
Knoblauch czosnek [tʃɔsnɛk]
Knöchel kostka [kɔstka]
Knochen kość *f* [kɔɕtɕ]
Knochenbruch złamanie kości [zwamaɲɛ kɔɕtɕi]
Koch/Köchin kucha-rz/rka [kuxa-ʃ/rka]
Kochbuch książka kucharska [kɕɔ̃ʃka kuxarska]
kochen gotować [gɔtɔvatɕ]
Kochen gotowanie [gɔtɔvaɲɛ]
Kocher kocher [kɔxɛr], kuchenka [kuxɛŋka]
Kochnische wnęka kuchenna [vnɛ̃ka kuxɛnna]
Koffer walizka [val,iska]
Kofferraum bagażnik [bagaʒɲik]
Kohl kapusta [kapusta]
Kokosnuss orzech kokosowy [ɔʒɛx kɔkɔsɔvɨ]
Kolik kolka [kɔlka]
Kollege/Kollegin kolega/koleżanka [kɔlɛga/kɔlɛʒaŋka]
kommen przychodzić/przyjść [pʃɨxɔdʑitɕ/pʃɨjɕtɕ]
Komödie komedia [kɔmɛdja]
Kompass kompas [kɔmpas]
Komponist/in kompozytor/ka [kɔmpɔzɨtɔr/ka]
Konditorei cukiernia [tsucɛrɲa]
Kondom prezerwatywa [prɛzɛrvatɨva], kondom [kɔndɔm]
König/in król/owa [krul/ɔva]
können móc [muts]; *(gelernt haben)* umieć [um,ɛtɕ]
Konserven konserwy [kɔnsɛrvɨ]
Konsulat konsulat [kɔnsulat]
Kontakt kontakt [kɔntakt]
Konto konto [kɔntɔ]
Kontrolleur/in kontroler/ka [kɔntrɔlɛrka]
kontrollieren kontrolować [kɔntrɔlɔvatɕ]
Konzert koncert [kɔntsɛrt]
Kopf głowa [gwɔva]
Kopfhörer słuchawki [swuxafci]
Kopfkissen poduszka [pɔduʃka]
Kopfsalat sałata zielona [sawata ʑɛlɔna]

Kopfschmerzen bóle głowy [bulɛ gwɔvɨ]
Kopfschmerztabletten tabletki od bólu głowy [tablɛtci ɔt bulu gwɔvɨ]
Kopie kopia [kɔpja]
Korb kosz [kɔʃ], koszyk [kɔʃɨk]
Korkenzieher korkociąg [kɔrkɔt͡ɕɔŋk]
Körper ciało [t͡ɕawɔ]
Körperbehinderung niepełnosprawność *pl* fizyczna [ɲɛpɛwnɔspravnɔɕt͡ɕ f,izɨt͡ʃna]
kosten kosztować [kɔʃtɔvat͡ɕ]
kostenlos za darmo [za darmɔ]
Kostüm kostium [kɔstjum]
Kotelett kotlet [kɔtlɛt]
Koteletten bokobrody [bɔkɔbrɔdɨ]
Krabben kraby [krabɨ]
Krampf skurcz [skurt͡ʃ]
krank chory [xɔrɨ]
Krankenhaus szpital [ʃp,ital]
Krankenkasse kasa chorych [kasa xɔrɨx], ubezpieczalnia [ubɛsp,ɛt͡ʃalɲa]
Krankenpfleger pielęgniarz [p,ɛlɛ̃gɲaʃ]
Krankenschein poświadczenie ubezpieczenia na wypadek choroby [pɔɕf,att͡ʃɛɲɛ ubɛsp,ɛt͡ʃɛɲa na vɨpadɛk xɔrɔbɨ]
Krankenschwester pielęgniarka [p,ɛlɛ̃gɲarka]; *fam* siostra [ɕɔstra]
Krankenwagen karetka pogotowia [karɛtka pɔgɔtɔvja]
Krankheit choroba [xɔrɔba]
Kräuter zioła [ʑɔwa]
Krawatte krawat [kravat]
kreativ kreatywny [krɛatɨvnɨ]
Krebs rak [rak]
Kreditkarte karta kredytowa [karta krɛdɨtɔva]
Kreislaufmittel środek na krążenie [ɕrɔdɛk na krɔ̃ʒɛɲɛ]
Kreislaufstörung zaburzenie krążenia [zabuʒɛɲa krɔ̃ʒɛɲa]
Kreuz krzyż [kʃɨʃ]
Kreuzfahrt wycieczka statkiem po morzu [vɨt͡ɕɛt͡ʃka statcɛm pɔ mɔʒu]
Kreuzgang krużganek [kruʒganɛk]
Kreuzung skrzyżowanie [skʃɨʒɔvaɲɛ]
Kristall kryształ [krɨʃtaw]
Krone korona [kɔrɔna]
Krücke kula [kula], szwedka [ʃfɛtka]
Küche kuchnia [kuxɲa]
Kuchen ciasto [t͡ɕastɔ]
Kugelschreiber długopis [dwugɔp,is]
kühl chłodny [xwɔdnɨ]

Kühlelement wkład do lodówki turystycznej [fkwad dɔ lɔdufki turɨstɨt͡ʃnɛj]
Kühler chłodnica [xwɔdɲit͡sa]
Kühlschrank lodówka [lɔdufka]
Kühltasche lodówka turystyczna [lɔdufka turɨstɨt͡ʃna]
Kühlwasser płyn chłodniczy [pwɨn xwɔdɲit͡ʃɨ]
Kultur kultura [kultura]
Kümmel kminek [kmʲinɛk]
kümmern, s. ~ um troszczyć się o [trɔʃt͡ʃɨt͡ɕ ɕɛ̃ ɔ]
Kunde/Kundin klient/ka [klʲiɛnt/ka]
Kunst sztuka [ʃtuka]
Kunstgewerbe sztuka użytkowa [ʃtuka uʒɨtkɔva]
Kunsthändler sprzedawca dzieł sztuki [spʃɛdaft͡sa d͡ʑɛw ʃtuci]
Kuppel kopuła [kɔpuwa]
Kupplung sprzęgło [spʃɛ̃gwɔ]
Kürbis dynia [dɨɲa]
Kurs kurs [kurs]
Kurve zakręt [zakrɛnt]
kurz *adj* krótki [krutci]; *adv* krótko [krutkɔ]
Kurzfilm film krótkometrażowy [fʲilm krutkɔmraʒɔvɨ]
kurzfristig *adv* na krótko [na krutkɔ)], krótkoterminowo [krutkɔtɛrmʲinɔvɔ]
kürzlich niedawno [ɲɛdavnɔ]
Kurzschluss zwarcie [zvart͡ɕɛ]
Kuss pocałunek [pɔt͡sawunɛk]
küssen całować/pocałować [t͡sawɔvat͡ɕ/pɔt͡sawɔvat͡ɕ]
Küste wybrzeże [vɨbʒɛʒɛ], brzeg [bʒɛk]

L

lachen śmiać się [ɕmʲat͡ɕ ɕɛ̃]
lächerlich śmieszny [ɕmʲɛʃnɨ]
Ladegerät ładowarka [wadɔvarka]
Lage położenie [pɔwɔʒɛɲɛ]
Lähmung paraliż [paralʲiʃ]
Lammfleisch jagnięcina [jagɲɛɲt͡ɕina]
Lampe lampa [lampa]
Land kraj [kraj]
Landausflug wycieczka na ląd [vɨt͡ɕɛt͡ʃka na lɔ̃t]
Landkarte mapa [mapa]
Landschaft pejzaż [pɛjzaʃ]
Landsmann ziomek [ʑɔmɛk], krajan [krajan]
Landstraße droga [drɔga], szosa [ʃɔsa]
Landung lądowanie [lɔndɔvaɲɛ]
lang długi [dwuɟi]
Langlaufski narty biegowe [nartɨ bʲɛgɔvɛ], *fam* biegówki [bjɛgufci]

langsam *adj* powolny [pɔvɔlnɨ]; *adv* powoli [pɔvɔl,i]
langweilig nudny [nudnɨ]
Lärm hałas [xawas]
lästig uciążliwy [utçɔ̃ʒl,ivɨ]
Lastwagen samochód ciężarowy [samɔxut tçɛ̃ʒarɔvɨ]
Lauch pora [pɔra]
laufen biegać [b,ɛgatç], biec [b,ɛts]
laut głośny [gwɔçnɨ]
Lautsprecher głośnik [gwɔçɲik]
leben żyć [ʒɨtç]
Leben życie [ʒɨtçɛ]
Lebensmittelgeschäft sklep spożywczy [sklɛp spɔʒɨftʃɨ]
Lebensmittelvergiftung zatrucie pokarmowe [zatrutçɛ pɔkarmɔvɛ]
Leber wątroba [vɔntrɔba]; wątróbka [vɔntrupka]
Leberpastete wątrobianka [vɔntrɔb,anka]
lebhaft żywy [ʒɨvɨ]; *(Diskussion)* ożywiony [ɔʒɨv,ɔnɨ]
lecker smaczny [smatʃnɨ]
Lederjacke kurtka skórzana [kurtka skuʒana]
Lederwaren wyroby skórzane [vɨrɔbɨ skuʒanɛ]
Lederwarengeschäft sklep z wyrobami ze skóry [sklɛp z‿vɨrɔbam,i zɛ skurɨ]
ledig stanu wolnego [stanu vɔlnɛgɔ]
leer pusty [pustɨ]
Leerlauf bieg jałowy [b,ɛk jawɔvɨ]
Leerung wyjmowanie listów [vɨjmɔvaɲɛ l,istuf]
legen kłaść/położyć [kwaçtç/pɔwɔʒɨtç]; układać/ułożyć [ukwadatç/uwɔʒɨtç]
Leggins leginsy [lɛɟinsɨ]
leicht lekki [lɛkci]
Leichtathletik lekkoatletyka [lɛkkɔatlɛtɨka]
leider niestety [ɲɛstɛtɨ]
leihen pożyczać/pożyczyć [pɔʒɨtʃatç/pɔʒɨtʃɨtç]
Leinen len [lɛn]
leise *adv* cicho [tçixɔ]
Leistenbruch przepuklina [pʃɛpukl,ina]
Leiter/in kierowni-k/czka [cɛrɔvɲi-k/tʃka]
Lenkrad-Drehknopf *(Auto)* kierownica-gałka [cɛrɔvɲitsa gawka]
lernen uczyć się/nauczyć się [utʃɨtç çɛ̃/nautʃɨtç çɛ̃]
lesen czytać [tʃɨtatç]
letzte(r, -s) ostatn-ia/i/ie [ɔstatɲ-a/i/ɛ]

letzten Montag zeszłego poniedziałku [zɛʃwɛgɔ pɔɲɛd͡ʑawku]
Leuchtturm latarnia morska [latarɲa mɔrska]
Leute ludzie [lud͡ʑɛ]
Licht światło [ɕfjatwɔ]
Lichtmaschine alternator [altɛrnatɔr]
Lichtschalter kontakt [kɔntakt]
Lichtschutzfaktor współczynnik ochrony przed promieniami słonecznymi [fspuwt͡ʃɨɲɲik ɔxrɔnɨ pʃɛt prɔm,ɛɲam,i swɔnɛt͡ʃnɨm,i]
lieb kochany [kɔxanɨ], miły [m,iwɨ]
Liebe miłość *f* [m,iwɔɕt͡ɕ]
lieben kochać [kɔxat͡ɕ]
liebenswürdig uprzejmie [upʃɛjm,iɛ]
lieblich *(Wein)* słodkie [swɔtcɛ]
Liebling ulubieniec [ulub,ɛɲɛt͡s]; *(Anrede)* kochanie [kɔxaɲɛ]
Lied piosenka [p,ɔsɛŋka]
liegen leżeć [lɛʒɛt͡ɕ]
Liegewagen wagon z miejscami do leżenia [vagɔn z‿m,ɛjstsam,i dɔ lɛʒɛɲa], kuszetka [kuʃɛtka]
Liegewagenplatz miejsce w kuszetce [m,ɛjst͡sɛ f‿kuʃɛtt͡sɛ]
Liegewiese trawnik do leżenia [travɲik dɔ lɛʒɛɲa]
lila liliowy [l,il,ɔvɨ]
Limonade lemoniada [lɛmɔɲada]
Linie linia [l,iɲa]
linke(r, -s) lew-a(y/e) [lɛv-a(ɨ/ɛ)]
links na lewo [na lɛvɔ]
Linse soczewka [sɔt͡ʃɛfka]
Linsen soczewica [sɔt͡ʃɛv,it͡sa]
Lippe warga [varga]
Lippenstift szminka [ʃm,iŋka], kredka do warg [krɛtka dɔ vark]
Liter litr [l,itr]
Livemusik muzyka na żywo [muzɨka na ʒɨvɔ]
Loch dziura [d͡ʑura]
Locken loki [lɔci]
Lockenwickler lokówka [lɔkufka]
Löffel łyżka [wɨʃka]
Loge loża [lɔʒa]
Loipe trasa biegu [trasa bjɛgu]
Lorbeer liść laurowy [l,iɕt͡ɕ lawrɔvɨ]
Luft powietrze [pɔv,ɛtʃɛ]
Luftkissenboot poduszkowiec [pɔduʃkɔvjɛt͡s]
Luftmatratze materac dmuchany [matɛrat͡s dmuxanɨ]
Luftpumpe pompka [pɔmpka]
Lunge płuco [pwut͡sɔ]
Lungenentzündung zapalenie płuc [zapalɛɲɛ pwut͡s]

lustig *(fröhlich)* wesoły [vɛsɔwɨ]; *(erheiternd)* śmieszny [ɕm̦ɛʃnɨ]
luxuriös luksusowy [luksusɔvɨ]

M

machen robić/zrobić [rɔb̦it͡ɕ/zrɔb̦it͡ɕ]
Mädchen dziewczyna [d͡ʑɛft͡ʃɨna]
Magen żołądek [ʒɔwɔndɛk]
Magenschmerzen ból żołądka [bul ʒɔwɔntka]
mager chudy [xudɨ]
Mahlzeit posiłek [pɔɕiwɛk]
Mai maj [maj]
Mais kukurydza [kukurɨd͡za]
Makrele makrela [makrɛla]
Malbuch kolorowanka [kɔlɔrɔvaŋka]
malen malować/namalować [malɔvat͡ɕ/namalɔvat͡ɕ]
Malen malowanie [malɔvaɲɛ]
Maler/in mala-rz/rka [mala-ʃ/rka]
Malerei malarstwo [malarstfɔ]
manchmal czasem [t͡ʃasɛm]
Mandarinen mandarynki [mandarɨnci]
Mandelentzündung zapalenie migdałków [zapalɛɲɛ m̦igdawkuf]
Mandeln migdały [m̦igdawɨ]
Mann mężczyzna [mɛ̃ʃt͡ʃɨzna]; *(Ehe~)* mąż [mɔ̃ʃ]
Mannschaft drużyna [druʒɨna]
Mantel płaszcz [pwaʃt͡ʃ]; *(Reifen)* chlapacz [xlapat͡ʃ]
Margarine margaryna [margarɨna]
Markt rynek [rɨnɛk]; targ [tark]
Marmelade marmolada [marmɔlada], dżem [d͡ʒɛm]
März marzec [maʒɛt͡s]
Maschine maszyna [maʃɨna]
Masern odra [ɔdra]
Massage masaż [masaʃ]
Masuren Mazury [mazurɨ]
Material materiał [matɛr̦jaw]
Matratze materac [matɛrat͡s]
Mauer mur [mur]
Mayonnaise majonez [majɔnɛs]
Medikament lekarstwo [lɛkarstfɔ]
Meer morze [mɔʒɛ]
Mehl mąka [mɔ̃ka]
mehr więcej [v̦ɛnt͡sɛj]
Mehrfahrtenkarte karnet [karnɛt]
mein mój [muj]
meinen sądzić [sɔɲd͡ʑit͡ɕ], myśleć [mɨɕlɛt͡ɕ]; *(sagen)* powiedzieć [pɔv̦ɛd͡ʑɛt͡ɕ]
meinetwegen ze względu na mnie [zɛ‿vzglɛndu na mɲɛ]

Meinung zdanie [zdaɲɛ], pogląd [pɔglɔnt], opinia [ɔp,iɲa]
Melone melon [mɛlɔn]; *(Honigmelone)* melon żółty [mɛlɔn ʒuwtɨ]; *(Wassermelone)* arbuz [arbus]
Mensch człowiek [t͡ʃwɔv,ɛk]
Menstruation miesiączka [m,ɛɕɔnt͡ʃka], menstruacja [mɛnstruat͡sja]
Menü menu *n* [mɛɲi]
merken zauważyć [zauvaʒɨt͡ɕ]
Messe *(Ausstellung)* targi *pl* [tarɟi]; *(Kirche)* msza [mʃa]
Messer nóż [nuʃ]
Meter metr [mɛtr]
Metzgerei sklep mięsny [sklɛp m,ɛ̃snɨ]; *fam* rzeźnik [ʒɛʑɲik]
mich *(akk von ich)* mnie [mɲɛ]; *(bei reflexiven Verben)* się [ɕɛ̃]
Miesmuscheln małże [mawʒe]
Miete czynsz [t͡ʃɨnʃ]
mieten wynajmować/wynająć [vɨnajmɔvat͡ɕ/vɨnajɔnt͡ɕ]
Migräne migrena [m,igrɛna]
Mikrowelle mikrofalówka [m,ikrɔfalufka]
Milch mleko [mlɛkɔ]
mild łagodny [wagɔdnɨ]
Millimeter milimetr [m,il,imɛtr]
mindestens co najmniej [t͡sɔ najmɲɛj], przynajmniej [pʃɨnajmɲɛj]
Mineralwasser woda mineralna [vɔda m,inɛralna]
Minibar barek [barɛk]
Minigolf minigolf [m,iɲigɔlf]
Minute minuta [m,inuta]
mir mnie [mɲɛ], *(Kurzform nach den Verben)* mi [m,i]
Missverständnis nieporozumienie [ɲɛpɔrɔzum,ɛɲɛ]
mit Luftpost pocztą lotniczą [pɔt͡ʃtɔ̃ lɔtɲit͡ʃɔ̃]
mit z + *Instr* [z]
mitbringen *(etwas)* przynosić/przynieść [pʃɨnɔɕit͡ɕ/pʃɨɲɛɕt͡ɕ], *(jdn)* przyprowadzać/przyprowadzić [pʃɨprɔvad͡zat͡ɕ/pʃɨprɔvad͡ʑit͡ɕ]
Mitbringsel pamiątka [pam,ɔntka]
mitnehmen zabierać ze sobą/zabrać ze sobą [zab,ɛrat͡ɕ zɛ sɔbɔ̃/zabrat͡ɕ zɛ sɔbɔ̃], brać/wziąć [brat͡ɕ/vʒɔɲt͡ɕ]
Mittag południe [pɔwudɲɛ]
Mittagessen obiad [ɔbjat]
mittags w południe [f‿pɔwudɲɛ]
Mitte środek [ɕrɔdɛk]
Mitteilung wiadomość *f* [v,adɔmɔɕt͡ɕ]
Mittel środek [ɕrɔdɛk]; *(med)* lekarstwo [lɛkarstfɔ]

Mittelalter średniowiecze [ɕrɛdɲɔv̦ɛt͡ʃɛ]
Mittelohrentzündung zapalenie ucha środkowego [zapalɛɲɛ uxa ɕrɔtkɔvɛgɔ]
Mittwoch środa [ɕrɔda]
Möbel mebel [mɛbɛl]
Mobilitätsbehinderte/r niepełnosprawn-a/y ruchowo [ɲɛpɛwnɔspravn-a/ɨ ruxɔvɔ]
Mobiltelefon telefon komórkowy [tɛlɛfɔn kɔmurkɔvɨ], *fam* komórka [kɔmurka]
Mode moda [mɔda]
Modell model [mɔdɛl]
modern nowoczesny [nɔvɔt͡ʃɛsnɨ]; *(modisch)* modny [mɔdnɨ]
Modeschmuck modna biżuteria [mɔdna b̦iʒutɛrja]
mögen *(gern haben)* lubić [lub̦it͡ɕ]; *(wollen)* chcieć [xt͡ɕɛt͡ɕ]
möglich możliwy [mɔʒl̦ivɨ]
Mole molo [mɔlɔ]
Monat miesiąc [m̦ɛɕɔnt͡s]
monatlich *adj* miesięczny [m̦ɛɕɛnt͡ʃnɨ]; *adv* miesięcznie [m̦ɛɕɛnt͡ʃɲɛ]
Mond księżyc [kɕɛ̃ʒɨt͡s]
Montag poniedziałek [pɔɲɛdʑawɛk]
morgen früh/morgen Abend jutro rano/ jutro wieczorem [jutrɔ ranɔ/jutrɔ v̦ɛt͡ʃɔrɛm]
morgen jutro [jutrɔ]
Morgen poranek [pɔranɛk], rano [ranɔ]
morgens rankiem [rancɛm]
Mosaik mozaika [mɔzajka]
Motel motel [mɔtɛl]
Motor silnik [ɕilɲik]
Motorboot motorówka [mɔtɔrufka]
Motorhaube maska silnika [maska ɕilɲika]
Mountainbike rower górski [rɔvɛr gursci]
Möwe mewa [mɛva]
Mücke komar [kɔmar]
müde zmęczony [zmɛ̃t͡ʃɔnɨ]
Müll śmieci *pl* [ɕm̦ɛt͡ɕi]
Mullbinde gaza [gaza]
Mülltonne pojemnik na śmieci [pɔjɛmɲik na ɕm̦ɛt͡ɕi]
Mumps zapalenie przyusznicy [zapalɛɲɛ pʃɨuʃɲit͡sɨ], *fam* świnka [ɕf̦inka]
Mund usta *pl* [usta]
Mündung ujście [ujɕt͡ɕɛ]
Münze moneta [mɔnɛta]
Muschel muszla [muʃla], muszelka [muʃɛlka]
Museum muzeum *n* [muzɛum]
Musical musical [mjuzikal]

Musik hören słuchać muzyki [swuxatɕ muzɨci]
Musik muzyka [muzɨka]
Musikgeschäft sklep muzyczny [sklɛp muzɨtʃnɨ]
musizieren muzykować [muzɨkɔwatɕ]
Muskatnuss gałka muszkatołowa [gawka muʃkatɔwɔva]
Muskel mięsień [m,ɛ̃ɕɛɲ], muskuł [muskuw]
Müsli musli *n* [musl,i]
Mutter matka [matka], mama [mama]
Mütze czapka [tʃapka]

N

nach *(in Richtung)* do [dɔ], na [na]; *(Reihenfolge)* za [za]; *(zeitlich)* po [pɔ]; *(gemäß)* według [vɛdwuk]
Nachbar/in sąsiad/ka [sɔ̃ɕat/ka]
Nachmittag popołudnie [pɔpɔwudɲɛ]
nachmittags po południu [pɔ pɔwudɲu]
Nachricht wiadomość *f* [v,jadɔmɔɕtɕ]
Nachsaison po sezonie [pɔ sɛzɔɲɛ]
nachsenden dosyłać/ dosłać [dɔsɨwatɕ/dɔswatɕ]
nächste(r, -s) następn-a(y/e) [nastɛmpn-a(ɨ/ɛ)]; *(nächstgelegen)* najbliższ-a(y/e) [najbl,iʃʃ-a(ɨ/ɛ)]
nächstes Jahr w przyszłym roku [f‿pʃɨʃwɨm rɔku]
Nacht noc *f* [nɔts]
Nachtisch deser [dɛsɛr]
Nachtklub klub nocny [klup nɔtsnɨ]
nachts nocą [nɔtsɔ̃]
Nachttisch stolik nocny [stɔl,ik nɔtsnɨ]
Nachttischlampe lampka nocna [lampka nɔtsna]
nackt nagi [naɟi], goły [gɔwɨ]
Nadel igła [igwa]
Nagellack lakier do paznokci [lacɛr dɔ paznɔktɕi]
Nagellackentferner zmywacz do paznokci [zmɨvatʃ dɔ paznɔktɕi]
Nagelschere nożyczki *pl* do paznokci [nɔʒɨtʃci dɔ paznɔktɕi]
nah blisko [bl,iskɔ]
nahe *adj* niedaleki [ɲɛdalɛci], bliski [bl,isci]; *adv* niedaleko [ɲɛdalɛkɔ], blisko [bl,iskɔ]
nähen szyć/uszyć [ʃɨtɕ/uʃɨtɕ]
Nahverkehrszug pociąg podmiejski [pɔtɕɔ̃ŋk pɔdm,ɛjsci]

Name *(Vor~)* imię [im̦ɛ̃]; *(Nach~)* nazwisko [nazv̦iskɔ]; *(Benennung)* nazwa [nazva]
Narbe blizna [bl̦izna]
Narkose narkoza [narkɔza], znieczulenie [zɲɛt͡ʃulɛɲɛ]
Nase nos [nɔs]
Nasenbluten krwotok z nosa [krfɔtɔk z‿nɔsa]
nass mokry [mɔkrɨ], wilgotny [v̦ilgɔtnɨ]
Nationalitätskennzeichen znak rozpoznawczy państwa [znak rɔspɔznaft͡ʃɨ paɲstfa]
Nationalpark park narodowy [park narɔdɔvɨ]
Natur natura [natura], przyroda [pʃɨrɔda]
natürlich *adj* naturalny [naturalnɨ]; *adv* naturalnie [naturalɲɛ]
Naturschutzgebiet rezerwat przyrody [rɛzɛrvat pʃɨrɔdɨ]
Nebel mgła [mgwa]
neben obok [ɔbɔk]
Nebenkosten koszty dodatkowe [kɔʃtɨ dɔdatkɔvɛ]
Nebenstraße droga boczna [drɔga bɔt͡ʃna]
negativ negatywny [nɛgatɨvnɨ]
nehmen brać/wziąć [brat͡ɕ/vʑɔɲt͡ɕ]
Nelken goździki [gɔʑd͡ʑici]
Neoprenanzug kombinezon piankowy [kɔmb̦inɛzɔn pjaŋkɔvɨ], *fam* pianka [pjaŋka]
Nerv nerw [nɛrf]
nervös nerwowy [nɛrvɔvɨ]
nett *adj* miły [m̦iwɨ]; *adv* miło [m̦iwɔ]
Netz siatka [ɕatka]
neu nowy [nɔvɨ]
neugierig ciekawy [t͡ɕɛkavɨ]
Neujahr Nowy Rok [nɔvɨ rɔk]
nicht nie [ɲɛ]
Nichtraucher niepalący [ɲɛpalɔnt͡sɨ]
Nichtraucherabteil przedział dla niepalących [pʃɛdʑaw dla ɲɛpalɔnt͡sɨx]
nichts nic [ɲit͡s]
nie nigdy [ɲigdɨ]
nieder, niedrig niski [ɲisci]
Niederschlesien Dolny Śląsk [dɔlnɨ ɕlɔnsk]
niemand nikt [ɲikt]
Niere nerka [nɛrka]
Nierenentzündung zapalenie nerek [zapalɛɲɛ nɛrɛk]
Nierengurt pas biodrowy [pas bjɔdrɔvɨ]
Nierenstein kamica nerkowa [kam̦it͡sa nɛrkɔva]
niesen kichać [cixat͡ɕ]
nirgends nigdzie [ɲigd͡ʑɛ]
noch jeszcze [jɛʃt͡ʃɛ]

Norden północ *f* [puwnɔt͡s]
nördlich von na północ od [na puwnɔt͡s ɔt]
normal *adj* normalny [nɔrmalnɨ]; *adv* normalnie [nɔrmalɲɛ]
normalerweise normalnie [nɔrmalɲɛ], zwykle [zvɨklɛ]
Notausgang wyjście zapasowe [vɨjɕt͡ɕɛ zapasɔvɛ]
Notbremse hamulec bezpieczeństwa [xamulɛt͡s bɛspˌɛt͡ʃɛɲstfa]
Notebook notebook [nɔtbuk]
Notfall nagły przypadek [nagwɨ pʃɨpadɛk]
Notrufsäule telefon pierwszej pomocy na autostradzie [tɛlɛfɔn pˌɛrfʃɛj pɔmɔt͡sɨ na awtɔstradʑɛ]
notwendig konieczny [kɔɲɛt͡ʃnɨ]
November listopad [lˌistɔpat]
nüchtern *(nicht betrunken)* trzeźwy [tʃɛʑvɨ]
Nudeln makaron [makarɔn]
Nummer numer [numɛr]
Nummernschild tablica rejestracyjna [tablˌit͡sa rɛjɛstrat͡sɨjna]
nur tylko [tɨlkɔ]
Nüsse orzechy [ɔʒɛxɨ]

O

ob czy [t͡ʃɨ]
oben na górze [na guʒɛ]
Ober kelner [kɛlnɛr]
Objektiv objektyw [ɔbjɛktɨf]
Obst- und Gemüsehändler sklep warzywniczy [sklɛp vaʒɨvɲit͡ʃɨ]
Obst owoce *pl* [ɔvɔt͡sɛ]
obwohl chociaż [xɔt͡ɕaʃ]
oder albo [albɔ]
Oder Odra [ɔdra]
offen otwarty [ɔtfartɨ]
öffentlich publiczny [publˌit͡ʃnɨ]
offiziell oficjalny [ɔfˌitsjalnɨ]
öffnen otwierać/otworzyć [ɔtfjɛrat͡ɕ/ɔtfɔʒɨt͡ɕ]
Öffnungszeiten godziny otwarcia [gɔd͡ʑinɨ ɔtfart͡ɕa]
oft często [t͡ʃɛ̃stɔ]
ohne bez [bɛs]
Ohnmacht utrata przytomności [utrata pʃɨtɔmnɔɕt͡ɕi], omdlenie [ɔmdlɛɲɛ]
Ohr ucho [uxɔ]
Ohrentropfen krople do uszu [krɔplɛ dɔ uʃu]
Ohrringe kolczyki [kɔlt͡ʃɨci]
Oktober październik [paʑd͡ʑɛrɲik]
Öl olej [ɔlɛj]
Oliven oliwki [ɔlˌifci]

Olivenöl oliwa z oliwek [ɔlʲiva s‿ɔlʲivɛk]
Ölmalerei malarstwo olejne [malarstfɔ ɔlɛjnɛ]
Ölwechsel wymiana oleju [vɨmʲjana ɔlɛju]
Oper opera [ɔpɛra]
Operation operacja [ɔpɛrat͡sja]
Operette operetka [ɔpɛrɛtka]
Optiker optyk [ɔptɨk]
Orange pomarańcza [pɔmarаɲt͡ʃa]
orange pomarańczowy [pɔmaraɲt͡ʃɔvɨ]
Orangensaft sok pomarańczowy [sɔk pɔmaraɲt͡ʃɔvɨ]
Orchester orkiestra [ɔrcɛstra]
Orden order [ɔrdɛr]; *(Rel.)* zakon [zakɔn]
Original oryginał [ɔrɨɟinaw]
Originalfassung wersja oryginalna [vɛrsja ɔrɨɟinalna]
Ort miejsce [mʲɛjst͡sɛ]; *(Ortschaft)* miejscowość *f* [mʲɛjst͡sɔvɔɕt͡ɕ]
Ortschaft miejscowość *f* [mʲɛjst͡sɔvɔɕt͡ɕ]
Ortsgespräch rozmowa miejscowa [rɔzmɔva mʲɛjst͡sɔva]
Osten wschód [fsxut]
Ostereier pisanki [pʲisaŋci]
Ostermontag Poniedziałek Wielkanocny [pɔɲɛd͡ʑawɛk vʲɛlkanɔt͡snɨ]
Ostern Wielkanoc *f* [vʲɛlkanɔt͡s]
Österreich Austria [awstrja]
Österreicher/in Austriak/ Austriaczka [awstrjak/awstrjat͡ʃka]
östlich von na wschód od [na fsxut ɔt]
Ostsee Morze Bałtyckie [mɔʒɛ bawtɨt͡scɛ], Bałtyk [bawtɨk]

P

paar, ein ~ kilka [cilka]
Paar para [para]
Päckchen paczuszka [pat͡ʃuʃka]
Paddelboot kajak [kajak]
paddeln pływać kajakiem [pwɨvat͡ɕ kajacɛm]
Paket paczka [pat͡ʃka]
Palast pałac [pawat͡s]
Panne awaria [avarja]
Pannendienst służba drogowa [swuʒba drɔgɔva]
Pannenhilfe pomoc *f* drogowa [pɔmɔt͡s drɔgɔva]
Papier papier [papʲɛr]
Papiere dokumenty [dɔkumɛntɨ]
Papierservietten serwetki papierowe [sɛrvɛtci papʲɛrɔvɛ]
Papiertaschentücher chusteczki higieniczne [xustɛt͡ʃci ɕiɟɛɲit͡ʃnɛ]

Paprika(schote) papryka [paprɨka]
Parfüm perfumy *pl* [pɛrfumɨ]
Parfümerie perfumeria [pɛrfumɛrja]
Park park [park]
parken parkować/zaparkować [parkɔvat͡ɕ/zaparkɔvat͡ɕ]
Parkett parter [partɛr]
Parkplatz parking [parciŋg]
Party party *n* [partɨ], impreza [imprɛza], prywatka [prɨvatka]
Partyservice catering [katɛriɲ]
Pass paszport [paʃpɔrt]; *(Sport)* podanie [pɔdaɲɛ]; *(im Gebirge)* wąwóz [vɔ̃vus], przełęcz *f* [pʃɛwɛnt͡ʃ]
Passagier pasażer [pasaʒɛr]
passen pasować [pasɔvat͡ɕ]
Passkontrolle kontrola paszportowa [kɔntrɔla paʃpɔrtɔva]
Pauschalpreis cena umowna [t͡sɛna umɔvna]; ryczałt [rɨt͡ʃawt]
Pause przerwa [pʃɛrva]
Pension pensjonat [pɛnsjɔnat]
Perle perła [pɛrwa]
Person osoba [ɔsɔba]
Personalausweis dowód osobisty [dɔvut ɔsɔbˌistɨ]
Personalien dane osobowe [danɛ ɔsɔbɔvɛ]
persönlich *adj* osobisty [ɔsɔbˌistɨ]; *adv* osobiście [ɔsɔbˌiɕt͡ɕɛ]
Perücke peruka [pɛruka]
Petersilie pietruszka [pˌɛtruʃka]
Petroleum nafta [nafta]
Pfand kaucja [kawt͡sja], zastaw [zastaf]
Pfannengericht danie z patelni [daɲɛ s‿patɛlɲi]
Pfeffer pieprz [pˌɛpʃ]
Pferd koń [kɔɲ]
Pfingsten Zielone Świątki [ʑɛlɔnɛ ɕfjɔntci]
Pfingstmontag Poniedziałek Zielonoświątkowy [pɔɲɛd͡ʑawɛk ʑɛlɔnɔɕfjɔntkɔvɨ]
Pfirsiche brzoskwinie [bʒɔskfˌiɲɛ]
Pflanze roślina [rɔɕlˌina]
Pflaster plaster [plastɛr]
Pflaumen śliwki [ɕlˌifci]
pflegebedürftig obłożnie chory [ɔbwɔʒɲɛ xɔrɨ], wymagający pielęgnowania [wɨmagajɔnt͡sɨ pˌjɛlɛŋgnɔvaɲa]
Pfund funt [funt]
Pilot/in pilot-/ [pˌilɔt]
Pilz grzyb [gʒɨp]
Pinzette pincetka [pˌint͡sɛtka]
Plakat plakat [plakat]
Planschbecken brodzik [brɔdʑˌik]

Plastik plastyka [plastɨka]
Plastikbeutel torebka plastykowa [tɔrɛpka plastɨkɔva]
Platten przebita opona [pʃɛbita ɔpɔna]
Platz miejsce [mjɛjstsɛ]; *(in Stadt)* plac [plats]
Platzkarte miejscówka [mjɛjstsufka]
Plombe plomba [plɔmba]
plötzlich *adj* nagły [nagwɨ]; *adv* nagle [naglɛ]
Pole Polak [pɔlak]
Polen Polska [pɔlska]
Polin Polka [pɔlka]
Polizei policja [pɔlitsja]
polnisch polski [pɔlsci]
Polizeiwagen samochód/radiowóz policyjny [samɔxut/radjɔvus pɔlitsɨjnɨ]
Polizist/in policjant/ka [pɔlitsjant/ka]
Pommern Pomorze [pɔmɔʒɛ]
Pony grzywka [gʒɨfka]
Portal portal [pɔrtal]
Portier portier [pɔrtjɛr]
Portion porcja [pɔrtsja]
Porto porto [pɔrtɔ], opłata [ɔpwata]
Porträt portret [pɔrtrɛt]
Porzellan porcelana [pɔrtsɛlana]
Postamt poczta [pɔtʃta]
Postkarte pocztówka [pɔtʃtufka]
Postlagernd do odbioru na poczcie [dɔ ɔdbjɔru na pɔtʃtɕɛ]
Postleitzahl kod pocztowy [kɔt pɔtʃtɔvɨ]
Postsparbuch pocztowa książeczka oszczędnościowa [pɔtʃtɔva kɕɔ̃ʒɛtʃka ɔʃtʃɛndnɔɕtɕɔva]
praktisch praktyczny [praktɨtʃnɨ]
Präservativ prezerwatywa [prɛzɛrvatɨva], kondom [kɔndɔm]
Preis cena [tsɛna]
Prellung stłuczenie [stwutʃɛɲɛ], kontuzja [kɔntuzja]
Premiere premiera [prɛmjɛra]
Priester ksiądz [kɕɔnts], duchowny [duxɔvnɨ]
privat prywatny [prɨvatnɨ]
Probe próba [pruba]; *(zum Testen)* próbka [prupka]
Problem problem [prɔblɛm]
Produkt produkt [prɔdukt]
Programm program [prɔgram]
Programmheft program [prɔgram]
Promillegrenze dopuszczalne stężenie alkoholu we krwi [dɔpuʃtʃalnɛ stɛ̃ʒɛɲɛ alkɔxɔlu wɛ krfji]

Prospekt prospekt [prɔspɛkt]
Prothese proteza [prɔtɛza]
provisorisch prowizoryczny [prɔvʲizɔrɨt͡ʃnɨ]
Prozent procent [prɔt͡sɛnt]
Prozession procesja [prɔt͡sɛsja]
Puder puder [pudɛr]
Pullover sweter [sfɛtɛr], pulower [pulɔvɛr]
Puls puls [puls]
Pulverschnee puszysty śnieg [puʃɨstɨ ɕɲɛk]
pünktlich *adj* punktualny [punktualnɨ]; *adv* punktualnie [punktualɲɛ]
putzen sprzątać/posprzątać [spʃɔntat͡ɕ/pɔspʃɔntat͡ɕ]

Q

Quadratmeter metr kwadratowy [mɛtr kvadratɔvɨ]
Qualität jakość *f* [jakɔɕt͡ɕ]
Quark twarożek [tfarɔʒɛk]
Quelle źródło [ʑrudwɔ]
quer durch w poprzek [f‿pɔpʃɛk]
Querformat format poziomy [fɔrmat pɔʒɔmɨ]
querschnittsgelähmt porażony poprzecznie [pɔraʒɔnɨ pɔpʃɛt͡ʃɲɛ]
Quittung kwit [kfʲit], pokwitowanie [pɔkfʲitɔvaɲɛ]

R

Rabatt rabat [rabat]
Rad fahren jeździć na rowerze [jɛʑd͡ʑit͡ɕ na rɔvɛʒɛ]
Rad koło [kɔwɔ]
Radarkontrolle kontrola radarowa [kɔntrɔla radarɔva]
Radierung sztych [ʃtɨx], sucha igła [suxa igwa], akwaforta [akfafɔrta]
Radio radio [radjɔ]
Radsport kolarstwo [kɔlarstfɔ]
Radtour wycieczka rowerowa [vɨt͡ɕɛt͡ʃka rɔvɛrɔva]
Rampe rampa [rampa]
Rasen trawnik [travɲik]
Rasierapparat golarka [gɔlarka]
Rasierklingen żyletki do golenia [ʒɨlɛtci dɔ gɔlɛɲa]
Rasierpinsel pędzel do golenia [pɛndzɛl dɔ gɔlɛɲa]
Rasierschaum pianka do golenia [pjaŋka do gɔlɛɲa]
Rasierwasser woda po goleniu [vɔda pɔ gɔlɛɲu]
Rastplatz parking [parciŋ]
Raststätte zajazd [zajazt]
Rathaus ratusz [ratuʃ]

rauchen dymić [dɨm͵it͡ɕ]; *(Zigaretten)* palić [pal͵it͡ɕ]
Raucher palacz [palat͡ʃ], palący (papierosy) [palɔnt͡sɨ (pap͵ɛrɔsɨ)]
Raucherabteil przedział dla palących [pʃɛdʑaw dla palɔnt͡sɨx]
Raum pomieszczenie [pɔm͵ɛʃt͡ʃɛɲɛ], miejsce [m͵ɛjst͡sɛ]
Rechnung rachunek [raxunɛk]
rechte(r, -s) praw-a/y/e [prav-a/ɨ/ɛ]
rechts na prawo [na pravɔ]
Rechtsanwalt/anwältin adwokat/ka [advɔkat/ka]
rechtzeitig w porę [f‿pɔrɛ̃], na czas [na t͡ʃas]
reden mówić/powiedzieć [muv͵it͡ɕ/pɔv͵ɛd͡ʑɛt͡ɕ], rozmawiać [rɔzmavjat͡ɕ]
Reformhaus sklep ze zdrową żywnością [sklɛp zɛ zdrɔvɔ̃ ʒɨvnɔɕt͡ɕɔ̃]
regelmäßig *adj* regularny [rɛgularnɨ]; *adv* regularnie [rɛgularɲɛ]
Regen deszcz [dɛʃt͡ʃ]
Regenmantel płaszcz przeciwdeszczowy [pwaʃt͡ʃ pʃɛt͡ɕifdɛʃt͡ʃɔvɨ]
Regenschauer przelotny deszcz [pʃɛlɔtnɨ dɛʃt͡ʃ]
Regie reżyseria [rɛʒɨsɛ͵ja]
Regierung rząd [ʒɔnt]
Region region [rɛɟɔn]
regnerisch deszczowy [dɛʃt͡ʃɔvɨ]
reich bogaty [bɔgatɨ]
reif dojrzały [dɔjʒawɨ]
Reifen opona [ɔpɔna]
reinigen czyścić/oczyścić [t͡ʃɨɕt͡ɕit͡ɕ/ɔt͡ʃɨɕt͡ɕit͡ɕ], sprzątać [spʃɔ̃tat͡ɕ]
Reinigung pralnia chemiczna [pralɲa, xɛm͵it͡ʃna], sprzątanie [spʃɔ̃taɲɛ]
Reis ryż [rɨʃ]
Reise podróż *f* [pɔdruʃ]
Reisebüro biuro podróży [b͵urɔ pɔdruʒɨ]
Reiseführer przewodnik [pʃɛvɔdɲik]
Reisegesellschaft uczestnicy *pl* wycieczki [ut͡ʃɛstɲit͡sɨ vɨt͡ɕɛt͡ʃci], *(fam)* wycieczka [vɨt͡ɕɛt͡ʃka]
reisen podróżować [pɔdruʒɔvat͡ɕ]
Reisepass paszport [paʃpɔrt]
Reisescheck czek podróżny [t͡ʃɛk pɔdruʒnɨ]
Reisetasche torba podróżna [tɔrba pɔdruʒna]
reiten jeździć konno [jɛʑd͡ʑit͡ɕ kɔnnɔ]
Reitschule szkółka jeździecka [ʃkuwka jɛʑd͡ʑɛt͡ska]

reklamieren reklamować/zareklamować [rɛklamɔvat͡ɕ/zarɛklamɔvat͡ɕ]
Religion religia [rɛlˌiɟja]
Renaissance renesans [rɛnɛsans]
rennen biec [bjɛt͡s]
Rennen wyścig [vɨɕt͡ɕik], wyścigi *pl* [vɨɕt͡ɕiɟi]
Rennrad rower wyścigowy [rɔvɛr vɨɕt͡ɕigɔvɨ]
reparieren naprawiać/naprawić [napravjat͡ɕ/napravˌit͡ɕ]
reservieren rezerwować/zarezerwować [rɛzɛrvɔvat͡ɕ/zarɛzɛrvɔvat͡ɕ]
Reservierung rezerwacja [rɛzervat͡sja]
Rettungsboot łódka ratownicza [wutka ratɔvɲit͡ʃa]
Rettungsring koło ratunkowe [kɔwɔ ratunkɔvɛ]
Rezept recepta [rɛt͡sɛpta]
Rezeption recepcja [rɛt͡sɛpt͡sja]
R-Gespräch rozmowa R-ka [rɔzmɔva ɛrka]
Rheuma reumatyzm [rewmatɨzm], gościec [gɔɕt͡ɕɛt͡s]
Richter/in sędzia *m*/sędzina [sɛnd͡ʑa/sɛnd͡ʑina]
richtig *adj* prawidłowy [pravˌidwɔvɨ], odpowiedni [ɔtpɔvˌɛdɲi]; *adv* prawidłowo [pravˌidwɔvɔ], odpowiednio [ɔtpɔvˌɛdɲɔ]
Richtung kierunek [cɛrunɛk]
riechen *(gut)* pachnieć [paxɲɛt͡ɕ]; *(übel)* śmierdzieć [ɕmˌɛrd͡ʑɛt͡ɕ]
Riesengebirge Karkonosze *pl* [karkɔnɔʃɛ]
Rindfleisch wołowina [vɔwɔvˌina]
Ring pierścionek [pˌɛrɕt͡ɕɔnɛk]
Rock spódnica [spudɲit͡sa]; rock [rɔk]
roh surowy [surɔvɨ]
roher Schinken surowa szynka wędzona [surɔva ʃɨŋka vɛnd͡zɔna]
Roller hulajnoga [xulajnɔga]
Rollschuh wrotki *pl* [vrɔtci]
Rollstuhl wózek inwalidzki [vuzɛk invalit͡sci]
Rollstuhlfahrer/in niepełnosprawn-y/a na wózku inwalidzkim [ɲɛpɛwnɔspravn-ɨ/a na vusku invalit͡scim]
rollstuhlgängiger Wagen *(Zug)* wagon dla osób na wózku inwalidzkim [vagɔn dla ɔsup na vusku invalit͡scim]
rollstuhlgerecht przystosowany do wózka inwalidzkiego [pʃɨstɔsɔvanɨ dɔ vuska invalˌit͡scɛgɔ]

Rollstuhlkabine *(Schiff)* kabina przystosowana do wózka inwalidzkiego [kab,ina pʃɨstɔsɔvana dɔ vuska inval,itsc̑ɛgɔ]
Roman powieść *f* [pɔv,ɛɕt͡ɕ]
röntgen prześwietlać/prześwietlić [pʃɛɕf,ɛtlat͡ɕ/pʃɛɕf,ɛtl,it͡ɕ]
Röntgenaufnahme prześwietlenie [pʃɛɕf,ɛtlɛɲɛ]
rosa różowy [ruʒɔvɨ]
Rosé wino różowe [v,inɔ ruʒɔvɛ]
Rosmarin rozmaryn [rɔzmarɨn]
rot czerwony [t͡ʃɛrvɔnɨ]
Röteln różyczka [ruʒɨt͡ʃka]
Rotwein wino czerwone [v,inɔ t͡ʃɛrvɔnɛ]
Route trasa [trasa], szlak [ʃlak]
Rücken plecy *pl* [plɛt͡sɨ]
Rückenschmerzen bóle pleców [bulɛ plɛt͡suf]
Rückfahrkarte bilet powrotny [b,ilɛt pɔvrɔtnɨ]
Rückfahrt powrót [pɔvrut], podróż powrotna [pɔdruʃ pɔvrɔtna]
Rücklicht światła *pl* tylne (wsteczne) [ɕfjatwa tɨlnɛ (fstɛt͡ʃnɛ)]
Rucksack plecak [plɛt͡sak]
Rückspiegel lusterko wsteczne [lustɛrkɔ fstɛt͡ʃnɛ]
rückwärts *adv* wstecz [fstɛt͡ʃ], z powrotem [s‿pɔwrɔtɛm], do tyłu [dɔ tɨwu]
Rückwärtsgang wsteczny bieg [fstɛt͡ʃnɨ b,jɛg]
Ruder wiosło [v,ɔswɔ]
Ruderboot łódź *f* z wiosłami [wut͡ɕ z‿v,ɔswam,i]
rudern wiosłować [v,ɔswɔvat͡ɕ]
Ruhe *(Stille)* cisza [t͡ɕiʃa]; *(Erholung)* odpoczynek [ɔtpɔt͡ʃɨnɛk]
ruhig spokojny [spɔkɔjnɨ], cichy [t͡ɕixɨ]
Ruine ruina [ruina]
rund *adj* okrągły [ɔkrɔ̃gwɨ]; *adv* około [ɔkɔwɔ]
Rundfahrt wycieczka [vɨt͡ɕɛt͡ʃka]

S

Saal sala [sala]
Sache rzecz *f* [ʒɛt͡ʃ]; *(Angelegenheit)* sprawa [sprava]; *(Frage, Thema)* problem [prɔblɛm]
Safe sejf [sɛjf]
Safran szafran [ʃafran]
saftig soczysty [sɔt͡ʃɨstɨ]
sagen mówić/powiedzieć [muv,it͡ɕ/pɔv,ɛd͡ʑɛt͡ɕ]
Sahne śmietana [ɕm,ɛtana]
Saison sezon [sɛzɔn]

Salami salami *n* [salam,i]
Salat sałata [sawata]
Salatbüfett bufet sałatkowy [bufɛt sawatkɔvɨ]
Salbe maść *f* [maɕt͡ɕ]
Salbei szałwia [ʃawvja]
Salz sól *f* [sul]
Salzstreuer solniczka [sɔlɲit͡ʃka]
sammeln zbierać [zb,ɛrat͡ɕ]
Samstag sobota [sɔbɔta]
Sandalen sandały [sandawɨ]
Sandburg zamek z piasku [zamɛk s‿p,jasku]
Sandkasten piaskownica [pjaskɔvɲ,it͡sa]
Sänger/in piosenka-rz/rka [p,iɔsɛnka-ʃ/rka]
Sanitäreinrichtungen urządzenia sanitarne [uʒɔnd͡zɛɲa saɲ,itarnɛ]
satt najedzony [najɛd͡zɔnɨ], syty [sɨtɨ]
Satz zdanie [zdaɲɛ]
sauber *adj* czysty [t͡ʃɨstɨ]; *adv* czysto [t͡ʃɨstɔ]
sauer kwaśny [kvaɕnɨ]
Sauerstoffgerät butla z tlenem [butla s‿tlɛnɛm]
Sauger smoczek [smɔt͡ʃɛk]
Saugflasche butelka ze smoczkiem [butɛlka zɛ smɔt͡ʃcɛm]
Säugling niemowlę [ɲɛmɔvlɛ̃]
Säule kolumna [kɔlumna]
Sauna sauna [sawna]
saure Sahne kwaśna śmietana [kfaɕna ɕm,ɛtana]
S-Bahn kolejka miejska [kɔlɛjka m,ɛjska]
schade! szkoda! [ʃkɔda]
Schaden szkoda [ʃkɔda], uszkodzenie [uʃkɔd͡zɛɲɛ]
Schaffner/in konduktor/ka [kɔnduktɔr/ka]
Schafskäse ser owczy [sɛr ɔft͡ʃɨ]
Schal szal [ʃal]
scharf ostry [ɔstrɨ]
Schatten cień [t͡ɕɛɲ]
schauen patrzeć [patʃɛt͡ɕ]
Schaufenster witryna [v,itrɨna], wystawa [vɨstava]
Schauspieler/in aktor/ka [aktɔr/ka]
Scheibe *(Wurst)* plasterek [plastɛrɛk]; *(Brot)* kromka [krɔmka]; *(Fenster)* szyba [ʃɨba]
Scheibenwischer wycieraczka szyby [vɨt͡ɕɛrat͡ʃka ʃɨbɨ]
Scheinwerfer reflektor [rɛflɛktɔr]
Scheitel przedziałek [pʃɛd͡ʑawɛk]
schenken podarować [pɔdarɔvat͡ɕ], *fam* dać [dat͡ɕ]
Schere nożyce *pl* [nɔʒɨt͡sɛ], nożyczki [nɔʒɨt͡ʃci]

schicken posyłać/posłać [pɔsɨwatɕ/pɔswatɕ]
Schiebedach dach odsuwany [dax ɔtsuvanɨ]; *fam* szyberdach [ʃɨbɛrdax]
Schienbein kość *f* piszczelowa [kɔɕtɕ pʲiʃtʃɛlɔva]
Schiene szyna [ʃɨna]
Schild szyld [ʃɨlt], tablica [tablʲitsa], wywieszka [vɨvʲjɛʃka]
Schinken szynka [ʃɨŋka]
Schirm parasol [parasɔl]
Schlafcouch tapczan [taptʃan]
schlafen spać [spatɕ]
Schlaflosigkeit bezsenność *f* [bɛssɛnnɔɕtɕ]
Schlaftabletten tabletki nasenne [tablɛtci nasɛnnɛ]
Schlafwagen wagon sypialny [vagɔn sɨpjalnɨ]
Schlafzimmer sypialnia [sɨpjalɲa]
Schlaganfall udar mózgu [udar muzgu], apopleksja [apɔplɛksja]
Schläger rakietka [racɛtka]
Schlagsahne bita śmietana [bʲita ɕmʲɛtana]
Schlange *(Tier)* wąż; [võʃ] *(Warte~)* kolejka [kɔlɛjka]
schlank szczupły [ʃtʃupwɨ]
Schlauch *(Reifen)* dętka [dɛntka]
Schlauchboot ponton [pɔntɔn]
schlecht *adj* zły [zwɨ]; *adv* źle [ʑlɛ], niedobrze [ɲɛdɔbʒɛ]
Schlepplift wyciąg orczykowy [vɨtɕɔŋg ɔrtʃɨkɔvɨ]
Schlesien Śląsk [ɕlɔnsk]
Schließfach skrytka na bagaż [skrɨtka na bagaʃ]
Schlitten sanki *pl* [sanci]
Schlittschuhe łyżwy [wɨʒvɨ]
Schloss *(an Tür; Bau)* zamek [zamɛk]
Schlucht wąwóz [võvus]
Schlüssel klucz [klutʃ]
Schlüsselbein obojczyk [ɔbɔjtʃɨk]
Schlüsselübergabe przekazanie kluczy [pʃɛkazaɲɛ klutʃɨ]
schmal wąski [võsci]
schmecken smakować [smakɔvatɕ]
Schmerzen bóle [bulɛ]
schmerzen boleć [bɔlɛtɕ], sprawiać ból [spravjatɕ bul]
Schmerztabletten tabletki przeciwbólowe [tablɛtci pʃɛtɕivbulɔvɛ]
Schmuck biżuteria [bʲiʒutɛrʲja]
Schmuggel przemyt [pʃɛmɨt], szmugiel [ʃmuɟɛl]
schmutzig *adj* brudny [brudnɨ]; *adv* brudno [brudnɔ]

Schnappschuss szybkie ujęcie [ʃɨpcɛ ujɛɲt͡ɕɛ]
schnarchen chrapać [xrapat͡ɕ]
Schnee śnieg [ɕɲɛk]
Schneider/in krawiec/krawcowa [kravʲɛt͡s/kraft͡sɔva]
schnell *adj* szybki [ʃɨpci]; *adv* szybko [ʃɨpkɔ]
Schnellstraße trasa szybkiego ruchu [trasa ʃɨpcɛgɔ ruxu]
Schnittkäse ser żółty [sɛr ʒuwtɨ]
Schnittwunde rana cięta [rana t͡ɕɛnta]
Schnitzerei snycerstwo [snɨt͡sɛrstfɔ]
Schnorchel rurka do oddychania [rurka dɔ ɔddɨxaɲa], *fam* fajka [fajka]
schnorcheln nurkować z fajką [nurkɔvat͡ɕ s‿fajkɔ̃]
Schnuller smoczek [smɔt͡ʃɛk]
Schnupfen katar [katar]
Schnurrbart wąsy *pl* [vɔ̃sɨ]
Schnürsenkel sznurówka [ʃnurufka]
Schokolade czekolada [t͡ʃɛkɔlada]
Schokoriegel baton czekoladowy [batɔn t͡ʃɛkɔladɔvɨ]
schon już [juʃ]
schön *adj* ładny [wadnɨ], piękny [pʲɛŋknɨ]; *adv* ładnie [wadɲɛ], pięknie [pʲɛŋkɲɛ]
Schonkost dieta [dɨjɛta]
Schonzeiten okres ochronny [ɔkrɛs ɔxrɔnnɨ]
Schrank szafa [ʃafa]
Schraube śruba [ɕruba]
schrecklich straszny [straʃnɨ], okropny [ɔkrɔpnɨ]
schreiben pisać/napisać [pʲisat͡ɕ/napʲisat͡ɕ]
Schreibwaren artykuły papiernicze [artɨkuwɨ papʲɛrɲit͡ʃɛ]
Schreibwarengeschäft sklep papierniczy [sklɛp papʲɛrɲit͡ʃɨ]
schreien krzyczeć/krzyknąć [kʃɨt͡ʃɛt͡ɕ/ kʃɨknɔɲt͡ɕ]
Schrift pismo [pʲismɔ]
schriftlich pisemny [pʲisɛmnɨ]
schüchtern nieśmiały [ɲɛɕmʲawɨ]
Schuh but [but]
Schuhbürste szczotka do butów [ʃt͡ʃɔtka dɔ butuf]
Schuhcreme pasta do butów [pasta dɔ butuf]
Schuhgeschäft sklep obuwniczy [sklɛp ɔbuvɲit͡ʃɨ]
Schuhmacher szewc [ʃɛfts]
Schuld wina [vʲina]; *(Finanzen)* dług [dwuk]
Schule szkoła [ʃkɔwa]
Schulkinder dzieci w wieku szkolnym [d͡ʑɛt͡ɕi v‿vjɛku ʃkɔlnɨm]

Schulter bark [bark], ramię *n* [ram̦ɛ̃]
Schuppen łupież [wup̦ɛʃ]
Schüssel miska [m̦iska]
Schüttelfrost dreszcze *pl* [drɛʃt͡ʃɛ]
Schutzhütte schronisko [sxrɔɲiskɔ]
schwach słaby [swabɨ]
Schwager/Schwägerin szwagier/ka [ʃfaɟɛr/ka]
Schwangerschaft ciąża [t͡ɕɔ̃ʒa]
schwarz czarny [t͡ʃarnɨ]
Schwarzbrot chleb razowy [xlɛp razɔvɨ]
Schwarzweißfilm film czarno-biały [f̦ilm t͡ʃarnɔbjawɨ]
Schweinefleisch wieprzowina [v̦jɛpʃɔv̦ina]
Schweiz Szwajcaria [ʃfajt͡sarja]
Schweizer Franken frank szwajcarski [fraŋk ʃfajt͡sarsci]
Schweizer/in Szwajcar/ka [ʃfajt͡sar/ka]
Schwellung obrzęk [ɔbʒɛŋk]
schwer ciężki [t͡ɕɛ̃ʃci]; *(schwierig)* trudny [trudnɨ]
Schwerbehinderte/r ciężko upośledzon-a/y [t͡ɕɛ̃ʃkɔ upɔɕlɛd͡zɔn-a/ɨ]
Schwertfisch ryba miecz [rɨba mjɛt͡ʃ]
Schwester siostra [ɕɔstra]
schwierig trudny [trudnɨ]
schwimmen pływać [pwɨvat͡ɕ]
Schwimmer/in pływa-k/czka [pwɨva-k/t͡ʃka]
Schwimmflossen płetwy [pwɛtfɨ]
Schwimmflügel motylki [motɨlci]
Schwimmkurs kurs pływania [kurs pwɨvaɲa]
Schwimmring koło ratunkowe [kɔwɔ ratunkɔvɛ]
Schwimmweste kamizelka ratunkowa [kam̦izɛlka ratunkɔva]
Schwindel zawrót głowy [zavrut gwɔvɨ]
schwindlig kręci się w głowie [krɛnt͡ɕi ɕɛ̃ v‿gwov̦ɛ]
schwitzen pocić się [pɔt͡ɕit͡ɕ ɕɛ̃]
schwül parno [parnɔ]
See *(Binnengewässer)* jezioro [jɛʑɔrɔ]; *(Meer)* morze [mɔʒɛ]
Seegang fala [fala]
seekrank sein mieć chorobę morską [m̦ɛt͡ɕ xɔrɔbɛ̃ mɔrskɔ̃]
Seezunge sola [sɔla]
Segelboot żaglówka [ʒaglufka]
Segelfliegen latanie szybowcem [latаɲɛ ʃɨbɔftsɛm]
segeln żeglować [ʒɛglɔvat͡ɕ]
Segeltörn wyprawa żeglarska [vɨprava ʒɛglarska]

sehbehindert niewidomy [ɲɛvˌidɔmɨ]
Sehbehinderte/r niewidom-a/y [ɲɛvˌidɔm-a/ɨ]
sehen widzieć/zobaczyć [vˌid͡ʑɛt͡ɕ/zɔbat͡ʃɨt͡ɕ]
Sehenswürdigkeiten rzeczy warte zobaczenia [ʒɛt͡ʃɨ vartɛ zɔbat͡ʃɛɲa], osobliwości [ɔsɔblˌivɔɕt͡ɕi]
sehr bardzo [bard͡zɔ]
Seide jedwab [jɛdvap]
Seidenmalerei malowanie na jedwabiu [malɔvaɲɛ na jɛdvabˌu]
Seife mydło [mɨdwɔ]
Seil lina [lˌina]
Seilbahn kolejka linowa [kɔlɛjka lˌinɔva]
sein być [bɨt͡ɕ]
seit od [ɔt]
Seite strona [strɔna]
Sekunde sekunda [sɛkunda]
selbst sam [sam], samodzielnie [samɔd͡ʑɛlɲɛ]
Selbstauslöser samowyzwalacz [samɔvɨzwalat͡ʃ]
Selbstbedienung samoobsługa [samɔɔpswuga]
Sellerie seler [sɛlɛr]
selten *adj* rzadki [ʒatci]; *adv* rzadko [ʒatkɔ]
Senf musztarda [muʃtarda]
September wrzesień [vʒɛɕɛɲ]
servieren podawać/podać [pɔdavat͡ɕ/pɔdat͡ɕ], serwować/zaserwować [sɛrvɔvat͡ɕ/zasɛrvɔvat͡ɕ]
Serviette serwetka [sɛrvɛtka]
Sessel fotel [fɔtɛl]
Sessellift wyciąg krzesełkowy [vɨt͡ɕɔŋk kʃɛsɛwkɔvɨ]
sexuelle Belästigung molestowanie seksualne [mɔlɛstɔvaɲɛ sɛksualnɛ]
Shampoo szampon [ʃampɔn]
Shorts szorty [ʃɔrtɨ]
Show show *n* [ʃɔw]
sicher *adj* bezpieczny [bɛspjɛt͡ʃnɨ]; *(gewiss, zuverlässig)* pewny [pɛvnɨ]; *adv* bezpiecznie [bɛspjɛt͡ʃɲɛ], na pewno [na pɛvnɔ]
Sicherheitsgebühr security tax [sɛkjuritɨ taks]
Sicherheitsgurt pas bezpieczeństwa [pas bɛspˌɛt͡ʃɛɲstfa]
Sicherheitskontrolle kontrola bezpieczeństwa [kɔntrɔla bɛspˌɛt͡ʃɛɲstfa]
Sicherheitsnadel agrafka [agrafka]
Sicherung zabezpieczenie [zabɛspˌjɛt͡ʃɛɲɛ]; *(Schutz)* ochrona [ɔxrɔna]; *el* bezpiecznik [bɛspjɛt͡ʃɲik]

sie *(3. Person sing)* ona [ɔna]; *(3. Person pl)* oni/one [ɔɲi/ɔnɛ]
Sie *(Herr)* pan [pan]; *(Frau)* pani [paɲi]; *(Herrschaften)* państwo [paɲstfɔ]
Silber srebro [srɛbrɔ]
silberfarben srebrzysty [srɛbʒɨstɨ]
Silvester wieczór sylwestrowy [vjɛt͡ʃur sɨlvɛstrɔvɨ]
Sinfoniekonzert koncert symfoniczny [kɔnt͡sɛrt sɨmfɔɲit͡ʃnɨ]
singen śpiewać/zaśpiewać [ɕpjɛvatɕ/zaɕpjɛvat͡ɕ]
Sitz *(Platz, ~fläche)* miejsce [m,jɛjst͡sɛ], siedzenie [ɕɛd͡zɛɲɛ]; *(Ort)* siedziba [ɕɛd͡ʑiba]
sitzen siedzieć [ɕɛd͡ʑɛt͡ɕ]
Skateboard deskorolka [dɛskɔrɔlka]
Ski laufen jeździć na nartach [jɛʑd͡ʑit͡ɕ na nartax]
Ski narty *pl* [nartɨ]
Skibindung wiązania *pl* narciarskie [v,ɔ̃zaɲa nart͡ɕarscɛ]
Skibrille gogle *pl* [gɔglɛ], okulary *pl* narciarskie [ɔkularɨ nart͡ɕarscɛ]
Skihose spodnie *pl* narciarskie [spɔdɲɛ nart͡ɕarscɛ]
Skikurs kurs narciarski [kurs nart͡ɕarsci]
Skilehrer/in instruktor/ka narciarstwa [instruktɔr/ka nart͡ɕarstfa]
Skistiefel buty narciarskie [butɨ nart͡ɕarscɛ]
Skistöcke kijki do nart [cijci dɔ nart]
Skulptur rzeźba [ʒɛʑba]
Slip slipy *pl* [sl,ipɨ]
Slipeinlagen wkładki higieniczne [fkwatci çiɟɛɲit͡ʃnɛ]
Söckchen skarpetki [skarpɛtci]
Socken skarpety [skarpɛtɨ]
Sodbrennen zgaga [zgaga]
sofort natychmiast [natɨxmjast]
Sofortbildkamera polaroid [pɔlarɔit]
Sohle zelówka [zɛlufka]
Sohn syn [sɨn]
Solarium solarium *n* [sɔlarjum]
Solist/in solist-a/ka [sɔl,ist-a/ka]
sollen powinien *m*/powinna *f*/powinno *n* [pɔv,iɲɛn/pɔv,inna/pɔv,innɔ]
Sommer lato [latɔ]
Sondermarke znaczek okolicznościowy [znat͡ʃɛk ɔkɔl,it͡ʃnɔɕt͡ɕɔvɨ]
Sonne słońce [swɔɲt͡sɛ]
Sonnenbrand oparzenie słoneczne [ɔpaʒɛɲɛ swɔnɛt͡ʃnɛ]
Sonnencreme krem do opalania [krɛm dɔ ɔpalaɲa]

Sonnenhut kapelusz słoneczny [kapɛluʃ swɔnɛt͡ʃnɨ]
Sonnenöl olejek do opalania [ɔlɛjɛk dɔ ɔpalaɲa]
Sonnenschutz ochrona przeciwsłoneczna [ɔxrɔna pʃɛt͡ɕifswɔnɛt͡ʃna]
Sonnenstich porażenie słoneczne [pɔraʒɛɲɛ swɔnɛt͡ʃnɛ], udar słoneczny [udar swɔnɛt͡ʃnɨ]
sonnig słoneczny [swɔnɛt͡ʃnɨ]
Sonntag niedziela [ɲɛd͡ʑɛla]
sorgen, s. ~ um troszczyć się o [trɔʃt͡ʃɨt͡ɕ ɕɛ̃ ɔ], martwić się o [martfʲit͡ɕ ɕɛ̃ ɔ]
Sorte rodzaj [rɔd͡zaj]
Soße sos [sɔs]
Souvenirladen sklep z pamiątkami [sklɛp s‿pamʲiɔntkamʲi]
Sozialstation placówka socjalna [plat͡sufka sɔt͡sjalna]
Spargel szparagi [ʃparaɟi]
Spaß żart [ʒart]; *(Freude)* przyjemność *f* [pʃɨjɛmnɔɕt͡ɕ]
spät późno [puʑnɔ]
später później [puʑɲɛj]
Spaziergang spacer [spat͡sɛr], przechadzka [pʃɛxat͡ska]
Speisekarte jadłospis [jadwɔspʲis], menu [mɛɲi]
Speiseröhre przełyk [pʃɛwɨk]
Speisesaal jadalnia [jadalɲa]
Speisewagen wagon restauracyjny [vagɔn rɛstawrat͡sɨjnɨ]
Spezialität specjalność *f* [spɛt͡sjalnɔɕt͡ɕ]
speziell *adj* specjalny [spɛt͡salnɨ], szczególny [ʃt͡ʃɛgulnɨ]; *adv* specjalnie [spɛt͡sjalɲɛ]
Spiegel lustro [lustrɔ]
Spiel mecz [mɛt͡ʃ], gra [gra]
spielen *(Sport, Musik)* grać [grat͡ɕ]; bawić się [bavʲit͡ɕ ɕé]
Spielkamerad towarzysz zabaw [tɔvaʒɨʃ zabaf]
Spielkasino kasyno gry [kasɨnɔ grɨ]
Spielplan repertuar [rɛpɛrtuar]
Spielplatz plac zabaw [plat͡s zabaf]
Spielsachen zabawki [zabafci]
Spielwarengeschäft sklep z zabawkami [sklɛp z‿zabafkamʲi]
Spinat szpinak [ʃpʲinak]
Spirituosengeschäft sklep monopolowy [sklɛp mɔnɔpɔlɔvɨ]
Sport sport [spɔrt]
Sportartikel artykuły sportowe [artɨkuwɨ spɔrtɔvɛ]
Sportler/in sportowiec/sportsmenka [spɔrtɔvʲɛt͡s/spɔrtsmɛŋka]
Sportplatz boisko [bɔiskɔ]
Sprache język [jɛ̃zɨk]; *(das Sprechen)* mowa [mɔva]

Sprachkurs kurs językowy [kurs jɛ̃zɨkɔvɨ]
sprechen mówić/powiedzieć [muvʲit͡ɕ/pɔvʲjɛd͡ʑɛt͡ɕ]; *(Worte wechseln)* rozmawiać/porozmawiać [rɔzmavʲjat͡ɕ/pɔrɔzmavʲjat͡ɕ]
Sprechstunde godziny *pl* przyjęć [gɔd͡ʑinɨ pʃɨjɛɲt͡ɕ]
Spritze zastrzyk [zastʃɨk]
Spülbürste szczoteczka do zmywania [ʃt͡ʃɔtɛt͡ʃka dɔ zmɨvaɲa]
Spülmittel płyn do mycia naczyń [pwɨn dɔ mɨt͡ɕa nat͡ʃɨɲ]
Spültuch ściereczka [ɕt͡ɕɛrɛt͡ʃka]
Staat państwo [paɲstfɔ]
Staatsangehörigkeit obywatelstwo [ɔbɨvatɛlstfɔ]
Stadion stadion [stadjɔn]
Stadt miasto [mjastɔ]
Stadtbus autobus miejski [awtɔbus mjɛjsci]
Stadtmauer mury *pl* miejskie [murɨ mjɛjscɛ]
Stadtplan plan miasta [plan mjasta]
Stadtrundfahrt wycieczka po mieście [vɨt͡ɕɛt͡ʃka pɔ mjɛɕt͡ɕɛ]
Stadtteil dzielnica miasta [d͡ʑɛlɲit͡sa mʲjasta]
Stadtzentrum centrum miasta [t͡sɛntrum mʲjasta]
stammen (aus) pochodzić z [pɔxɔd͡ʑit͡ɕ z]
Standlicht światła *pl* postojowe [ɕfʲjatwa pɔstɔjɔvɛ]
stark silny [ɕilnɨ], mocny [mɔt͡snɨ]
Starthilfekabel kabel pomocniczy do rozruchu [kabɛl pɔmɔt͡sɲit͡ʃɨ dɔ rɔzruxu]
Station *(im Krankenhaus)* oddział [ɔdd͡ʑaw]; *(Haltestelle)* przystanek [pʃɨstanɛk]
Stativ statyw [statɨf]
stattfinden odbywać się/odbyć się [ɔdbɨvat͡ɕ ɕɛ̃/ɔdbɨt͡ɕ ɕɛ̃]
Statue statua [statua]
Stau korek [kɔrɛk]
Staub kurz [kuʃ]
stechen *(mit Nadel)* kłuć/ukłuć [kwut͡ɕ/ukwut͡ɕ]; *(Mücke)* kąsić/ukąsić [kɔ̃ɕit͡ɕ/ ukɔ̃ɕit͡ɕ]; *(Wespe)* żądlić/użądlić [ʒɔ̃dlʲit͡ɕ/uʒɔ̃dlʲit͡ɕ]; *(Sonne)* przypiekać/przypiec [pʃɨpjɛkat͡ɕ/pʃɨpjɛt͡s]
Steckdose gniazdko wtykowe [gɲastkɔ ftɨkɔvɛ]
Stecker wtyczka [ftɨt͡ʃka]
Steg *(Brücke)* kładka [kwatka]; *(Boots~)* przystań *f* [pʃɨstaɲ]
stehen stać [stat͡ɕ]; *(sich befinden)* znajdować się [znajdɔvat͡ɕ ɕɛ̃]

stehlen kraść/ukraść [kraçt͡ç/ukraçt͡ç]
Steigung wzniesienie [vzɲɛçɛɲɛ]
steil stromy [strɔmɨ], spadzisty [spad͡ʑistɨ]
Stein kamień [kam,ɛɲ]
steinig kamienisty [kam,ɛɲistɨ]
Stempel stempel [stɛmpɛl], pieczątka [p,ɛt͡ʃɔntka]
Stern gwiazda [gvjazda]
Steward/ess steward/esa [stjuart/stjuardɛsa]
Stickerei hafciarstwo [xaft͡çarstfɔ]
Stiefel kozaki [kɔzaci]
Stil styl [stɨl]
still *adj* cichy [t͡çixɨ], spokojny [spɔkɔjnɨ]; *adv* cicho [t͡çixo]
Stillleben martwa natura [martfa natura]
stinken śmierdzieć [çm,jɛrd͡ʑɛt͡ç]
Stirnhöhlenentzündung zapalenie zatok czołowych [zapalɛɲɛ zatɔk t͡ʃɔwɔvɨx]
Stock kij [cij], laska [laska]; *(Etage)* piętro [p,ɛntrɔ]
Stockwerk piętro [p,ɛntrɔ]
Stoff materiał [matɛrjaw]
stören przeszkadzać/ przeszkodzić [pʃɛʃkad͡zat͡ç/ pʃɛʃkɔd͡ʑit͡ç]
stornieren anulować [anulɔvat͡ç]
Stoßstange zderzak [zdɛʒak]
Strafe kara [kara]
Strafraum pole karne [pɔlɛ karnɛ]
Strähnchen pasemko [pasɛmkɔ], kosmyk [kɔsmyk]
Strand plaża [plaʒa]
Strandschuhe obuwie plażowe [ɔbuv,ɛ plaʒɔvɛ]
Straße ulica [ul,it͡sa]; *(Land~)* droga [drɔga]
Straßenbahn tramwaj [tramvaj]
Straßenkarte mapa drogowa [mapa drɔgɔva]
Strauß *(Blumen~)* bukiet [bucɛt]
Streichholz zapałka [zapawka]
Strickjacke sweter rozpinany (zrobiony na drutach) [sfɛtɛr rɔsp,inanɨ (zrɔbjɔnɨ na drutax)]
Strohhalm słomka [swɔmka], rurka [rurka]
Strom *(Fluss)* rzeka [ʒɛka]; *el* prąd [prɔnt]
Stromanschluss przyłączenie do sieci elektrycznej [pʃɨwɔ̃t͡ʃɛɲɛ dɔ çɛt͡çi ɛlɛktrɨt͡ʃnɛj]
Strompauschale ryczałt za prąd [rɨt͡ʃawt za prɔnt]
Stromspannung napięcie prądu [nap,ɛnt͡çɛ prɔndu]

Strümpfe pończochy [pɔɲt͡ʃɔxɨ]
Strumpfhose rajstopy *pl* [rajstɔpɨ]
Stück sztuka [ʃtuka]; *(Teil)* kawałek [kavawɛk]
studieren studiować [studjɔvat͡ɕ]
Studio studio [studjɔ]
Stufe stopień [stɔpjɛɲ]
stufenloser Zugang dostęp bez stopni [dɔstɛmp bɛs‿stɔpɲi]
Stufenschnitt obcięcie z cieniowaniem [ɔpt͡ɕɛɲt͡ɕɛ s‿t͡ɕɛɲɔvaɲɛm]
Stuhl krzesło [kʃɛswɔ]
Stuhlgang stolec [stɔlɛt͡s]
stumm niemy [ɲɛmɨ]
Stunde godzina [gɔd͡ʑina]
stündlich co godzinę [cɔ gɔd͡ʑinɛ̃]
Sturm wichura [vixura]
stürzen *(hinfallen)* upadać/upaść [upadat͡ɕ/upaɕt͡ɕ]; *(von etw fallen)* spadać/spaść [spadat͡ɕ/spaɕt͡ɕ]
Sturzhelm kask [kask]
suchen szukać/poszukać [ʃukat͡ɕ/pɔʃukat͡ɕ]
Sucher celownik [t͡sɛlɔvɲik]
Süden południe [pɔwudɲɛ]
südlich von na południe od [na pɔwudɲɛ ɔt]
Summe suma [suma]
Sumpf bagno [bagnɔ]
Supermarkt supermarket [supɛrmarkɛt]
Suppe zupa [zupa]
Suppenteller talerz do zupy [talɛʃ dɔ zupɨ]
Surfbrett deska do surfowania [dɛska dɔ sɛrfɔvaɲa]
surfen surfować [sɛrfɔvat͡ɕ]
süß słodki [swɔtci]
Süßigkeiten słodycze [swɔdɨt͡ʃɛ]
Süßstoff słodzik [swɔdʑik]
Süßwarengeschäft sklep ze słodyczami [sklɛp zɛ swɔdɨt͡ʃami]
Swimmingpool basen [basɛn]
sympathisch sympatyczny [sɨmpatɨt͡ʃnɨ]

T

Tabak tytoń [tɨtɔɲ]
Tabakladen kiosk z papierosami [kjɔsk s‿papjɛrɔsami]
Tablette tabletka [tablɛtka], pigułka [piguwka]
Tachometer szybkościomierz [ʃɨpkɔɕt͡ɕɔmjɛʃ]
Tag dzień [dʑɛɲ]
Tagesausflug wycieczka jednodniowa [vɨt͡ɕɛt͡ʃka jɛdnɔdɲɔva]

Tagesgericht danie/potrawa dnia [daɲɛ/pɔtrava dɲa]
Tageskarte bilet całodzienny [bʲilɛt t͡sawɔdʑɛnnɨ]
Tagestour wycieczka jednodniowa [vɨt͡ɕɛt͡ʃka jɛdnɔdɲɔva]
täglich codziennie [t͡sɔdʑɛɲɲɛ]
tagsüber w ciągu dnia [f‿t͡ɕɔŋgu dɲa]
Tal dolina [dɔlʲina]
Tampons tampony [tampɔnɨ]
Tank bak [bak]
tanken tankować/zatankować [tankɔvat͡ɕ/zatankɔvat͡ɕ]
tanzen tańczyć/zatańczyć [taɲt͡ʃɨt͡ɕ/zataɲt͡ʃɨt͡ɕ]
Tänzer/in tance-rz/rka [tant͡sɛ-ʃ/rka]
Tanzkapelle orkiestra taneczna [ɔrcɛstra tanɛt͡ʃna]
Tanztheater teatr tańca [tɛatr taɲt͡sa]
Tasche torba [tɔrba]
Taschenbuch książka w wydaniu kieszonkowym [kɕɔ̃ʃka v‿vɨdaɲu cɛʃɔŋkɔvɨm]
Taschendieb złodziej kieszonkowy [zwɔdʑɛj cɛʃɔnkɔvɨ]
Taschenmesser scyzoryk [st͡sɨzɔrɨk]
Taschenrechner kalkulator [kalkulatɔr]
Tasse filiżanka [fʲilʲiʒaŋka]
Taststock laska dla niewidomych [laska dla ɲɛvʲidɔmɨx]
Tatra Tatry *pl* [tatrɨ]
taub głuchy [gwuxɨ]
taubstumm głochoniemy [gwuxɔɲɛmɨ]
Taubstumme/r głuchoniem-a/y [gwuxɔɲɛm-a/ɨ]
tauchen nurkować [nurkɔvat͡ɕ]
Taucherausrüstung sprzęt do nurkowania [spʃɛnt dɔ nurkɔvaɲa]
Taucherbrille okulary *pl* do nurkowania [ɔkularɨ dɔ nurkɔvaɲa]
täuschen, s. ~ mylić się/pomylić się [mɨlʲit͡ɕ ɕɛ̃/ pɔmɨlʲit͡ɕ ɕɛ̃]
Taxifahrer/in taksówkarz/- [taksufkaʃ]
Taxistand postój taksówek [pɔstuj taksuvɛk]
Tee herbata [xɛrbata]
Teebeutel torebka herbaty ekspresowej [tɔrɛpka xɛrbatɨ ɛksprɛsɔvɛj]
Teelöffel łyżeczka do herbaty [wɨʒɛt͡ʃka dɔ xɛrbatɨ]
Teil część *f* [t͡ʃɛ̃ɕt͡ɕ], składnik [skwadɲik], element [ɛlɛmɛnt]
Teilkasko kasko z wkładem własnym [kaskɔ s‿fkwadɛm vwasnɨm]

teilnehmen (an) brać udział/wziąć udział w [brat͡ɕ udʑaw/vʑɔɲt͡ɕ udʑaw v]
Telefon telefon [tɛlɛfɔn]
Telefonbuch książka telefoniczna [kɕɔ̃ʃka tɛlɛfɔɲit͡ʃna]
telefonieren telefonować/zatelefonować [tɛlɛfɔnɔvat͡ɕ/zatɛlɛfɔnɔvat͡ɕ], dzwonić/zadzwonić [d͡zvɔɲit͡ɕ/zadzwɔɲit͡ɕ]
Telefonkarte karta telefoniczna [karta tɛlɛfɔɲit͡ʃna]
Telefonnummer numer telefonu [numɛr tɛlɛfɔnu]
Telefonzelle budka telefoniczna [butka tɛlɛfɔɲit͡ʃna]
telegrafische Überweisung przekaz telegraficzny [pʃɛkas tɛlɛgrafʲit͡ʃnɨ]
Telegramm telegram [tɛlɛgram]
Teleobjektiv teleobjektyw [tɛlɛɔbjɛktɨf]
Telex teleks [tɛlɛks]
Teller talerz [talɛʃ]
Tempel świątynia [ɕfjɔntɨɲa]
Temperatur temperatura [tɛmpɛratura]
Tennis tenis [tɛɲis]
Tennisschläger rakieta tenisowa [racɛta tɛɲisɔva]
Termin termin [tɛrmʲin]; *(Arzt~)* wizyta [vʲizɨta]
Terminal terminal [tɛrmʲinal]
Terrakotta terakota [tɛrakɔta]
Terrasse taras [taras]
Tetanus tężec [tɛ̃ʒɛts]
teuer *adj* drogi [drɔɟi]; *adv* drogo [drɔgɔ]
Theater teatr [tɛatr]
Theatergruppe grupa teatralna [grupa tɛatralna]
Theaterstück sztuka teatralna [ʃtuka tɛatralna]
Thermosflasche® termos [tɛrmɔs]
Thriller thriller [trilɛr]
Thunfisch tuńczyk [tuɲt͡ʃɨk]
Thymian tymianek [tɨmjanɛk]
tief głęboki [gwɛmbɔci]; *(niedrig)* niski [ɲisci]
Tier zwierzę [zvjɛʒɛ̃]
Tintenfisch kałamarnica [kawamarɲit͡sa]
Tipp rada [rada]
Tisch stół [stuw]
Tischtennis tenis stołowy [tɛɲis stɔwɔvɨ]
Tischtuch obrus [ɔbrus], serweta [sɛrvɛta]
Toast *(Brot)* tost [tɔst], grzanka [gʒaŋka]; *(Trinkspruch)* toast [tɔast]
Toaster toster [tɔstɛr]
Tochter córka [t͡surka]
Toilette toaleta [tɔalɛta]

Toilettenpapier papier toaletowy [papjɛr tɔalɛtɔvɨ]
Tomaten pomidory [pɔmˌidɔrɨ]
Ton dźwięk [d͡ʑvˌɛ̃k],ton [tɔn]; *geo* glina [glˌina]
tönen farbować [farbɔvat͡ɕ]
Töpferei garncarstwo [garnt͡sarstfɔ]
Töpferwaren wyroby garncarskie [vɨrɔby garnt͡sarscɛ]
Tor brama [brama]; *(Schuss)* gol [gɔl], bramka [bramka]; *(Pfosten)* bramka [bramka]
Torwart bramkarz [bramkaʃ]
Tour podróż *f* [pɔdruʃ], wycieczka [vɨt͡ɕɛt͡ʃka]
Tourist/in turyst-a/ka [turɨst-a/ka]
Tracht strój [struj]
tragbarer CD-Spieler przenośny odtwarzacz CD [pʃɛnɔɕnɨ ɔttfaʒat͡ʃ t͡sɛdɛ]
tragen nosić [nɔɕit͡ɕ]
Tragflügelboot wodolot [vɔdɔlɔt]
Tragödie tragedia [tragɛdja]
trampen podróżować autostopem [pɔdruʒɔvat͡ɕ awtɔstɔpɛm]
Transferbus autobus transferowy [awtɔbus transfɛrɔvɨ]
Traubenzucker glukoza [glukɔza]
Traum *(im Schlaf)* sen [sɛn] ;*(Wunsch)* marzenie [maʒɛɲɛ]
traurig smutny [smutnɨ]
treffen trafiać/trafić [trafjat͡ɕ/trafˌit͡ɕ]; *(begegnen)* spotykać/spotkać [spɔtɨkat͡ɕ/spɔtkat͡ɕ]
Trekkingrad rower trekkingowy [rɔvɛr trɛciŋgɔvɨ]
Treppe schody *pl* [sxɔdɨ]
Tretboot rower wodny [rɔvɛr vɔdnɨ]
trinken pić [pˌit͡ɕ]
Trinkflasche butelka do picia [butɛlka dɔ pˌit͡ɕa]
Trinkgeld napiwek [napˌivɛk]
Trinkwasser woda pitna [vɔda pˌitna]
trocken suchy [suxɨ]; *(Wein)* wytrawne [vɨtravnɛ]
trockenes Haar włosy suche [vwɔsɨ suxɛ]
trocknen *(trans)* suszyć/ wysuszyć [suʃɨt͡ɕ/ vɨsuʃɨt͡ɕ]; *(intr)* schnąć/ wyschnąć [sxnɔɲt͡ɕ/ vɨsxnɔɲt͡ɕ]
Trödler handlarz starzyzną [xandlaʃ staʒɨznɔ̃]
Trommelfell bębenek [bɛmbɛnɛk]
Tropfen krople [krɔplɛ]
trotzdem mimo to [mˌimɔ tɔ], pomimo to [pɔmˌimɔ tɔ]

T-Shirt koszulka [kɔʃulka], T-Shirt [ti-ʃɛrt]
Tuch chustka [xustka]; *(Putz~)* ścierka [ɕt͡ɕɛrka]
tun robić/zrobić [rɔbʲit͡ɕ/zrɔbʲit͡ɕ]
Tunnel tunel [tunɛl]
Tür drzwi *pl* [dʒvʲi]
Türbreite szerokość *f* drzwi [ʃɛrɔkɔɕt͡ɕ d͡ʒvʲi]
Türcode kod otwierający drzwi [kɔt ɔtfjɛrajɔ̃t͡sɨ dʒvʲi]
türkis turkusowy [turkusɔvɨ]
Turm weża [vʲɛʒa]
Turnschuhe obuwie gimnastyczne [ɔbuvʲɛ ɟimnastɨt͡ʃnɛ], tenisówki [tɛɲisufci]
Türschwelle próg drzwi [pruk d͡ʒvʲi]
Tüte torebka [tɔrɛpka], reklamówka [rɛklamufka]
Typhus tyfus [tɨfus], dur [dur]
typisch typowy [tɨpɔvɨ]

U

U-Bahn metro [mɛtrɔ]
Übelkeit mdłości *pl* [mdwɔɕt͡ɕi]
üben ćwiczyć [t͡ɕfʲit͡ʃɨt͡ɕ]
über *(räumlich)* nad [nat], ponad [pɔnat]; *(quer ~, Route)* przez [pʃɛs]
überall wszędzie [fʃɛɲd͡ʑɛ]
überbacken zapiekany [zapʲɛkanɨ]
Überfall napad [napat]
Übergang przejście [pʃɛjɕt͡ɕɛ]
überholen wyprzedzać/wyprzedzić [vɨpʃɛd͡zat͡ɕ/vɨpʃɛd͡ʑit͡ɕ]
Überlandbus autobus dalekobieżny [awtɔbus dalɛkobjɛʒnɨ]
übermorgen pojutrze [pɔjutʃɛ]
übernachten nocować/przenocować [nɔt͡sɔvat͡ɕ/pʃɛnɔt͡sɔvat͡ɕ]
Übernachtung nocleg [nɔt͡slɛg]
Überreste pozostałości [pɔzɔstawɔɕt͡ɕi]
übersetzen tłumaczyć/przetłumaczyć [twumat͡ʃɨt͡ɕ/pʃɛtwumat͡ʃɨt͡ɕ]
Überweisung przekaz [pʃɛkas], przelew [pʃɛlɛf]; *(vom Arzt)* skierowanie [scɛrɔvaɲɛ]
üblich zwykły [zvɨkwɨ], normalny [nɔrmalnɨ]
übrig bleiben pozostawać/pozostać [pɔzɔstavat͡ɕ/pɔzɔstat͡ɕ]
Ufer brzeg [bʒɛk]
Uhrmacher zegarmistrz [zɛgarmʲiʃt͡ʃ]
um diese Zeit o tej porze [ɔ tɛj pɔʒɛ]

um *(räumlich)* dookoła [dɔɔkɔwa]; *(zeitlich)* o [ɔ]
umbuchen zmienić rezerwację [zm̦ɛɲitɕ rɛzɛrvatsjɛ̃]
Umgebung *(Landschaft)* okolica [ɔkɔl̦itsa]
Umgehungsstraße obwodnica [ɔbvɔdɲitsa]
umgekehrt *adv* odwrotnie [ɔdvrɔtɲɛ]
Umhängetasche torebka na ramię [tɔrɛpka na ram̦ɛ̃]
umkehren zawracać/zawrócić [zavratsatɕ/zavrutɕitɕ]
Umleitung objazd [ɔbjast]
umtauschen wymieniać/wymienić [vɨm̦ɛɲatɕ/vɨm̦ɛɲitɕ]
Umweg droga okrężna [drɔga ɔkrɛ̃ʒna]
Umwelt środowisko [ɕrɔdɔv̦iskɔ], otoczenie [ɔtɔtʃɛɲɛ]
umziehen, s. ~ przebierać się/przebrać się [pʃɛb̦jɛratɕ ɕɛ̃/pʃɛbratɕ ɕɛ̃]
Umzug pochód [pɔxut]
unangenehm nieprzyjemny [ɲɛpʃɨjɛmnɨ]
unbedingt *adv* koniecznie [kɔɲɛtʃɲɛ]
und i [i], a [a]
unentschieden nie rozstrzygnięty [ɲɛ‿rɔstʃɨgɲɛntɨ], niepewny [ɲɛpɛvny], *(im Spiel)* remisowy [rɛm̦isɔvɨ]
unerträglich nieznośny [ɲɛznɔɕnɨ]
Unfall wypadek [vɨpadɛk]
ungeeignet nieodpowiedni [ɲɛɔtpɔv̦jɛdɲi]
ungefähr około [ɔkɔwɔ]
ungewöhnlich niezwykły [ɲɛzvɨkwɨ]
unglaublich *adj* niewiarygodny [ɲɛvjarɨgɔdnɨ]; *adv* nie do wiary [ɲɛ dɔ vjarɨ]
Unglück nieszczęście [ɲɛʃtʃɛɲɕtɕɛ]
Universität uniwersytet [uɲivɛrsɨtɛt]
Unkosten koszty [kɔʃtɨ], wydatki [ɨdatci]
unmöglich niemożliwy [ɲɛmɔʒl̦ivɨ]
uns *(dat von wir)* nam [nam]; *(akk von wir)* nas [nas]; *(bei reflexiven Verben)* się [ɕɛ̃]
unser(e) nasz *m*/nasze *n*, (nasza *f*/nasze *pl*) [naʃ/naʃɛ (naʃa/naʃɛ)]
unten w dole [v‿dɔlɛ], na dole [na dɔlɛ]
unter pod [pɔt]; *(zwischen)* między [m̦jɛndzɨ]
unterbrechen przerywać/przerwać [pʃɛrɨvatɕ/pʃɛrvatɕ]

Unterführung *(für Fußgänger)* przejście podziemne [pʃɛjɕt͡ɕɛ pɔdʑɛmnɛ]; *(für Fahrzeuge)* tunel [tunɛl]
unterhalb poniżej [pɔɲiʒɛj], pod [pɔt]
unterhalten, s. ~ *(sprechen)* rozmawiać/porozmawiać [rɔzmavjat͡ɕ/pɔrɔzmavjat͡ɕ]; *(sich vergnügen)* bawić się [bavʲit͡ɕ ɕɛ̃]
Unterhaltung *(Gespräch)* rozmowa [rɔzmɔva]; *(Vergnügen)* zabawa [zabava]
Unterhemd podkoszulek [pɔtkɔʃulɛk]
Unterhose majtki *pl* [majtci]; *(Damen)* figi *pl* [fʲiɟi]; *(Herren)* slipy *pl* [slʲipɨ]
Unterkunft kwatera [kfatɛra], zakwaterowanie [zakfaterɔvaɲɛ]
Unterleib podbrzusze [pɔdbʒuʃɛ]
unterrichten informować /poinformować [infɔrmɔvat͡ɕ/ pɔinfɔrmɔvat͡ɕ]; *(in Schule)* uczyć [ut͡ʃit͡ɕ]
unterschreiben podpisywać/podpisać [pɔtpʲisɨvat͡ɕ/pɔtpʲisat͡ɕ]
Unterschrift podpis [pɔtpʲis]
Untersuchung badanie [badaɲɛ]
Untersuchungshaft areszt śledczy [arɛʃt ɕlɛtt͡ʃɨ]
Untertasse spodek [spɔdɛk]
Untertitel napisy *pl* [napʲisɨ]
Unterwäsche bielizna [bʲɛlʲizna]
Unterwasserkamera aparat do zdjęć podwodnych [aparat dɔ zdjɛɲt͡ɕ pɔdvɔdnɨx]
unterwegs w drodze [v‿drɔd͡zɛ], po drodze [pɔ drɔd͡zɛ]
unverbindlich niezobowiązujący [ɲɛzɔbɔvjɔ̃zujɔntsɨ]
unverschämt bezwstydny [bɛsfstɨdnɨ], bezczelny [bɛst͡ʃɛlnɨ]
unwahrscheinlich nieprawdopodobny [ɲɛpravdɔpɔdɔbnɨ]
unwichtig nieważny [ɲɛvaʒnɨ]
Urin mocz [mɔt͡ʃ]
Urlaub urlop [urlɔp]

V

Varietee variétés *n* [varʲɛtɛ]
Vase waza [vaza]
Vater ojciec [ɔjt͡ɕɛt͡s], tato [tatɔ]
vegetarisch jarskie [jarscɛ], wegeteriańskie [vegtarjaɲscɛ]
Ventilator wentylator [vɛntɨlatɔr]
Verabredung umowa [umɔva]; *(Treffen)* spotkanie [spɔtkaɲɛ]

verabschieden, s. ~ żegnać się/pożegnać się [ʒɛgnat͡ɕ ɕɛ̃/pɔʒɛgnat͡ɕ ɕɛ̃]
Veranstaltung impreza [imprɛza]
verantwortlich odpowiedzialny [ɔtpɔvʲɛd͡ʑalnɨ]
Verband opatrunek [ɔpatrunɛk], bandaż [bandaʃ]
verbinden opatrzeć [ɔpatʃɛt͡ɕ], zabandażować [zabandaʒɔvat͡ɕ]; *(verknüpfen)* łączyć/połączyć [wɔnt͡ʃɨt͡ɕ/pɔwɔnt͡ʃɨt͡ɕ]
Verbindung połączenie [pɔwɔ̃t͡ʃɛɲɛ]
verboten zakazane [zakazanɛ], wzbronione [vzbrɔɲɔnɛ]
Verbrechen przestępstwo [pʃɛstɛmpstfɔ]
Verbrennung oparzenie [ɔpaʒɛɲɛ]
Verdauung trawienie [travʲɛɲɛ]
Verdauungsstörung zaburzenia *pl* trawienia [zabuʒɛɲa travʲɛɲa]
verdorben *(Essen)* zepsuty [zɛpsutɨ]; *(moralisch)* zdemoralizowany [zdɛmɔralʲizɔvanɨ]
vereinbaren umawiać (się)/umówić (się) [umavjat͡ɕ (ɕɛ̃)/umuvʲit͡ɕ (ɕɛ̃)]
Vergangenheit przeszłość *f* [pʃɛʃwɔɕt͡ɕ]
vergessen zapominać/zapomnieć [zapɔmʲinat͡ɕ/zapɔmɲɛt͡ɕ]
Vergewaltigung gwałt [gvawt]
Vergiftung zatrucie [zatrut͡ɕɛ]
Vergnügen przyjemność *f* [pʃɨjɛmnɔɕt͡ɕ]
Vergnügungspark park rozrywek [park rɔzrɨvɛk]
verhaften aresztować [arɛʃtɔvat͡ɕ]
verheiratet *(Mann)* żonaty [ʒɔnatɨ]; *(Frau)* zamężna [zamɛ̃ʒna]
Verhütungsmittel środek antykoncepcyjny [ɕrɔdɛk antɨkɔnt͡sɛpt͡sɨjnɨ]
verirren, s. ~ zabłąkać się [zabwɔŋkat͡ɕ ɕɛ̃], zbłądzić [zbwɔɲd͡ʑit͡ɕ]
verkaufen sprzedawać/sprzedać [spʃɛdavat͡ɕ/spʃɛdat͡ɕ]
Verkehr *(Straßen~)* ruch [rux], komunikacja [kɔmuɲikat͡sja]
Verkehrsamt wydział komunikacji [vɨd͡ʑaw kɔmuɲikat͡sji]
verlängern przedłużać/przedłużyć [pʃɛdwuʒat͡ɕ/pʃɛdwuʒɨt͡ɕ]
Verlängerungsschnur przedłużacz [pʃɛdwuʒat͡ʃ]
Verlängerungswoche przedłużenie o tydzień [pʃɛdwuʒɛɲɛ ɔ tɨd͡ʑɛɲ]

verlassen opuszczać/opuścić [ɔpuʃtʃatɕ/ɔpuɕtɕitɕ]
verletzen skaleczyć [skalɛtʃɨtɕ]
Verletzte, der/die ~ rann-y *m*/a [rann-ɨ/a]
Verletzung skaleczenie [skalɛtʃɛɲɛ]
verlieren gubić/zgubić [gubitɕ/zgubitɕ], tracić/stracić [tratɕitɕ/stratɕitɕ]; *(nicht gewinnen)* przegrywać/ przegrać [pʃɛgrɨvatɕ/pʃɛgratɕ]
Verlobte, der/die ~ narzecz-on-y *m*/a [naʒɛtʃɔn-ɨ/a]
vermieten wynajmować/wynająć [vɨnajmɔvatɕ/vɨnajɔɲtɕ]; *(Auto etc)* wypożyczać/wypożyczyć [vɨpɔʒɨtʃatɕ/vɨpɔʒɨtʃɨtɕ]
Verpackung opakowanie [ɔpakɔvaɲɛ]
verpassen przegapiać/przegapić [pʃɛgapjatɕ/pʃɛgapitɕ]
Verpflegung wyżywienie [vɨʒɨvɛɲɛ]
verrechnen, s. ~ przeliczyć się [pʃɛlitʃɨtɕ ɕɛ̃]
verreisen wyjeżdżać/wyjechać (w podróż) [vɨjɛʒdʒatɕ/vɨjɛxatɕ (f‿pɔdruʃ)]
verrückt zwariowany [zvarjɔvanɨ]
verschieben przesuwać/przesunąć [pʃɛsuvatɕ/pʃɛsunɔɲtɕ], przekładać/przełożyć [pʃɛkwadatɕ/pʃɛwɔʒɨtɕ]
verschließen zamykać/zamknąć [zamɨkatɕ/zamknɔɲtɕ]
verschreiben zapisywać/zapisać [zapisɨvatɕ/zapisatɕ]
Versicherung ubezpieczenie [ubɛspjɛtʃɛɲɛ]
Verspätung spóźnienie [spuʑɲɛɲɛ]
verstaucht skręcony [skrɛntsɔnɨ]
verstehen rozumieć/zrozumieć [rɔzumjɛtɕ/zrɔzumjɛtɕ]
Verstopfung zatwardzenie [zatfardzɛɲɛ], obstrukcja [ɔpstruktsja]
versuchen próbować/spróbować [prubɔvatɕ/sprubɔvatɕ]
Vertrag umowa [umɔva], układ [ukwat]
Vertrauen zaufanie [zaufaɲɛ]
verunglücken mieć wypadek [mjɛtɕ vɨpadɛk]
verursachen powodować/spowodować [pɔvɔdɔvatɕ/spɔvɔdɔvatɕ]

Verwaltung urząd [uʒɔnt], administracja [adm,iɲistraťsja]
verwandt spokrewniony [spɔkrɛvɲɔnɨ]
verwechseln mylić/pomylić [mɨl,it͡ɕ/pɔmɨl,it͡ɕ]
verwitwet wdowiec/ wdowa [vdɔv,ɛt͡s/ vdɔva]
Videofilm film video [f,ilm v,idɛɔ]
Videokamera wideokamera [v,idɛɔkamɛra], kamera video [kamɛra v,idɛɔ]
Videokassette wideokaseta [v,idɛɔkasɛta], kaseta video [kasɛta v,idɛɔ]
Videorekorder magnetowid [magnɛtɔv,it]
viel dużo [duʒɔ]
vielleicht może [mɔʒɛ]
Villa willa [v,illa]
violett fioletowy [fɔlɛtɔvɨ]
Virus wirus [v,irus]
Visum wiza [v,iza]
Vogel ptak [ptak]
Vogelschutzgebiet rezerwat ptaków [rɛzɛrvat ptakuf]
Volk lud [lut], naród [narut]
Völkerkundemuseum muzeum *n* etnograficzne [muzɛum ɛtnɔgraf,it͡ʃnɛ]
Volksmusik muzyka ludowa [muzɨka ludɔva]
Volksstück sztuka ludowa [ʃtuka ludɔva]
voll pełny [pɛwnɨ]
Volleyball siatkówka [ɕatkufka]
Vollkasko autokasko [awtɔkaskɔ]
Vollpension utrzymanie całodzienne [utʃɨmaɲɛ t͡sawɔdʑɛnnɛ]
vom Fass z beczki [z‿bɛt͡ʃci]
vom Grill z rusztu/ grilla [z‿ruʃtu/grila]
von *(zeitlich; von jdm)* od [ɔt]; *(räumlich)* z [z]
vor przed [pʃɛt]
vor zehn Minuten przed dziesięcioma minutami [pʃɛt dʑɛɕɛɲt͡ɕɔma m,inutam,i]
Voranmeldung uprzednie zgłoszenie [upʃɛdɲɛ zgwɔʃɛɲɛ]
Voraus, im ~ z góry [z‿gurɨ]
vorbereiten przygotowywać/przygotować [pʃɨgɔtɔvɨvat͡ɕ/pʃɨgɔtɔvat͡ɕ]
Vordruck formularz [fɔrmulaʃ]
vorgestern przedwczoraj [pʃɛtftʃɔraj]
vorher przedtem [pʃɛttɛm]
vorletzte(r, -s) przedostatnia, przedostatni, przedostatnie [pʃɛdɔstatɲa, pʃɛdɔstatɲi,pʃɛdɔstatɲɛ]

Vormittag przedpołudnie [pʃɛtpɔwudɲɛ]
vormittags przed południem [pʃɛt pɔwudɲɛm]
vorn na przodzie [na pʃɔd͡ʑɛ], z przodu [s‿pʃɔdu]
Vorname imię [imjɛ̃]
vornehm elegancki [ɛlɛgant͡sci]
Vorort przedmieście [pʃɛdmjɛɕt͡ɕɛ]
Vorrat zapas [zapas]
Vorsaison przed sezonem [pʃɛt sɛzɔnɛm]
Vorschlag propozycja [prɔpɔzɨt͡sja]
Vorschrift przepis [pʃɛpʲis]; *(Anweisung)* instrukcja [instrukt͡sja]
Vorsicht! uwaga! [uvaga]
vorsichtig *adv* ostrożnie [ɔstrɔʒɲɛ]
Vorspeise zakąska [zakɔ̃ska]
Vorstellung *(Bekanntmachen)* prezentacja [prɛzɛntat͡sja]; *(im Theater)* przedstawienie [pʃɛtstavʲɛɲɛ]; *(Gedanke)* wyobrażenie [vɨɔbraʒɛɲɛ]
Vorteil korzyść *f* [kɔʒɨɕt͡ɕ]
Vorverkauf przedsprzedaż *f* [pʃɛtspʃɛdaʃ]
Vorwahlnummer numer kierunkowy [numɛr cɛrunkɔvɨ]
vorwärts naprzód [napʃut]
Vulkan wulkan [vulkan]

W

wach obudzony [ɔbud͡zɔnɨ]; czujny [t͡ʃujnɨ]
Wachablösung zmiana warty [zmʲiana vartɨ]
Wagenheber lewarek do samochodu [lɛvarɛk dɔ samɔxɔdu]
Wagennummer numer wagonu [numɛr vagɔnu]
wählen wybierać/wybrać [vɨbʲjɛrat͡ɕ/vɨbrat͡ɕ]
wahr prawdziwy [pravd͡ʑivɨ]
während podczas [pɔtt͡ʃas]
wahrscheinlich *adj* prawdopodobny [pravdɔpɔdɔbnɨ]; *adv* prawdopodobnie [pravdɔpɔdɔbɲɛ]
Währung waluta [valuta]
Wahrzeichen godło [gɔdwɔ], symbol [sɨmbɔl]
Wald las [las]
Wallfahrtsort miejsce pielgrzymkowe [mʲɛjstsɛ pʲɛlgʒɨmkɔvɛ]
Wand ściana [ɕt͡ɕana]
Wanderkarte mapa turystyczna [mapa turɨstɨt͡ʃna]

wandern wędrować/powędrować [vɛndrɔvat͡ɕ/pɔvɛndrɔvat͡ɕ]
Wandern wędrowanie [wɛndrɔvaɲɛ]
Wanderweg szlak turystyczny [ʃlak turɨstɨ t͡ʃnɨ]
warm *adj* ciepły [t͡ɕɛpwɨ]; *adv* ciepło [t͡ɕɛpwɔ]
warmes Wasser ciepła woda [t͡ɕɛpwa vɔda]
Warnblinkanlage światła *pl* awaryjne [ɕfjatwa avarɨjnɛ]
Warndreieck trójkąt ostrzegawczy [trujkɔnt ɔstʃɛgaft͡ʃɨ]
warten czekać/poczekać [tʃɛkat͡ɕ/pɔt͡ʃɛkat͡ɕ]
Wartesaal poczekalnia [pɔt͡ʃɛkalɲa]
Wartezimmer poczekalnia [pɔt͡ʃɛkalɲa]
was co [tsɔ]
Waschbecken umywalka [umɨvalka]
Wäsche pranie [praɲɛ]
Wäscheklammern spinacze do bielizny [sp͡inat͡ʃɛ dɔ b͡ɛl͡iznɨ]
Wäscheleine sznur do bielizny [ʃnur dɔ b͡ɛl͡iznɨ]
waschen prać/wyprać [prat͡ɕ/vɨprat͡ɕ]
Wäscherei pralnia [pralɲa]
Wäschetrockner suszarka do bielizny [suʃarka dɔ b͡ɛl͡iznɨ]
Waschlappen myjka [mɨjka]
Waschmaschine pralka [pralka]
Waschmittel środek do prania [ɕrɔdɛk dɔ praɲa]
Waschraum umywalnia [umɨvalɲa]
Waschsalon salon pralniczy [salɔn pralɲit͡ʃɨ]
Wasser woda [vɔda]
Wasserfall wodospad [vɔdɔspat]
Wasserglas szklanka do wody [ʃklaŋka dɔ vɔdɨ]
Wasserhahn kurek [kurɛk], kran [kran]
Wasserkanister kanister na wodę [kaɲistɛr na vɔdɛ̃]
Wasserski narty wodne [nartɨ vɔdnɛ]
Wasserspülung spłuczka [spwut͡ʃka]
Wasserverbrauch zużycie wody [zuʒɨt͡ɕɛ vɔdɨ]
Watte wata [vata]
Wattestäbchen waciki do uszu [vat͡ɕici dɔ uʃu]
Wechsel zmiana [zmjana]; *(Geld~)* wymiana [vɨmjana]
Wechselgeld drobne *pl* [drɔbnɛ]
wechselhaft *adv* zmiennie [zmjɛɲɲɛ]

Wechselkurs kurs wymiany [kurs vɨmjanɨ]
Wechselstube kantor [kantɔr]
wecken budzić/obudzić [budʑitɕ/ɔbudʑitɕ]
Wecker budzik [budʑik]
weg precz [prɛtʃ]
wegen z powodu [s‿pɔvɔdu]
weggehen iść/pójść [iɕtɕ/pujɕtɕ]
Wegweiser drogowskaz [drɔgɔfskas]
wehtun boleć [bɔlɛtɕ]
weich miękki [mjɛ̃kci]
Weichkäse ser typu brie [sɛr tɨpu bri]
Weichsel Wisła [viswa]
Weihnachten Boże Narodzenie [bɔʒɛ narɔdzɛɲɛ]
weil ponieważ [pɔɲɛvaʃ], bo [bɔ]
Wein wino [vinɔ]
weinen płakać [pwakatɕ]
Weinglas kieliszek do wina [cɛliʃɛk dɔ vina]
Weinhandlung sklep z winem [sklɛp z‿vinɛm]
Weintrauben winogrona [vinɔgrɔna]
Weisheitszahn ząb mądrości [zɔmp mɔ̃drɔɕtɕi]
weiß biały [bjawɨ]
Weißbrot chleb pszenny [xlɛp pʃɛnnɨ]
Weißwein wino białe [vinɔ bjawɛ]
weit *(Weg ...)* daleko [dalɛkɔ]; *(Gegenteil von eng)* luźny [luʑnɨ]
Welt świat [ɕfjat]
wenig mało [mawɔ]
wenigstens co najmniej [tsɔ najmɲɛj], chociaż [xɔtɕaʃ]
wenn jeżeli [jɛʒɛli], jeśli [jɛɕli], gdy [gdɨ]
werden stać się [statɕ ɕɛ̃], zostać [zɔstatɕ]
Werkstatt warsztat naprawczy [varʃtat napraftʃɨ]
Werktag dzień roboczy [dʑɛɲ rɔbɔtʃɨ]
Werkzeug narzędzia *pl* [naʒɛɲdʑa]
Wertangabe wartość *f* [vartɔɕtɕ]
wertlos bezwartościowy [bɛzvartɔɕtɕɔvɨ]
Wertsachen rzeczy wartościowe [ʒɛtʃɨ vartɔɕtɕɔvɛ]
Wespe osa [ɔsa]
Weste kamizelka [kamizɛlka]
Western western [wɛstɛrn]
westlich von na zachód od [na zaxut ɔt]
Wetterbericht komunikat meteorologiczny [kɔmuɲikat mɛtɛɔrɔlɔɟitʃnɨ]

Wettervorhersage prognoza pogody [prɔgnɔza pɔgɔdɨ]
Wettkampf zawody *pl* [zavɔdɨ], mecz [mɛt͡ʃ]
wichtig ważny [vaʒnɨ]
Wickeltisch stół do przewijania [stuw do pʃɛvˌijaɲa]
wie jak [jak]
wieder znowu [znɔvu], znów [znuf]
wiederholen powtarzać/powtórzyć [pɔftaʒat͡ɕ/pɔftuʒɨt͡ɕ]
wiederkommen wracać/wrócić [vrat͡sat͡ɕ/vrut͡ɕit͡ɕ]
Wiese łąka [wɔ̃ka]
wild dziki [d͡ʑici]
Wildpark zwierzyniec [zvjɛʒɨɲɛt͡s]
willkommen! witam! [vˌitam]
Wimperntusche tusz do rzęs [tuʃ dɔ ʒɛ̃s]
Wind wiatr [vjatr]
Windeln pieluchy [pˌɛluxɨ]
Windpocken ospa wietrzna [ɔspa vˌɛt͡ʃna]
Windrichtung kierunek wiatru [cɛrunɛk vˌatru]
Windschutzscheibe przednia szyba [pʃɛdɲa ʃɨba]
Windstärke siła wiatru [ɕiwa vjatru]
windsurfen uprawiać windsurfing [upravjat͡ɕ wintɛrfiŋg]
Winter zima [ʑima]
Winterreifen opona zimowa [ɔpɔna ʑimɔva]
wir my [mɨ]
Wirbelsäule kręgosłup [krɛŋgɔswup]
wirklich *adv* naprawdę [napravdɛ̃], rzeczywiście [ʒɛt͡ʃɨvˌiɕt͡ɕɛ]
wissen wiedzieć [vˌjɛd͡ʑɛt͡ɕ]
Witz żart [ʒart], dowcip [dɔft͡ɕip], *(fam)* kawał [kavaw]
Woche tydzień [tɨd͡ʑɛɲ]
Wochenendpauschale ryczałt weekendowy [rɨt͡ʃawt wˌikɛndɔvɨ]
Wochenkarte bilet tygodniowy [bˌilɛt tɨgɔdɲɔvɨ]
wochentags w dni powszednie [v‿dɲi pɔfʃɛdɲɛ]
wöchentlich *adj* tygodniowy [tɨgɔdɲɔvɨ]; *adv* tygodniowo [tɨgɔdɲɔvɔ]
wohnen mieszkać [mˌɛʃkat͡ɕ]
Wohnmobil samochód kempingowy [samɔxut kɛmpˌiŋgɔvɨ]
Wohnort miejsce zamieszkania [mˌɛjst͡sɛ zamˌɛʃkaɲa]
Wohnung mieszkanie [mˌjɛʃkaɲɛ]

Wohnwagen przyczepa kempingowa [pʃɨtʃɛpa kɛmpiŋgɔva]
Wohnzimmer pokój stołowy [pɔkuj stɔwɔvɨ]
Wolke chmura [xmura]
Wolldecke kołdra wełniana [kɔwdra vɛwɲana]
Wolle wełna [vɛwna]
Wort słowo [swɔvɔ]
Wunde rana [rana]
wunderbar cudowny [tsudɔvnɨ]
wundern, s. ~ (über) dziwić się (czemuś) [dʑiviʨ ɕɛ̃ (tʃɛmuɕ)]
wünschen życzyć [ʒɨtʃɨʨ]
Wurm robak [rɔbak]
Wurst wędlina [vɛndlina], kiełbasa [cɛwbasa]
Würstchen kiełbaski *pl* [cɛwbasci]
würzen przyprawić [pʃɨpraviʨ]
wütend wściekły [fɕʨɛkwɨ]

Y

Yoga joga [jɔga]

Z

zäh żylasty [ʒɨlastɨ]
Zahl liczba [litʃba]
zählen liczyć/policzyć [litʃɨʨ/pɔlitʃɨʨ]
zahlen płacić/zapłacić [pwaʨiʨ/zapwaʨiʨ]
Zahlung opłata [ɔpwata], płatność *f* [pwatnɔɕʨ]
Zahn ząb [zɔmp]
Zahnbürste szczoteczka do zębów [ʃtʃɔtɛtʃka dɔ zɛmbuf]
Zahnfleisch dziąsło [dʑɔ̃swɔ]
Zahnpasta pasta do zębów [pasta dɔ zɛmbuf]
Zahnradbahn kolejka zębata [kɔlɛjka zɛmbata]
Zahnschmerzen ból zęba [bul zɛmba]
Zahnstocher wykałaczka [vɨkawatʃka]
Zäpfchen czopki *pl* [tʃɔpci]
zart delikatny [dɛlikatnɨ]
zärtlich czuły [tʃuwɨ]
Zehe paluch [palux]
Zeichen znak [znak]
Zeichensprache rozmowa na migi [rɔzmɔva na miɟi]
Zeichentrickfilm film animowany [film aɲimɔvanɨ]
zeichnen rysować/narysować [rɨsɔvaʨ/narɨsɔvaʨ]
Zeichnung rysunek [rɨsunɛk]
zeigen pokazywać/pokazać [pɔkazɨvaʨ/pɔkazaʨ]
Zeit czas [tʃas]

Zeitschrift czasopismo [t͡ʃasɔp,ismɔ]
Zeitung gazeta [gazɛta]
Zeitungshändler sprzedawca gazet [spʃɛdaft͡sa gazɛt]
Zelt namiot [namjɔt]
zelten mieszkać w namiocie [m,ɛʃkat͡ɕ v‿namjɔt͡ɕɛ]
Zeltschnur sznur od namiotu [ʃnur ɔt‿namjɔtu]
Zeltstange podpora namiotu [pɔtpɔra namjɔtu], drążek [drɔ̃ʒɛk]
Zentimeter centymetr [t͡sɛntɨmɛtr]
zentral centralny [t͡sɛntralnɨ]
Zentralheizung ogrzewanie centralne [ɔgʒɛvaɲɛ t͡sɛntralnɛ]
Zentrum centrum *n* [t͡sɛntrum]
Zerrung nadwyrężenie [nadvɨrɛ̃ʒɛɲɛ]
Zeuge/Zeugin świadek/- [ɕfjadɛk]
Ziegenkäse ser kozi [sɛr kɔʑi]
ziehen ciągnąć [t͡ɕɔŋgnɔɲt͡ɕ]; *(Zahn)* wyrywać/ wyrwać [vɨrɨvat͡ɕ/vɨrvat͡ɕ]
Ziel cel [t͡sɛl]
ziemlich dość [dɔɕt͡ɕ]
Zigarette papieros [pap,ɛrɔs]
Zigarillo cygaretka [t͡sɨgarɛtka]
Zigarre cygaro [t͡sɨgarɔ]
Zimmer pokój [pɔkuj]
Zimmermädchen pokojówka [pɔkɔjufka]
Zimmertelefon telefon pokojowy [tɛlɛfɔn pɔkɔjɔvɨ]
Zirkus cyrk [t͡sɨrk]
Zitronen cytryny [t͡sɨtrɨnɨ]
Zoll cło [t͡swɔ]
Zollerklärung deklaracja celna [dɛklarat͡sja t͡sɛlna]
zollfrei bez cła [bɛs t͡swa]
zollfreier Laden sklep wolnocłowy [sklɛp vɔlnɔt͡swɔvɨ]
Zollgebühren opłata celna [ɔpwata t͡sɛlna]
zollpflichtig podlegający ocleniu [pɔdlɛgajɔ̃t͡sɨ ɔt͡slɛɲu]
Zoo ogród zoologiczny [ɔgrut zɔɔlɔɟit͡ʃnɨ], zoo [zɔɔ]
zu *(Richtung)* do [dɔ]
zubereiten przygotowywać/ przygotować [pʃɨgɔtɔvɨvat͡ɕ/ pʃɨgɔtɔvat͡ɕ]
Zucker cukier [t͡sucɛr]
zuerst najpierw [najp,jɛrf]
zufällig przypadkowo [pʃɨpatkɔvɔ]
zufrieden zadowolony [zadɔvɔlɔnɨ]
Zug pociąg [pɔt͡ɕɔ̃ŋk]
Zugänglichkeit dostępność *f* [dɔstɛmpnɔɕt͡ɕ]
zuhören, jdm ~ słuchać (kogoś) [swuxat͡ɕ (kɔgɔɕ)]

Zukunft przyszłość *f* [pʃɨʃwɔɕt͡ɕ]
zukünftig *adj* przyszły [pʃɨʃwɨ]; *adv* w przyszłości [f‿pʃɨʃwɔɕt͡ɕi]
zulässig dopuszczalny [dɔpuʃt͡ʃalnɨ]
zuletzt *(am Schluss)* na koniec [na kɔɲɛt͡s]; *(zum letzten Mal)* ostatni raz [ɔstatɲi ras]
Zündkerze świeca zapłonowa [ɕf͵ɛt͡sa zapwɔnɔva]
Zündschlüssel kluczyk zapłonowy [klut͡ʃɨk zapwɔnɔvɨ]
Zündung zapłon [zapwɔn]
Zunge język [jɛ̃zɨk]
zurück z powrotem [s‿pɔvrɔtɛm]
zurückbringen zwracać/zwrócić [zvrat͡sat͡ɕ/zvrut͡ɕit͡ɕ]
zurückfahren wracać/wrócić [vrat͡sat͡ɕ/vrut͡ɕit͡ɕ], jechać z powrotem [jɛxat͡ɕ s‿pɔvrɔtɛm]
zurückgeben oddawać/oddać [ɔddavat͡ɕ/ɔddat͡ɕ]
zurückkehren wracać/wrócić [vrat͡sat͡ɕ/ vrut͡ɕit͡ɕ]
zusagen obiecywać/obiecać [ɔb͵jɛt͡sɨvat͡ɕ/ɔb͵jɛt͡sat͡ɕ]; *(Einladung)* potwierdzać/potwierdzić [pɔtf͵ɛrd͡zat͡ɕ/pɔtf͵ɛrd͡ʑit͡ɕ]
zusammen razem [razɛm]
zusammenschlagen bić/pobić [b͵it͡ɕ/pobit͡ɕ]
Zusammenstoß zderzenie [zdɛʒɛɲɛ]
zusätzlich dodatkowy [dɔdatkɔvɨ]
zuschauen przyglądać się/przyjrzeć się [pʃɨglɔndat͡ɕ ɕɛ̃/pʃɨjʒɛt͡ɕ ɕɛ̃], patrzeć [patʃɛt͡ɕ]
Zuschauer/in widz/- [v͵it͡s]
Zuschlag dopłata [dɔpwata]
zuständig kompetentny [kɔmpɛtɛntnɨ], właściwy [vwaɕt͡ɕivɨ]
zweite(r, -s) druga, drugi, drugie [druga, druɟi, druɟɛ]
zweitens po drugie [pɔ druɟɛ]
Zwiebeln cebula [t͡sɛbula]
zwischen między [m͵ɛnd͡zɨ]
Zwischenfall incydent [int͡sɨdɛnt]
Zwischenlandung międzylądowanie [m͵ɛnd͡zɨlɔndɔvaɲɛ]
Zwischenstecker rozgałęźnik [rosgawɛ̃ʑɲik]